JN293836

龍の中の燃える火

フォークロア・メルヒェン・精神分析

FIRE IN THE DRAGON
and Other Psychoanalytic Essays on Folklore

ゲザ・ローハイム——著
アラン・ダンデス——編
鈴木 晶・佐藤知津子——訳

メルヒェン叢書

新曜社

Géza Róheim

FIRE IN THE DRAGON

AND OTHER PSYCHOANALYTIC ESSAYS ON FOLKLORE

Edited and Introduced by Alan Dundes

© 1992 by Princeton University Press

Japanese translation rights arranged with
Princeton University Press, Princeton, NJ, USA
Through Tuttle-Mori Agency, Inc., Tokyo.
All rights reserved. No part of this book may be reproduced or transmitted in any form or by any means, electronic or mechanical, including photocopying, recording or by any information storage and retrieval system, without permission in writing from the Publisher.

龍の中の燃える火——目次

装幀——加藤光太郎

初出一覧

第1章　精神分析と民話　Psychoanalysis and the Folktale: *International Journal of Psycho-Analysis* 3 (1922), pp.180-86.

第2章　またぐことの意味　The Significance of Stepping Over: *International Journal of Psycho-Analysis* 3 (1922), pp.302-26.

第3章　魔法と窃盗 Magic and Theft in European Folklore: *Journal of Criminal Psychopathology* 2 (1940), pp.54-61.

第4章　神話と民話　Myth and Folktale: *American Imago* 2 (1941), pp.266-79.

第5章　聖アガタと火曜日の女　Saint Agatha and the Tuesday Woman: *International Journal of Psycho-Analysis* 27 (1946), pp.119-26.

第6章　消えた光の話　The Story of the Light That Disappeared: *Samiksa* 1 (1947), pp.51-85.

第7章　命の糸　The Thread of Life: *Psychoanalytic Quarterly* 17 (1948), pp.471-86.

第8章　呪われた水車小屋の熊　The Bear in the Haunted Mill: *American Imago* 5 (1948), pp.70-82.

第9章　北米神話における文化英雄とトリックスター　Culture Hero and Trickster in North American Mythology: Slo Tax, ed., *Indian Tribes of Aboriginal America, Selected Papers of the XXIXth International Congress of Americanists* (Chicago: University of Chicago Press, 1952), pp.190-94.

第10章　トム・ティット・トット　Tom, Tit, Tot: *Psychoanalytic Review* 36 (1949), pp.365-69.

第11章　龍の中の燃える火　Fire in the Dragon, *American Imago* 7 (1950), pp.163-72.

第12章　アーネムランドの神話　Mythology of Arnhem Land, *American Imago* 8 (1951), pp.181-87.

第13章　おとぎ話と夢　Fairy Tale and Dream: *Psychoanalytic Study of the Child* 8 (1953), pp.394-403.

第14章　狼と七匹の子やぎ　The Wolf and the Seven Kids: *Psychoanalytic Quarterly* 22 (1953), pp.253-56.

第15章　ヘンゼルとグレーテル　Hansel and Gretel: *Bulletin of the Menninger Clinic* 17 (1953), pp.90-92.

第16章　鳥のことば　The Language of Birds: *American Imago* 10 (1953), pp.3-14.

第17章　ホレおばさん――夢と民話 Dame Holle: Dream and Folktale (Grimm No.24): Robert Lindner, ed., *Explorations in Psychoanalysis* (New York: Julian Press, 1953), pp.84-94.

［ダンデス付記］　ヴェルナー・ミュンシュテルベルガー博士のご厚意に深く感謝する。博士はローハイムの著作権管理者として、これらすべての論文を本書に収録することを快諾して下さったのみならず、「はじめに」に眼を通して下さった。また、ゲザ・ローハイムの写真に関しても、ミュンシュテルベルガー博士に謝意を表する。

ゲザ・ローハイム（1933 年頃）
（ヴェルナー・ミュンシュテルベルガー博士の御好意による）

はじめに

ゲザ・ローハイムは一八九一年九月十二日、ハンガリーのブダペストに生まれた。彼は、人類学と民俗学への精神分析的アプローチの発展に貢献した、フロイト以後最大の功労者である。一九五三年六月七日、ニューヨーク市で死去するまでに、十指にあまる著作と一五〇編以上の論文を世に送り出したが、その大半はオーソドックスなフロイト理論をきわめて広範な題材やテーマに適用したものである。

裕福な商家の一人っ子として生まれたローハイムは、両親に溺愛され、かなり過保護な少年時代を送ったようだ。バリントは、「金持の両親の一粒種に生まれたことはローハイムにとって幸運でもあり、不運でもあった。ローハイム家は、客のもてなしぶりや、みごとな厨房、さらには自営ブドウ園でつくられる極上のワインで、その名はブダペストじゅうに聞こえていた」と述べている（Balint 1954 : 434）。ローハイムは大好きな祖父の勧めもあって、幼い頃から民俗学に強い関心を抱くようになった（Muensterberger and Nichols 1974 : xi）。

ローハイムが十代のとき、父親がブダペストの老舗の書店の一つから書籍を付けで購入するようになり、ローハイムも神話や民族誌学の本を自由に買えるようになった。彼が民俗学に興味をもっていることを知った古参の店員は、その分野の本を探すのにあれこれ便宜をはかってくれた（Balint 1954:434）。ローハイムの生涯にわたる民俗学と人類学に関する百科全書的な知識と膨大な蔵書の収集は、こうして始まったのである。彼の蔵書は、「民俗学者の個人的な収集としては最大級のもの」と賞賛されたほどだ（Nichols 1975:301）。その大部分は、最終的にニューヨーク州立大学のダウンステート・メディカル・センターに寄贈された（Nichols 1975:388n31）。

若年ながら神話に精通していたローハイムは、すでに高校生のとき、ハンガリー民族学会で「月の神話」という題目で講演を行なっている（Lorand 1951:xi）。このハンガリー民族学会は、アメリカでいえば、米国人類学会や米国民俗学会にあたる。これは一九〇九年五月十九日（Verebélyi 1977:209）のことで、このとき、ローハイムはまだ十七歳だった。後年、彼はこのテーマをふたたび取り上げる（たとえば、一九二七年の「月神話と月信仰」）。忘れてならないのは、当時、複数の十九世紀神話論がしのぎを削り合っており、太陰（月）神話論もそのうちの一つだったことだ。太陽神話学者は、すべての民話は未開人がいかに日の出と日没に魅せられ、畏怖していたかを表わしていると主張したが、この太陽神話論にまっこうから挑戦したのが月神話論だったのである。

一九一一年、ローハイムは二十歳という若さで、処女論文「龍と龍殺し」を著わした。この論文はハンガリー語で書かれたものだが、翌年にはドイツ語訳が出た。この時点では彼は、ウィーン近郊に台頭してきた精神分析とはまだ出会っていなかった。実際、この龍に関する初期の研究論文は、どちらかというと太陽神話論に基づいて論じられている（cf. Mogk 1914:248n1）。ローハイムは、こののち一九四〇年に、ふたたび「龍と英雄」に目を向けるようになるのだが、このときには精神分析的見地から考察を加えている。

幸いなことに、ローハイムはその人格形成に大きな影響を与えた書物の一部について、自ら記録を残している。ジェームズ・フェニモア・クーパーの『モヒカン族の最後』を読破したのは八歳の頃だ。当の本はなくしてしまい、具体的な内容も覚えていないというが、「文化人類学者になったのは、この本を読んだおかげだ」と述べている（Köhalmi 1937:285, Verebélyi 1977:209n7より引用）。十五歳のときには、E・B・タイラー〔一八三二～一九一七。イギリスの人類学者〕の『原始文化――神話・哲学・宗教・言語・芸能・風習に関する研究』、チャールズ・ダーウィンの『人間の由来』、H・スペンサーの『社会学の原理』を読了したが、これらはいずれも、この年頃の少年にしては、かなり知的水準の高い読書といえる。「スペンサーの作品で感銘を受けたのは、ものごとの関連性をわかりやすく説き明かしてくれることだった」とローハイムは記している。また、ジェームズ・ジョージ・フレーザー〔一八五四～一九四一。イギリスの古典的人類学者〕の『金枝篇』については、「その大胆な推論や力強さは、真の文化人類学者なら誰もが影響を受けている」と評した。「そして最後は、神秘の扉を開く鍵となるフロイトの『夢判断』と『トーテムとタブー』である。死んだ素材が息を吹き返し、受動的な知識が生き生きと動き出す。もうこれ以上のものはない。フロイトと精神分析が与えた影響は、ほかの何よりも偉大だった」（Köhalmi 1937:285, Verebélyi 1977:209n7より引用）。

当時のブダペストの大学には人類学や民俗学の講座がなかったので、ローハイムはドイツのライプツィヒとベルリンの大学院に行くことにした。だが実際の学位は、一九一四年五月十六日に、ブダペスト大学から地理学で取得している。副専攻科目は、「東洋民族古代史」と「英国文献学」だった（Verebélyi 1977:209）。ローハイムがフロイトの著作やフロイトの初期の弟子であるフェレンツィ、アブラハム、ユング、リクリンの著作にふれたのは、このドイツに留学していたあいだのことだった（Balint 1954:435）。こうしてローハイムは、はじめて自分にふさわしい知的源泉を見いだすことができたのだ。新たに開けた応用精神分析学の輝かしい可能性の前には、月神話も太陽神話も色を失い、永久に打ち捨てられることになったのである。

二十四歳でブダペストに戻ったローハイムは、ハンガリー国立博物館の民族学課の学芸員の職を得た。彼は、一九一九年にハンガリーで勃発した反革命の際に辞職に追い込まれるまで、ここに勤めていた。この反革命のときにかけられた嫌疑の一つは、共産主義理念を推奨するような理論を、公開講座で喧伝したというものだった（Verebélyi 1977:210）。（ローハイムが積極的に政治運動に関わったことは一度もない。それはポール・ロビンソンも、彼の著書『フロイト左派――ライヒ、ローハイム、マルクーゼ』（1969:75）のなかで認めている）。話は前後するが、ローハイムは一九一五年から一六年にかけて、サンドール・フェレンツィの教育分析を受けた。フェレンツィは、先駆的精神分析家の集まりである初期のフロイト・サークルのなかでも、とびぬけて優秀だった。フェレンツィは、同時にメラニー・クラインの教育分析も行なった。後年、ローハイムがクラインの分裂した母親像（良い母親と悪い母親）の概念や、良い母親の体の中身（およびその乳房）を剝ぎ取ろうとする攻撃的な幼児の概念を取り入れたのは、これが一因だったのかもしれない。ローハイムは、人類学のフィールドワークを始める直前の一九二八年後半にも、フィルマ・コヴァックスの分析を受けている。

一九一八年、ローハイムは、終生貞節な伴侶でありつづけた最愛のイロンカと結婚する。ある友人に言わせると、「二人の結婚は、ごく親しい友人以外にはとうてい理解できないものだった。ゲザとイロンカは、寄るとさわるとけんかばかりしているくせに、お互いに離れられなかった。二人の人生は一つのものであり、互いに相手のあらさがしばかりして、いつも不満ばかり言っているのに、相手がいなければ何一つできないのだった」(Balint 1954:435)。ローハイムは、日常的な実務はほとんど妻に任せっきりだった。イロンカは、夫の世話をするだけでなく、フィールドワークの助手役もつとめた。フィールドでは写真を撮り、女性や子どもたちにインタビューをし、ローハイムの原稿をタイプした (Verebélyi 1977:212)。そのイロンカを一九五三年に亡くしたときのローハイムの悲しみは、癒しようのないものだった。彼は生涯初めて筆を折った (Spitz 1953:327)。そしてわずか二カ月後に、彼もまた妻のあとを追って、この世を去ったのである。

さて、イロンカと結婚した一九一八年に、ローハイムはブダペストで開かれた国際精神分析学会の会合に出席し、そこで初めてフロイトと会った (Lorand 1951:xii)。一九二一年には、ローハイムは、応用分析における最優秀科学論文としてフロイト賞を受けている。ここで頭にとめておいてほしいのは、ローハイムの博士号は、医学博士のそれではないことだ。精神分析家という職業をめぐって、医師の資格をもった分析家とそうでない分析家のあいだには長年にわたる確執があったが、ローハイムもまた、その渦中にあった。彼は精神分析を、ハンガリーと後には米国でも行なったが、明らかにその立場は、医師免許を持たない一分析家にすぎなかったのである。

一九二五年、フロイトは「自己を語る」のなかで、自分が『トーテムとタブー』で初めて紹介した人類学への精神分析的洞察を広げた功績者として、ローハイムとテオドール・ライクの二人の名を挙げ、賞賛している（Freud 1959:68-69）。もちろん、ローハイムのほうも負けずにフロイトを賞賛しており、そのことばを借りれば、「筆者にとって、「フロイトは人類学に対して何をなしたか」という質問に対する答えは「すべて」である。集合無意識や原始種族に関しては、首をかしげる人もいるかもしれないが、それはたいした問題ではない」のだった（Róheim 1940c:254）。ローハイムは、フロイトの考えを絶対的な規範として「すべて」盲信していたわけではない。たとえば、太古の昔に「原始種族」（フロイトは人間社会の最初の形態は、絶対支配者としての強力な長老が治めていたと考えた。彼によれば、この長老が女性を独占したために禁欲生活を強いられた息子たちは、反乱を起こして父を殺し、その肉を食べたという）が存在したという立証不可能な仮説もその一つである。「原始種族」の息子たちがエディプス的衝動に突き動かされて犯したといわれる父親殺しについては、ローハイムは次のように言い切っている――「〔…〕私は、人間の起源に関するこの説によって、精神分析的人類学の有効性が左右されるとは思っていない」（1936:76）。

一九二八年、ローハイムは仕事の上で重要な転機をむかえる。これは、彼の残りの生涯に大きな影響をおよぼすものだった。民俗学と人類学の文献を何年にもわたって読みふけり、フェレンツィの分析を受けてきた彼は、精神分析の理論を実際にフィールドで試してみたくなったのである。これは、当時としては斬新なアイディアだった。フロイトとその弟子たちは、いわゆる「未開」人に、精神分析の理論を適用することを躊躇しなかったが、彼らは人類学者が収集したデータを頼みにして、書斎の「安楽椅子」という安全な場所からそれを行なったにすぎない。ローハイムは、精神分析の理論が異文化にも有効であることを証明するために、自分の手でデータを集めようとしたのである。

ローハイムがこう言いだしたのには、わけがあった。それは、仮に精神分析の理論を適用できたとしても、あくまでもヨーロッパ社会のなかだけであって、非西洋文化には当てはまらないという批判がいきわたっていたことだ（これは今も変わらない）。ローハイムがどうしてもじかに現地を訪れたかった理由の一つは、この見解が誤りであることを証明したかったからである。彼はこう語っている――「もちろん、その証拠はヨーロッパ民族だけにあてはまるのだという人もいるだろう。だがこの場合は、非ヨーロッパ民族の習慣や神話から証拠を集めることによってでも、あるいは、これらの民族を代表する人々にじかに精神分析的手法による調査を行なうことによってでも、精神分析家は答えを出せるのである。私が現地を訪れたときにとったのも、まさにこの方法だった〔…〕」(Róheim 1941: 112)。

こうした批判のほかに、次のことも頭に入れておいていただきたい。それは一九二〇年代に、ブロニスラフ・マリノフスキー〔一八八四〜一九四二。ポーランド出身のイギリスの人類学者〕が、メラネシアでフロイト理論を実際にためしてみたところ、この理論の欠陥を発見したと主張したことである。彼は、エディプス・コンプレックスは万国共通のものだという精神分析的仮説に激しく反発し、次のように考えた。すなわち、エディプス・コンプレックスは父系社会にしか存在しないもので、母系社会制度（ここでは、男児にとっての年長の男性は母親の兄弟であり、その子の父親ではない）をとるトロブリアンド諸島の住民は、エディプス・コンプレックスをもちえない。むしろ、トロブリアンド諸島では、男の子は成長すると、母方のおじの支配やしつけの下に置かれ、マリノフスキーが「おじコンプレックス」と呼んだものに導かれることになる、と。だが、マリノフスキーの分析には次のような問題点がある。母親の兄弟は当然、少年にとって母親の愛情を争う性的なライバルにはなりえないわけで、ローハイムはこれについて痛烈なコメントを寄せている。「子どもが成長するまでは何事もなくて、思春期前の時期になって突然、「おじコンプレックス」が出現するなんて、まともに信じる精神分析学者がいるだろうか」(Róheim 1940d:542)。さらにローハイムは、マリノフスキー自身のフィールド・データのなかに、母親と性交渉をもち、父親を殺す息子たちのことを描いた神話のテクストを見つけている（cf. Ingham 1963; Spiro 1982)。

このほかにもマリノフスキーは、メラネシア人の被調査者にはいわゆる肛門期がないことを「証明した」と主張している。一九二七年初版の著作『未開社会における性と抑圧』のなかで、彼はこう訊ねている──「それではわれわれは、フロイトが「前性器期」あるいは「肛門性欲的」関心と呼ぶものが未開人の間にみられないという事実をどのように説明すべきだろうか」(1955:44)。この独断的な意見に腹を立てたローハイムは、フロイトの意見を仰いでいる──「私はフィールドワークに出かけるまえにフロイトを訪ね、マリノフスキーのことばを伝えた。フロイトの答えはいかにも彼らしいものだったから、そっくりそのまま引いてみよう。彼はこう言った。「何だって！　じゃあ、彼らには肛門がないってことかい。でも、ちゃんと一個ずつ持っているよ」」（Róheim 1950a: 159）。実際、ローハイムは、肛門性感から生じた金銭と糞便との同一視を例示した「メラネシア人の聖なる金」という論文を、すでに一九二三年に発表していた。

こうしたいきさつをみれば、精神分析の理論を現地で試そうというローハイムの計画をフロイトが賞賛したこともうなずけるだろう。マリノフスキーは結局、分析家ではなかった。必要なのは、精神分析に本当に精通している人間が現地に赴くことだったのだ。幸い、フロイトのクライエントで後援者の一人にマリー・ボナパルト〔一八八一～一九六二。ギリシアの大公妃〕がいた。彼女は、ローハイムと妻イロンカが長期にわたってフィールドワークを行なえる資金を気前よく出してくれた（後に、ナチスのゲシュタポに身代金を払って、一九三九年にフロイトをウィーンからイギリスに無事に逃れさせたのも、このマリー・ボナパルトである）。

彼女の息子、ピエール・ギリシア＝デンマーク王子によれば、ローハイムはこのプロジェクトの相談にパリにやってきた。オーストラリアのアボリジニーを訪ねて、彼らに精神分析の理論を適用しようというローハイムの計画に、マリー・ボナパルトは好意的な反応を示した。ピーター王子は、パリにあった自分の両親の家にローハイムが面会に来たことをよく覚えていたが、それは一つには、そのことが彼自身に人類学者となる決意をさせるきっかけとなったからだ。「ぼくは、ローハイム夫妻が母と話しているのを聞いているうちに、こう考えるようになった――「なぜ、そうした仕事をするのに、母がこの人たちに金を出してやらなきゃならないんだ？　ぼくにはできないだろうか。どうせ、同じ母の金を使うんだったら」」。そのほうが筋が通っているような気がしたので、私はその場で、このハンガリーの学者夫妻と同じように「未開人」のあいだで、精神分析的調査の仕事をすることに決めた」(1975:2)。

同じ一九二八年、ローハイムはパリからロンドンに渡った。九月には、一八七八年創立の英国民俗学会の五十周年記念会議に出席した。ローハイムの論文「母なる地球と太陽の子どもたち」は、ウェールズの精神分析学者アーネスト・ジョーンズの論文「精神分析と民俗学」とともに、一九三〇年の学会誌に掲載された。だが残念なことに、ローハイムもジョーンズも、イギリスにおける民俗学の研究に目立った影響を与えるには至らなかったようだ。

一九二八年の終わりに、ローハイムは、イエメン南部のアデンと東アフリカのジブチに向けて出発し、ジブチに一カ月滞在した(Peter 1975:2)。最初にここに足をとめた理由の一つは、ローハイムとイロンカはブダペストで、ソマリランド〔アフリカ北東部の海岸地域。ジブチ、ソマリアおよびエチオピアのオガデン地区を含む〕からやってきた舞踏団と交流をはかり、精神分析がらみの質問を行なったことがあったからだ。このフィールドワークはアデンで継続された(Verebélyi 1977:211)。一九二九年二月、ローハイム夫妻はオーストラリアに向かい、中央オーストラリアに住むアランダ族や、ルリチャ族の一部にフィールドワークを行なった。この年の十一月には、夫妻はニューギニアのポート・モレスビーに渡り、それから同じニューギニアのノーマンビー島に移って、九カ月滞在して、一九三〇年十一月に帰国の途についたが、これはかなりの長旅で、まずシドニーからサンフランシスコまで船で行き、そこからアメリカ先住民のユマ族を訪ね、二カ月のフィールドワークを行なった。

これらのさまざまな現地探訪は、今の基準からすれば決して長い期間ではないが、ローハイムは、その数カ国語に通じた語学の才能によって、調査を行なった全地域のおびただしい民俗学的テクストを記録することができた。彼が語学にたぐいまれな才能を発揮したことは、何カ国ものことばをマスターしたことで証明されている。「彼はラテン語、ギリシア語に通じていたほか、高校生のときにはもうドイツ語、英語、フランス語が話せた。オーストラリアでは、二、三カ月でいくつかの方言に習熟した。彼はすぐに、アルンタ（アランダ）やルリチャの被調査者と、通訳なしで意志の疎通をはかれるようになった」（Verebélyi 1977:212）。その後もローハイム夫妻は、他人に聞かれたくない話をするときはいつもアランダ語かピッチェンタラ語を使ったという（Balint 1954:436）。

一九二八年から一九三一年に及んだフィールドワークは、ローハイムに生涯論文を執筆していくのに十分なデータをもたらした。自ら何年もフィールドに出て、民族誌的なデータを収集した分析家は、今日に至るまできわめて少ない。人類学と民俗学に精神分析的手法を取り入れた草分け的存在としてのローハイムの重要性は、いくらことばを尽くしてもとうてい言い尽くせない。彼のように最初に民俗学と人類学の研鑽を積んだ分析家は皆無だったし、当時の民俗学者や人類学者で、分析に従事し、フィールドに精神分析的理論を試そうとした者は一人もいなかった。ある人がいうように、「明らかにローハイムは、精神分析（臨床を含む）と人類学（経験に基づいた詳しいフィールドワークを含む）の両分野のキャリアを意欲的に追求した最初の学者だった」（Endlemann 1981:56）のである（ローハイムのオーストラリアでのフィールドワークに対する評価の詳細は、Morton

1988を参照のこと)。

一九三八年の秋、欧州の動乱に際会したローハイムは、後ろ髪を引かれる思いで愛する祖国をあとにした。彼は米国に逃れ、この年、ウスター州立病院に分析家として勤めるようになった。彼はここで実習生の指導も行なった。一九三九年、ニューヨーク市に移って開業。以後、残りの生涯をニューヨークで過ごすことになる。一九四七年には、当時同国人のパウル・フェヨーシュが会長をしていたヴァイキング基金の支援を受けて、ナヴァホ族のフィールドワークを行なった。ローハイムは祖国を追われてからも、死ぬまでハンガリー人魂を失わなかった。彼自身、民族主義と愛国心に対する批判を綴っているが(Róheim 1950b)、これは、彼の祖国への愛をわずかでも損なうものではなかった。こんな話も残っている――「ローハイムの最期の願い、それはハンガリーの国旗に包まれて埋葬されることだった。そしてその願いがかなったのを見た人々は、当然こうでなければと思った」(Bak 1953:759)。

ゲザ・ローハイムが全生涯と全精力を人類学と民俗学の精神分析的研究に捧げたからといって、それに見合うだけの影響をこの二つの分野に与えることにはならなかった。ローハイムの親しい友人で、後に遺著管理者となったヴェルナー・ミュンステルベルガーは、こう評している――「[ローハイムは]きわめて自立した思索家であり、ある意味では孤独な人間だった。彼は、人類学に精神分析的アプローチを適用しようとして、その不利な立場から生じたありとあらゆる困難に一人で立ち向かった」(1970:7)。では、ローハイムとその膨大な著作を、人類学者や民俗学者はどのように評価していたのだろうか。ローハイムは人類学と民俗学のデータに精神分析の理論を数多く適用したが、まったくと言っていいほど省みられなかった。これは残念ながら、事実だ。人類学と民俗学の両分野、とくに後者における顕著な反フロイト的偏見は、慣習や民間説話に対するローハイムのすぐれた解釈を、当然受けるに値する評価から遠ざけたのである。若い人類学者や民俗学者には、ローハイムの著書に目を通したこともない者がほとんどで、象徴表現や伝統的行動の研究に心血を注いだ彼の唯一無比の業績は、まったく無視されつづけてきたのである。

わずかにローハイムが受けた賞賛は、ごく少数の精神分析学者や人類学者からのものだった。その代表がJ・C・フリューゲルで、彼は『心理学の百年』のなかでローハイムのことを、「その豊富な知識と独創性とで（ただし、わかりにくいのが玉にキズだが）、ひときわ優れた大作をいくつも生み出した」と語っている（1933:337）。マーヴィン・ハリスは、『人類学理論の誕生』のなかで数ページをさいて（1968:427-30）、ローハイムを「文化とパーソナリティ運動の歴史においてもっとも華々しい活躍をした一人」と呼んだ。ただし、全体としてみると、ハリスの評価は否定的で、ローハイムに純粋フロイト派のレッテルを貼り、多くの批評家同様、ローハイムの特異な文体を批判している――「〔…〕ローハイムの文体は、同輩の人類学者の大部分を愚弄するように計算しつくされていたから、彼に帰依する者はほとんどいなかったし、彼の影響を受けた者でも、できれば彼の影響を認めたくないと思っていた」（1968:428）。もっと肯定的な評価としては、フィリップ・K・ボックが『心理学的人類学の再考』のなかで、次のように語っている――「ローハイムの解釈の多くは最初は突飛に思えるけれども、彼の著作には多くのすぐれた洞察がうかがわれる。人類学者も今になってようやく、そのことを認めるようになった。ローハイムには、ことばや行動の象徴的意味をつかみとる才能があった」(1988:125)。

フランスとドイツには、精神分析と人類学を融合させたローハイムの功績を評価する学者も少しはいたが(cf. Valabrega 1957; Zinser 1977)、母国ハンガリーにおける反応は、無に等しかった。彼と同世代でハンガリー民俗学の指導者的立場にあったジュラ・オルトュタイは、ローハイムについてこう語っている――「西欧的なブルジョワ教養――精神分析学的民族誌学の教義は、ハンガリーにおいては、ヨーロッパ中で有名だった一学者によって代表されていた。彼は、ハンガリーではこの学派の唯一の代表だった。追随する者とてなく、彼の教えは、ハンガリーの民俗学者全体から拒絶あるいは無視された。わたしが言っているのは、ゲザ・ローハイムのエッセイや作品のことだ〔…〕あえてここでローハイムの理論を批判するまでもないだろう。精神分析学派の、非歴史的な性格と観念主義的な誤りはつとに悪名高い。だから、これまで言われてきたように、ハンガリーの民俗学〔界〕の代表者たちは、革新派も保守派も一致団結して、ローハイムの教義を拒絶してきたのだ」(1955:53)。ローハイムが学界から忘れ去られないようにと孤軍奮闘したハンガリーの民俗学者キンチョ・ヴェレベイ(1977, 1978-1979)の努力は殊勲賞ものだが、それが最終的にどれだけ成功するかは、まだわからない。ローハイムにしても、自分のやり方が不評なことを知らないわけではなかった。彼の『夢の門』の序文は、こんな皮肉たっぷりのエピソードで始まっている――「先日、私は古くからの友人の家に招かれた。彼は若い同僚と話し込んでいて、真剣に質問していた。「精神分析学的人類学なんてものが本当にあるのかね?」 若い同僚はにやっと笑うと、私の方を見た。私は心の中でつぶやいた――これまでの人生は無駄だったのだろうか、と。べつに本心からそう思ったわけではなかったが」（1953: vii）。

ハンガリー以外の民俗学者は、人類学者より少しはローハイムを受け入れたのだろうか。一九五二年にイタリア語で出版されたジュゼッペ・コッキアーラの『ヨーロッパ民俗学の歴史』は、ローハイムについてまったく触れていないし、何十もある民俗学の雑誌にも、ローハイムの死亡記事は掲載されなかった。彼は、生涯の大半を民俗学の分析に捧げたというのに。民俗学の歴史にとって、ローハイムは存在しないに等しいのだ（この点ではフロイトも同様だ）。これは重要なことである。精神分析的理論や精神分析学的人類学に対するローハイムの貢献がたまに認められることはあっても、彼の民俗学における重要な研究についてはまったくといっていいくらい評価されていないようだ。これは意外としか言いようがない。ローハイムは、ほかのどのテーマよりも民俗学を主題として論文を書くことが多かったのだから。

民俗学におけるローハイムの非凡な研究を認めた数少ない一人に、精神分析的人類学者ウエストン・ラ・バールがいる。彼は、一九五八年に『人類学におけるフロイトの影響』という有益な調査論文をまとめたが、そのなかで、次のように強調している――「だが、疑いなく、現代の民俗学における主要な分析家は、ゲザ・ローハイムである。彼のおびただしい著作には、民俗学を精神分析的に解釈したものが多く見受けられる」（1958: 294）。だが、ラ・バールは人類学者であって、民俗学者ではない。米国の民俗学者の大御所である故リチャード・M・ドーソンは、その民俗学概論のなかで、ついでのようにローハイムに触れているが（1972: 28）、正直にこう述べている――「現代の民俗学におけるもっとも思弁的な団体は、シグムント・フロイトを継承する精神分析学派である。

これはまた、正統派の民俗学者にとっては、もっとも忌まわしい解釈を旨とする学派なのだ」(1972:25)。ドーソンは、明らかに正統派の民俗学者だった。

私はゲザ・ローハイムこそ、真の意味で最初の精神分析学的民俗学者だったと言いたい。彼は、民俗学者としてその研究人生をスタートさせた。ハンガリー語で書かれた初期の著作は「すべて」民俗学に関するものだった。精神分析と出会ったのちも、ローハイムは民俗学に関心を抱きつづけた。民俗学の研究に対する彼のあくなき傾倒ぶりをあげるのは、たやすい。一九二二年に著わした書評論文で、ローハイムは六七に及ぶ書籍と論文(そのなかには、彼自身のものが九編含まれている)を取り上げたが、その大半が民俗学のものだった。オーストラリアやメラネシア、アメリカの先住民に対するフィールドワークを行なうあいだも、彼は民俗学的なデータの収集と分析をけっしてやめることはなかった。一九三八年に米国に移住したあと、ローハイムはアメリカ民俗学会の理事を、一九四四年から四六年と、一九四六年から四八年の二期勤めた。理事の仕事は名誉職に近いものだったが、少なくとも、ローハイムをこの時代の主要な民俗学者として認めるものではあった。彼は晩年ふたたび民俗学に戻った。一九五三年に出版された『夢の門』は、世界中のデータを駆使したローハイムの神話研究の集大成ともいえるもので、まぎれもない彼の代表作であり、サンドール・フェレンツィの思い出に捧げられている。ローハイムは出版されたこの本を見ることはなかった。彼が息を引き取ったその日、刷り上がった本が病院に届けられたが、ついにそのページをめくることはできなかった(Spitz 1953:327)。彼の最後の論文は、どれもヨーロッパのおとぎ話を取り上げたものだった。そのうちの何編かは、彼の死後出版された(本書に収録)。ゲザ・ローハイムはふたたび出発点に戻ったのだ。彼は民間伝承に関する論文を著わすことで、その実り多い研究人生の第一歩を踏みだし、民間伝承における無意識の意味を発見しようと一心不乱に努めつづけ、その一生を終えたのである。

では、民俗学に対するローハイムの精神分析的アプローチは、ほかの精神分析学者のそれとはどのように違うのだろうか。民俗学に関する精神分析的論考の大半は、狭い研究範囲にとどまっていた。たいていの分析家は、ある民話のテクストとしては（たとえ、その話型については、活字になった類話が千以上も入手可能だったとしても）、たった一つの類話しか使おうとしない。さらには、分析の起点として用いられる唯一のテクストは、往々にして、たとえばペローやグリムの童話集に収められたテクストのように文字化され、削除修正され、書き直されたテクストであり、純粋な口承伝承からはかなり隔たっている。グリム兄弟を例にあげると、彼らは同じ物語における複数の異なった類話の要素を集め、合成された物語、すなわち実際には誰も語ったことのない合成物語をつくりあげることをためらわなかった。これに反して、民俗学者たちは口承説話（およびすべての民間伝承）が多様な形で存在することを十分認識していたし、比較研究法を用いることの必要性も知っていた。ローハイムは、初期に民俗学の研鑽を積んでいたおかげで、グリム童話集のなかのある民話が特定の話型における類話の一つにすぎないことを、よく知っていたのである。

ローハイムの比較研究の視野は、あまねく全世界に及んでいた。彼は、東西ヨーロッパのどちらの民間伝承も実によく知っていたが（cf. Róheim 1954）、文献研究や自らのフィールドワークから、オーストラリアのアボリジニーの民間伝承についても詳しかった。また、アメリカ先住民の民間伝承についても精通していた。きわめて博識だったローハイムは、その論考に関連があると感じたものは、世界中どこの民間伝承からでも引用した。ハンガリーの民話を論じていたと思ったら、いきなりオーストラリアのアボリジニーの神話やアメリカ先住民の民話に飛んでしまうことがあるのも、このためだ。すべての民間伝承は、彼が精神分析的解釈を行なう上で、甲乙つけがたいほど有益な資料源だったのである。

さて、民俗学者たちがローハイムの業績を真剣に受けとめようとしなかったのは、はたして反フロイト的偏見のせいだけなのだろうか。それが大きな要因であることは間違いないが、ローハイムの型破りな文体が影響していることも、また事実である。英語が母国語ではないにしても、彼の論述の特異さは、それだけでは説明がつかない。ある批評家は、これを「自分があげるデータや理論を読者がすでによく知っているものと思いこみ、次々に論理を飛躍させていくローハイム独特の「ハンガリー式」スタイル」(Nichols 1975:308) と呼んでいる。

ローハイムは、自分の書くものが難解だということに気づいていないわけではなかった。こんな話がある――「ある人類学者が、「実に支離滅裂な書き方だ。例をあげるにしても、地理や民族的な背景すら無視している」とこきおろしたとき、ローハイムは、その批判は正しいと認めたうえで、これは、日がな一日、自由連想法による患者の話に耳を傾けているせいだ、と付け加えた」(La Barre 1966:279)。確かに、ローハイムの文やパラグラフの組立てをみると、その民話や神話に対する彼自身の自由連想の影響を感じることがある。

先に述べたように、一つの問題は、ローハイムが読者にほとんど迎合しないことだった。読者が、民俗学に対して彼と同じだけの卓越した知識をもち、精神分析的理論にも高度の理解を示すことを、本気で期待しているのである。ギリシア語やラテン語の引用文も、翻訳せずに、そのままポンと出す。それだけでなく、どうもローハイムは、文を書くのにかなりせっかちだったらしく、さまざまなテクストを引用したあと、なんの前置きもなしに、分析の要点に入ってしまう。迷路のように入り組んだテクストのデータのなかに、分析的記述が埋もれてしまっているため、大半の読者は、クモの巣さながらに張りめぐらされた精神分析的理論の展開についていけなくなり、嫌気がさしてしまうのである。

ローハイムは若い頃、フレーザーとフロイトから知識を吸収したと自分で述べているが、ローハイムの表現法がこの二人を合わせたものだということは、彼の文章をみれば一目瞭然だ。まずテクストを、フレーザー式のやや雑然とした形であげたあと、いきなり、テクストに関する精神分析的注解をはさむのである。その後、さらに別のデータを出してから、また精神分析的洞察が始まる。ローハイムは、出版物や自分自身のフィールド・データ、また自分の患者の臨床例やその場の思いつきといった、さまざまな素材をごちゃまぜにすることをなんとも思っていなかった。ときには、熱烈なローハイム崇拝者でさえ、彼のあげるデータに統一性を見いだすことはむずかしいと思ってしまうほどだ。だが、そうではあっても、民俗学史上すべての民俗学者のなかで、ゲザ・ローハイムほどの情熱と喜びをもって、神話や民話、伝説の象徴的要素を解読するという骨の折れる仕事に取り組んだものはいないことも、また事実である。

その特異な文体のほかにも、ローハイムの仕事が民俗学者に受けなかった理由として、彼が所かまわず論文を発表したことがあげられる（公平を期して付け加えると、保守的な民俗学誌がローハイムの論文の掲載を認めなかったことは、大いに考えられる）。ふつうの民俗学者は、『犯罪者の心理』やインドの精神分析学会誌の『サミクサ』、あるいは『メニンガー・クリニック会報』〔二十世紀における米国の精神病治療の先駆者であるメニンガー父子がカンザス州トピーカに設立した専門病院の会報〕を読んだりはしないからだ。本書の目的の一つは、民俗学に関するローハイムの論文のうち、もっとも重要な十余編を一冊にまとめようというものである。彼の処女論文が龍を扱ったものだという事実をふまえ、本書の題名は、一九五〇年に発表され、本書にも収録した論文のタイトルをとって、『龍の中の燃える火』とした。論文の順序は大体において、ローハイムの民俗学研究の継続性や展開を読者が追えるように、年代順になっている。彼は民俗学に関する論文を、ハンガリー語のほか、ドイツ語と英語で書いたが、ここでは英語の論文だけを選んだ。一つには、英語論文の多くが、初めハンガリー語で出版された論文をローハイムが自分で英語に訳したり、手を入れたものだからである。また英語論文のほとんどが、彼が米国に移ってからのもので、民俗学的テーマに関する彼のきわめて成熟した思考をあますことなく示しているからでもある。

本書に収められた論文は、それぞれ別個に読んでも理解することは可能だが、ローハイムの精神分析的理論になじみのない読者のために、民間伝承に関する彼の基本的な考えを説明しておこう。ローハイムは、夢と民間伝承の関わりを生涯追い求めつづけた。彼は、民間説話の多くはもともと個人の見た夢であり、それが口伝えに受け継がれていったと考えるにいたった（ローハイムの神話における夢起源説の有益な論考については、Morales 1988を参照のこと）。夢と民話のあいだには否定できない類似性があるのは確かだが、ローハイムの夢起源説については、その逆も言うことができるだろう。すなわち、夢が民話の源泉であるというかわりに、民話が夢の源泉であるということも言えるのではないか。これはつまり、ある人の夢は、その人の所属する文化の民話によってかなりの程度まで構成されるということである。もっといえば、夢を見たあと、その夢が「くりかえし語られ」、「物語られる」ことで、実際の夢よりも物語に似てくる傾向があるということだ。夢と民話は、どちらが先かと、必ずしも理詰めに推測しなくても、どちらも人間の心が生み出したものと考えればいいのではないか。いずれにせよ、重要なのは、たとえローハイムの夢起源説に与《くみ》することはできなくても、民話に対する彼の卓越した内容分析は認められるということだ。この夢起源説は、一九五三年の『夢の門』に詳しく紹介されている。民俗学に関するローハイムの著作をみれば、彼が民間伝承における夢起源の可能性にいかに情熱をかけていたがわかるだろう。

民間伝承に対するローハイムの基本的なとらえ方としてもう一つ重要なことは、幼児期の状況を第一に考えていることである。人間の新生児は、生きのびるためには何カ月も、あるいは何年も親の世話を必要としているので、とびぬけて強い感情による親と子どもの絆が必然的に形成される。ローハイムにとって、民間伝承は「一次的過程」、つまりエス志向型の思考が生みだしたものを表わしている。離乳させられた（そして弟妹に取って代わられた）ことに憤る、あるいは母親の乳房の中身を攻撃したいと願う（その後、「呑み込む」怪物からの報復を恐れる）、あるいは両親の性交（いわゆる原光景）を目撃した幼児のショックが、民間伝承の内容に反映されているというのである。ローハイムが扱う民間伝承の世界には、口唇期、肛門期、性器期のモチーフが満ちあふれている。これらのモチーフは、明白に表わされているときもあれば、象徴的に偽装されていることもある。一部の精神分析学者が自我心理学の考えを導入したり、おとぎ話を大人のエディプス的葛藤や成熟化や個性化の観点からのみ扱う傾向があるのに対して、ローハイムは、民話のルーツは幼児期にしか見いだせないと、一貫して主張しつづけた。

ローハイムの仕事は民間伝承の幼児期起源という前提に立っているため、さまざまな民話に対する彼の独創的な解釈を真似る、あるいは立証するのは容易なことではない。児童精神医学について語り、夢やおとぎ話の内容について青年たちにインタビューしたからといって、幼児の無意識の本質がわかったことにはならない。しかし、ローハイムは証拠が絶対的だとは思っていなかった。そうした洞察を得たというだけで、彼には十分だったのである。彼の論考の進め方には、きっと多くの読者が少なからぬ不満を抱かれるだろう。だが、私はこう考える——民話の内容に関するローハイムのさまざまな考察にはいくらか首をひねらされる部分があるにしても、彼がその著作において、どの民俗学者よりも啓発的で説得力のある民間伝承の内容分析を行なったことは、まぎれもない事実である。

民間伝承に対するローハイムの思い切った解釈に、私はしばしば目から鱗が落ちる思いがする。彼の解釈は、精神分析的民俗学研究における私自身の論考を鼓舞しつづけてくれているのだ。彼の意見に共鳴できかねるときでさえ、神話や民話、伝説を象徴的に読みほどくその手際の鮮やかさは、私を刺激してやまない。これと対照的なのが、ローハイムの分析に危惧を感じている大半の民俗学者たちだ。民間伝承が、もっとも根源的な人間のトラウマを偽装した形で表わす一次的過程（エス）

幻想の素材を象徴していることを考えれば、これら民俗学者の「抵抗」は理解できないこともない。一般にこうした素材がはたす機能は、エディプス的な愛やきょうだいへの過度の対抗心といったタブーのテーマに、社会的に認容された表現の手段を与えることだ。民俗学者は――ほかの学者にも言えることだが――神経症的傾向からの逃避手段として、知的職業を選ぶことが少なくない。したがって、非精神分析志向の民俗学者が（ほとんどすべての民俗学者ということになるが）、民間伝承の（顕在内容とは対照的な）潜在内容を徹底的に探求することにはまったく関心を持っていないわけが、これでわかるだろう。民俗学という学問に民俗学者が惹かれるようになったそもそもの理由も、これでわかるというものだ（いい年をした大人がその生涯をおとぎ話の解釈に捧げるなどというのは、明らかに退行行動ではなかろうか）。こうしたわけで、大多数の民俗学者は、民俗学的事象が伝播していった道筋をたどったり、その形態的特質、たとえば、構造やそのなかに含まれているパターンや音節の数を調べることのほうを好むのだ。無意識の意味を探るという問題に取り組むことさえ避けられれば、どんな種類の研究でもかまわないのである。だから、民俗学に興味をもつ素人だけでなく、民俗学者までが、民間伝承の幼児的基盤を証明しようとするローハイムの地に足のついた分析よりも、曖昧模糊とした普遍的全人類的な集合無意識に基づいた（C・G・ユング〔一八八五～一九六一〕やジョーゼフ・キャンベル〔一九〇四～一九八七〕の大著にあるような）「もっと安全で」神秘的で反理性的な神話の解釈を好んだとしても、少しも驚くにはあたらない。ちなみに、二〇〇〇年にわたる民間伝承の研究から得られたすべての証拠――たとえば、全六巻からなる『民間文芸のモチーフ索引』（*Motif-Index of Folk-Literature*, 2d ed; 1955-1958）――は、民間伝承には普遍的なものなどない、今も昔も地球上のすべての民族のあいだに共通して見いだせる神話や民話はただの一つもない、ということを証明している。ほとんどの民間伝承は、経験的に説明可能な、きわめて限定された起源をもっている。しかしながら、そうした事実も、普遍的な集合無意識を盲目的に信じている人々には、いっこうに気にならないらしい。

民俗学に精神分析的理論を適用しようとしたのは、一人ローハイムだけではない。オットー・ランク〔一八八四〜一九三九〕やブルーノ・ベッテルハイム〔一九〇三〜一九九〇〕は、その重要性においてローハイムに唯一対抗できる学者といえよう。といっても、一九七六年初版のベッテルハイムの『昔話の魔力』は、ヨーロッパで人気の高い十余のおとぎ話をフロイト的に分析したものだが、盗作問題が浮上し、その評判にいささかけちがついた格好だ（cf. Dundes 1991. 民俗学に対する精神分析的研究の歴史については、Dundes 1987を参照のこと）。民俗学にフロイト的分析を適用した研究書を片っ端から読んでみれば、ローハイムにかなう者はないことがわかるだろう。彼は神話や民話、伝説ばかりでなく、慣習や民間信仰——たとえば、死や結婚にまつわる慣習（Róheim 1946, 1954b）——を精神分析的視点から研究した。ローハイムのように、そうしたジャンルのすべてに精通し、世界的に調査の枠を広げた精神分析的民俗学者は、これまで一人もいなかった。

「フロイト理論はどうも虫がすかない」とおっしゃる読者には、私は本書をお薦めしない。けれども、あなたがまだローハイムの書いたものを読んだことがなくて、民俗学に精神分析的理論を適用することに少なくとも偏見をもっていないなら、この本はあなたの心を刺激してやまない知識の宝庫となるだろう。そして、ひとたびローハイムを読んだなら、あなたは、このすばらしい論文集に出会う前とは、きっと違った目で民間伝承を見るようになるはずだ。

カリフォルニア、バークレイにて

アラン・ダンデス

第1章　精神分析と民話

ローハイムはほかの学者の論文を読んで刺激を受け、それに応えて論文を書くことがしばしばあった。この場合は、心理学者F・C・バートレットの論文「民間説話に関する心理学」に触発されたもの。バートレットは、口承伝承の伝播過程の実験・観察（たとえば「民話の再生に関する実験」*）を研究室で行なったことで知られているが、精神分析的理論に対しては、典型的にアカデミックな心理学者としての敵愾心を表わしている。

ローハイムは、この論文で、民話へのフロイト的アプローチの弁護を熱心に展開しており、いまだに大多数の民俗学者がこうしたアプローチを頭から否定している現代においても、十分に一読の価値はある。〔ランデスの解説――以下同様〕

* "Some Experiments on the Reproduction of Folk Stories," *Folklore* 31〔1920〕: 30-47, reprinted in Alan Dundes, ed., *The Study of Folklore* (Englewood Cliffs: Prentice-Hall, 1965), pp. 243-258)

『民俗学』の最新号に掲載されているF・C・バートレット氏の論文(1)を興味深く読んだ。氏の論文は、これまでさんざん議論されてきた「民話」つまり、「メルヒェン」に関する難問は、一般心理学がその解明の鍵を握っているという観点に立ったものだ。彼は民話に関連した心理学的理論は、フロイトの夢の研究から新たな刺激を受けたと述べている。[2]だが、そう言っておきながら、彼は民話を「個人の表現」として解釈しようと試みる者をことごとく槍玉にあげるつもりらしく、民話の発展を決定するメカニズムにフロイトの夢理論を適用する学者たち、とくにオットー・ランク(『英雄誕生の神話』)とフランツ・リクリン(『おとぎ話における願望充足と象徴主義』)に攻撃の矛先を向けている。

バートレット氏はまず、「願望充足」による民話解釈は、科学的心理学の見地からは受け入れられないと批判する。もし願望が単なる「志向傾向」を意味するとすれば、願望は人間のありとあらゆる行動のなかに存在する要素を示すことになり、説明としてはあまりにも漠然としすぎているというのだ。だが、願望充足をもっと具体的なものとして、たとえば、ある身体的欲望を以前に満足させたときに残った心象として解釈するなら、願望充足は、それ自体が「精神生活を送るあいだに得た体験によって生じたものであり、環境を考慮に入れることで説明される」というのである。[3]

さて、この主張は一見もっともらしく聞こえるが、私が思うに、もし民話の研究に貢献したフロイトの論文をきちんと読んでいたなら、さらには精神分析と民俗学に関する知識をもっていたなら、民話における願望充足ということばの意味に疑いをさしはさむ余地はないはずだ。今さら言うまでもないことだが、民話はもっぱら少年少女の聞き手にむかって語られ、ふつうは(とくにおとぎ話では)、若き主人公があらゆる障害に打ち勝って、美女を獲得するところで終わりになる。さて、どんな人間の行動も、次の二つの理由のどちらかによってなされる。一つは、それが役立ち、必要だから。もう一つは、願望を満たし、満足を与えてくれるから、という理由からである。このことを民話にあてはめた場合には、役に立つからという理由は（教訓が得られるというおまけは別として）、考慮から外しフィクション一般と同じように、楽しみのために語られると結論してもいいだろう。なぜなら少年少女の聞き手は、そうした民話を喜ぶからである。子どもは、物語の若き主人公にさまざまに自分を重ね合わせる。「杯と唇のあいだに」、つまり子どもと性的対象とのあいだに立ちはだかる障害を無意識に認識して、それを龍だとか怪物だとかに拡大するのである。だが、すべての物語はハッピーエンドを迎える。子どもは、現実にはまだ獲得することのできないそうした無意識的願望の充足を、空想のなかで達成するのだ。主人公は乙女を手に入れる。これはハッピーエンドであり、ここにどんな種類の「志向傾向」が作用しているかについては、寸分の曖昧さもない。確かに民話のモチーフのなかには、一部の夢と同様に、もっと根源的な性質の願望充足を含んだものがある。フロイトは、オットー・ノルデンシェルド〔一八六九～一九二八。スウェーデンの地理学者。北極および南極探検家〕が語った、空腹に悩む探検隊員の夢のことを、飢えが人を行動にかりたてる動機となる単純な幼児型願望のケースだと述べているが[4]、これはたとえば、おとぎ話のなかで所望される魔法のテーブルクロスと比べられるだろう[5]。だがほとんどのケースでは、願望は性的な性質のもので、その表出は、フィクションにおいてさえ、精神的検閲によって抑制され、ほかの無意識の産物と同じく、歪曲という手段の対象となるのである。

では、ここで象徴の主題に移って、バートレット氏の二つ目の間違いに言及することにしよう。彼は民話における象徴の可能性は認めているものの、「普遍的象徴」という概念、すなわち「ある人にとっての象徴はすべての人にとって象徴である」という法則には激しく反対している。最初に物語を語ったAという人には象徴だったものが、その話をくりかえすBという人にとっては象徴ではないことだってあるというのである。ここに氏の論考の弱点がある。仮りにあるものがAにとっては象徴で、Bにとっては象徴ではないとしよう。明らかにAは、自分の語っていることが象徴だということを知っている。だが、この場合、それは精神分析で用いられている意味の象徴とはまったく違う。寓意的・隠喩的表現と言うべきものなのだ。精神分析において象徴ということばが意味するのは、人が意識していないもの、抑圧された無意識の概念の代理なのである[6]。だから、語り手が気づいている象徴というのは、明らかな「形容矛盾《コントラディクチオ・イン・アドジェクト》」なのだ。他の多くの学者同様、バートレット氏も、無意識の概念は、人が「実際には意識していない」ものだということをしっかり把握していない。これは不思議なことだ。彼は言う――「子どものころ、私は母や他の大人たちから多くの民話を教わった。そのなかには、まさにリクリンが論じた題材を扱ったものもあったが、リクリンの本を読むまで、私は、彼が熱中している象徴的意味の存在にはまったく気づかなかった」[7]。もしバートレット氏が子どものころに象徴的意味に気づいていたとしたら、そのほうがよっぽど異常だと思うのだが。彼が気づかなかったからといって、それが民話の要素の象徴的解釈に対する反証とはならない。しかしながら、彼の「普遍的象徴」に対する反論と、各ケースごとに入念な分析が必要だという主張については、確かに一理あることを認めなければなるまい。確かにリクリンの著書は、民話への精神分析の適用を十分こなしきれていないきらいがあり、精神分析的見地からも批判の対象となっているからだ。それでも、精神分析における「普遍的象徴」の概念については、どうしても言っておかなければならないことがある。それはこうだ——たとえば、分析家が同じ問題についてX回同じ答えを得たとしよう。彼はXプラス一回目にも再び同じ答えが出ると予想するだろう。そして、もし短剣が一〇〇回の夢の中でペニスの代用品だということが証明されれば、一〇一回目の夢においても、それがペニスを意味することはきわめてありうることだ。これが「普遍的象徴」の意味するものである。分析家なら誰でも、この手がかりを単純で典型的な夢にあてはめることで、夢の潜在内容を的確かつ高い可能性で解き明かせることを知っている。ただし、ゆるぎない確実性は個々の分析からしか得られない。発見を促す原理として民話に適用される場合の象徴的解釈の価値は、次のことにある。すなわち、「最初はごちゃごちゃした集まりとしか見えなかったものが完璧な秩序を表わすことが証明される」ということだ。[8]「金の毛が三本ある鬼」を例にあげてみよう。鬼、あるいは他の超自然の存在のところに使いにやられる少年は、さまざまな難問の答えを見つけてこなければならない。(a) 井戸の水が涸れてしまったのはなぜか。(b) リンゴの木はなぜ実を結ばなくなったのか。(c) 王女、あるいは王妃に何が起こったのか——。鬼の母親、あるいは鬼の女房は、少年が答えを見つける手助けをしてやる。少年を食器棚の中やベッドの下に隠して、鬼に三度質問する。すなわち、「井戸やリンゴの木、少女の夢を見たが、それぞれの答えを知るまでは気になって眠れない」と言って、答えを聞きだしてやるのである。ここで、この三という数字が民話の定型化した要素の一つだということ、そして三度くりかえされてもエピソード自体は同じだということに目をとめれば、この三つの問いのなかから同じ無意識の意味を探りだすことができるだろう。

ヒロインと井戸には歴然とした類似性がある。その反面、ヒロインの病気についてはどこか曖昧だ。ブルターニュ地方の類話の主人公、フルール・デピン〔イバラの花の意〕は、涸れた井戸をよみがえらせることができたら、王女を妻として与えよう、と言い渡される。(9) この結婚には十分すぎるほどの理由があった。というのも、王女はすでに彼の子を身ごもっていたからだ。そればかりか、この若き冒険者は、旅の途中で出会ったほかの王女たちを一人残らず妊娠させていたのである。(10)

別の類話では、井戸は、「赤の皇帝」の娘がふしだらな生活を送ったために涸れてしまう。(11) 井戸の水が涸れるのと王女が病気になるのは、同じ理由によるものが多い。ヒキガエルが水の流れを邪魔したり、王女のベッドの下に坐っていたりするのだ。(12) カエルやヒキガエルは、ヨーロッパの民間信仰では子宮に相当するものとして知られている。(13) したがって、王女の病気の性質もこの線で探求するべきなのだ。しかも、王女が妊娠していることはもうわかっている。先にあげたブルターニュの類話が、あれだけはっきりと認めているのだから。

一部の類話では、王女の病気は聖餐式の聖餅を吐き出したことが原因だとされている。(14) 吐き気は妊娠の兆候だし、聖餅は救い主イエス・キリストの象徴である。井戸や木とヒロインとの類似を追求していくと、なぜ井戸の水が涸れ、木が実をつけなくなったのかという問いは、ヒロインになぜ子どもが生まれないのかという問いと同じだと言わざるをえなくなる。そしてこれこそ、若き主人公が知りたがっていることなのだ。これは、子どもが抱く典型的な質問、すなわち「子どもはどうやって生まれるの？　ぼくはどうやってこの世に生まれてきたの？」がいくらか歪曲されたものである。子どものこの性的好奇心は、その子がのぞき見なんかしないだろうと思われている年頃に両親の性交を目撃することで鮮明な刺激を受ける、ということはよく知られている。[15] ここで、この物語の主人公がベッドの下に隠れ、大人たち（超自然的な存在）の話に耳をすませるという、まさに幼児化した状況におかれていることがわかる。大人たちは、どうやって子どもが生まれてくるかを――まさに若き主人公が知りたがっていることを――語り合っているのである。

この民話には一カ所だけ、具体的な夢の体験が描かれているところがある。鬼（太陽、龍など）が眠りこみ、鬼の女房（母親）が重苦しい夢に悩まされていると訴えるところだ。フロイトは、幼児が両親の性交を目撃することで受けた印象は、夢の作業にはつきものの歪曲を伴い、その子の夢の中に存続することを証明した。したがって、この物語では、夢を見ているのは大人ではなく子どもであり、眠りが主人公から超自然的存在に投影されているにすぎないという結論に達する。子どもの夢の中では状況は和らげられ、子どもは、両親が同衾しているのを見るかわりに、赤ん坊はどうやって生まれるかという両親の話を聞いているだけだ。だが、もとの状況は、投影されたもののなかに見いだすことができる。子どもは、両親の夜の行為をこっそり盗み見しているのである。

ここで、別の点に目を向けてみよう。鬼（巨人）の女房は、毎回、金の毛を抜いて鬼を起こす。私はほかの論文で、髪の毛がペニスの象徴だという例をあげたことがある。[16] サムソンが髪の毛ともに失ったのは、体力というより、むしろ性的能力だった。[17] ここでエディプス・コンプレックスが根源となっている別の要素をみてみよう。少年は母親を愛しており、父親に嫉妬している。そして去勢によって父親に罰を与えたいと願っている。父親は少年にはできないことをしているからだ。同衾に対する象徴的罰として、原光景が、髪の毛を抜くという形で夢の中に出現するのである。しかし、この分析全体は、鬼が父親の分身であり、少年のエディプス的態度によって鬼に変えられたという仮定に基づいている。(18)この仮定と、それに関連した一連の論考を裏付けているのは、少年を危険な使いに出した父親（義父）が罰を受けるという結末だ。父親は、鬼自身の分身である黄泉《よみ》の国の渡し守（一種のカローン〔ギリシア神話で、死者の魂を舟に乗せて冥土の川を渡すといわれる渡し守〕）と交代させられてしまうことで、息子に不当な仕打ちをした報いを受ける。さて、入れ替わることのできる二人の人物は同一人物なのだとこの物語が言うのだから、そう信じてもかまわないだろう。こうして、今までの一連の仮定は、抑圧されていた要素が物語の結末にふたたび現われることで立証される。物語はついに鬼の正体を語らずにはいられなくなったのである。

以上、短い分析ではあるが、これでリクリンたちが「歴史的系譜」なしでも民話の解釈は行なえると言っている意味がわかっていただけると思う。確かに、心の産物の変遷をつかさどる一般法則に関する精神分析的知識を用いれば――それも、ほかの物語に現われるのと同じ「モチーフ」を比較するだけでなく、一つのまとまった全体を築き上げるために統合された一連の「モチーフ」を慎重に比較研究すれば――物語の潜在内容を推測することができるだろう。しかし、これは、物語のほんの一部にしかすぎない（分析的見地からすればもっとも重要な部分ではあるが）。もし、この話がどこで生まれ、どうやって一つの物語に発展していき、どのような神話的素材や信仰、習慣からつくりあげられたのかを知りたければ、比較民俗学や社会人類学で一般に用いられている技法をとるべきなのだ。その例として、ドイツのフォン・デア・ライエンの興味深い示唆をあげてみよう。ライエンによれば、「金の毛が三本ある鬼」は、シャーマンのあの世への旅の記録だという。神懸かり状態のなかで、このシャーマンは、超自然的な存在に、不妊症の女性を治したり、涸れた井戸をもとに戻すにはどうすればいいかを訊ねる。このやり方は、シャーマンがふつうに行なっている方法と一致する。[19] もし、こうした習慣が物語の伝播が始まった地域に存在していたことを証明できれば、まぎれもなく重要な一歩を進めたことになる。次のステップは、物語の無意識的内容がシャーマニズムにおいて優勢な一般的な心的傾向と一致しているかどうかを証明することだ（超自然的存在に対するシャーマンの立場は子どもと同じものか、あるいは彼の「知」は性的なものか、など）。もし、これがすべてうまくいけば、物語の揺籃期から成熟期、衰退期にいたるまでの一種の伝記をつくることも可能だろう。それには「歴史的系譜」がどうしても必要である。というのも、「歴史的系譜」を用いてこそ、歪曲の全過程、抑圧のメカニズム、抑圧された要素の復元などの研究に、成功の可能性が見えてくるからだ。今日ある民話は、複数階建ての家である。屋根裏部屋から地下室に降りていくには、これまで用いられてきたありとあらゆる手段を活用しなければならない。民話の伝播については、テオドール・ベンファイ〔一八〇九〜八一。ドイツのサンスクリット学者・比較言語学者。ヨーロッパの民話のほとんどはインドで発生し、全世界に伝播したというインド起源説を唱えた〕からアンティ・アールネにいたる文芸学派の方法を、民話をつくりあげる素材には社会人類学の手法を、また、それらの素材（習慣、信仰）を支配する無意識的傾向には精神分析の技法を、それぞれの目的に合わせて活用するのである。これは、民話の複雑きわまりない問題に新たな光明を投じようとする精神分析学の、きわめて筋の通った主張だと思われる。[20]

第2章　またぐことの意味

これもまた他人の論文に刺激を受けて書かれたもので、今回、その刺激を与えたのはユージーニア・ソコルニカ『子どもの強迫神経症の分析』である。これに応えるローハイムの論文は最初、ドイツ語で出版されたが、* 二年後、ソコルニカとローハイムの論文はどちらも英語に翻訳され、『国際精神分析誌』** に掲載された。ローハイムはこの論文のなかで、一つの慣習に関係する迷信や民間信仰に対する百科全書的な知識を披露している。民俗学の研究において、彼は民話と同じくらい、迷信にも惹かれていた。この論文を読むと、ローハイムが伝統的な慣習や民間信仰に、どのように精神分析的理論を適用しようとしたかがよくわかる。

* "Die Bedeutung des Überschreitens," *Internationale Zeitschrift für Psychoanalyse* 6〔1920〕: 242-46

** *International Journal of Psycho-Analysis* 3〔1922〕: 306-19, 320-26

ソコルニカ博士の「子どもの神経症」の分析報告を読み、大変に興味をひかれた。なんと、ある個人の神経症の発生因である精神的外傷（トラウマ）が民間信仰にあるというのだから。（編者注1）このケースもまた、個人の基本的なアイデンティティや原初衝動の集合的な抑圧を表わしており、個人的分析と社会人類学が互いに解明し合うように働く可能性のあることを示唆している。

このケースで扱われている少年の恐怖症は、看護婦のこんなことばが引き金となって出現した——「子どもを窓から家越しに手渡してはだめ。それ以上、大きくならなくなっちゃうから」。ドイツ北東部のメクレンブルクには、こういうことわざがある——「子どもを窓越しに手渡してはいけない。成長がとまってしまうから」。「まだ成長期にある者は、窓から出入りしてはいけない。もし入った場合は、同じところから出ること」。

もし、窓やはねあげ戸のように大人が立ったままでは入れないような低い入口から、子どもを人に手渡したときは、またその入口から戻さなければならない。そうでないと、その子は、その後、十分成長できないからだ[1]。ドイツ北部のホルシュタインやメクレンブルク、ポーランド領のシレジア、東プロイセン、ドイツ中部のチューリンゲンでは、授乳期の赤ん坊を窓から手渡してはいけないといわれている。また、もし子どもを窓から家に入れた場合は、同じ窓から戻さなければならない。でないと、成長しない（東プロイセン、ヴェッテロー、ドイツ北東部のブランデンブルグ、旧西ドイツのバーデン、ドイツ南西部のシュヴァーベン）、あるいは泥棒になってしまうからだ（バーデン、シレジア）。さらには、子どもを抱いて部屋に入るときは、常に足から先に入れなければならないとされている（シレジア）[2]。

さらにソコルニカ博士は、この少年の別の病的恐怖を報告しているが、これも、窓越しに手渡されることの恐怖と密接な関係がある。もし誰かが少年に何かを右手で渡し、しかも何かほかの品物越しに渡した場合は、少年はその相手に、左手でそれを取り戻し、それから両手でしっかり持って渡し直してくれと言ってきかなかった。さもないと、その何かは大きくなれないというのである。これは次にあげる民間信仰にそっくりだ――子どもをまたいではいけない、子どもが大きくなれないから。あるいは、もしうっかりしてそうした失敗をしでかしたときは、子どもを反対の方向にまたぎ直して、その呪いを解かなければならない(3)。これらの禁止（窓越しに手渡すこと、またぐこと）は、どちらもわれわれのデータにたびたびあげられており、この類似は絶対に偶然のものではない。次の引用文の著者は、これらの禁止のなかに、同じ無意識的な意味をかぎとっている――「窓越しに手渡された子どもは大きくなれない。同じことが子どもをまたいだり、飛び越えたりしたときにもいえる。そうすることで子どもの成長に呪いをかけることになり、その呪いを解くためには、その子の上をまた逆にまたがなければならない(4)」。またシレジアでは、次のようにいわれている――「小さな子どもをヒキガエルと呼んだり、またいだり、飛び越えたりしてはいけない。さもないと、逆の方向に子どもを飛び越えないかぎり、子どもはそれ以上成長できない。さらに、小さな子どもには、人の脚のあいだや窓や荷馬車の梶棒の下を這わせてはいけない。もし子どもが這って通り抜けたら、少なくとも同じように這い戻させなければならない。授乳期の赤ん坊は、窓越しに手渡してはいけない。また、赤ん坊を抱いて部屋に入るときは、足から先に入れること。そうしないと、部屋を出るときに死んでしまう(5)」。これで、窓と生きた人間の脚のあいだは、民間信仰ではまったく同じ意味になることがわかったわけだが、となると当然、次のことが考えられる。つまり、この場合の家は女性を象徴し、窓はワギナ、そして通り抜ける、またぐという行為は性交を象徴しているのではないかということだ。というのも、あるものが成長できないという恐れは去勢不安であり、成長は勃起を表わすことが分析からわかっているからだ。神経症の末期になると、問題の少年は何ごとに対しても「イエス」と「ノー」の両方を言うのがくせになった。「越したら、また戻る」、「またいだら、また戻る」という民間信仰にも、同様のアンビヴァレンスがうかがわれる。少年が本当に願っていたのは、窓を通り抜けさせられることだった。そうすれば、彼は――いいかえれば彼のペニスは――大きくなるはずだからだ。同じことが、ペニス象徴に属するものすべてについていえる。ただし、民間伝承でも神経症でも、抑圧された形でしか、その願望は表現されない。

またぐことを性交と解釈することは、民間伝承のなかにも見受けられる。このことも、先の精神分析的解釈の裏付けとなるだろう。

アングロ・サクソンの規範では、流産した女性は、死んだ男の墓を三度またぐように命じられている。そうすれば、流産の悪影響を魔法で追い払うことができるからだ[6]。ここでは、原因と結果の関係を逆にすることで、死産が死人をまたぐ（つまり、死人と性交をする）ことと密接に結びつけられているのがわかる。同じ無意識の内容が、抑圧された形で表わされる場合もある。たとえば、南アフリカでは、人をまたぐことはきわめて不作法なこととみなされている[7]。ハンガリーのベーケーシュ郡では、赤ん坊が早く生まれるようにと、夫がまっぱだかになって妻を三度またぎ、妻に口移しで飲み物を飲ませる。ハンガリーのペシュト、ヘヴェシュ、ソルノクの各郡でも同様のことが行なわれているが、夫が産気づいた妻の腹部に片足でそっとふれるところが違う。もしこれがなんの効果もないと、夫は自分の陰毛を何本か切りとって燃やし、妻のワギナにその煙がいくようにする。それでも子どもが生まれないときは、夫は妻と性行為を行なう。[8] ここでは、増大する精神的緊張（分娩の遅れ）というプレッシャーの下での、象徴から現実への進展と、リビドーがしだいに抑圧を取りのぞいていく過程を見ることができる。最初にまたぐという行為があり、次には二人の陰毛が煙を媒体として結ばれ、最後には性交が行なわれるのである。

ウガンダのバガンダ族のあいだでは、漁で最初に獲れた魚はムカサの神に捧げられるが、残りは漁師とその妻ですっかり食べ尽くしてしまう（獲れた魚は胎児を表わしているのである）。そのあとで漁師は、妻の上を飛び越える。また、戦争があると、勝利を確実なものとするために、族長は妻と性交を行ない、そのあと、妻を飛び越える。「バガンダ族では、妻を飛び越えるとか、妻の脚をまたぐとかいう行為は、常に、妻との性交、あるいはその代用とみなされる」[9]。このバガンダ族のデータに照らしてみると、次にあげるバコンゴ族の習慣が何を意味するかもわかるだろう。それは、夫を亡くした女性を地面に坐らせ、両脚を伸ばさせる。そして、亡くなった夫の兄弟がその脚をまたぐというものだ。こうすることで、彼女は「清められる」[10]——つまり、夫の亡霊から解き放たれ、喪が明ければ、自由に再婚できるようになるのである。またぐという行為が性交を意味しているとすれば、この儀式が、死者の兄弟と未亡人が結婚する兄弟逆縁婚《レヴィレート》の名残りであることは明らかだ。[11] 未亡人は夫の兄弟と少なくとも象徴的に結婚しなければ、ほかの男のもとに嫁ぐわけにはいかないのである。

ところで、窓と同じ意味が敷居にもあるとされている。[12] 敷居を踏むことと、敷居をまたぐことはよく似ているが、まったく同じというわけではない。敷居を踏む行為は、その家の主人に対する敵意を示している。たとえば、ハンガリーのゲチェイにはこんなことわざがある――「敷居を踏むことは、その家の主人を踏みつけること。主人を早死にさせる」[13]。敷居をまたぐ方については、花婿が花嫁を抱き上げて敷居を越えさせる行為がよく知られている[14]。儀礼的行為が、あとにつづく実際の行為（すなわち、性交）を模した前置きとして行なわれることはよくあるが、これもその一つだ。要するに、最初にリビドーと抑圧（象徴）の妥協があって、次に抑圧を解かれた行為がくるのである[15]。

敷居がワギナを象徴するというなら、死んだ子ども（とくに死産児）を、生まれかわって元気に育ってほしいという願いをこめて、残された家族が敷居の下に埋めるわけもわかるだろう[16]。ダルワールの花嫁は、先祖の魂が彼女の中で再生するように、先祖の霊が宿るアシュマという超自然的な石を踏みつける[17]。スコットランド東部のファイフでは、女性が、いままで野ウサギがいた場所をまたぐと、口唇裂《みつくち》の子どもが生まれるといわれている[18]。つまり、またぐという行為は野ウサギとの性交に相当する。それによって野ウサギがその女性を妊娠させ、子どもの形をとって生まれ変わってくるのである[19]。ユダヤ人の新郎新婦は、タルグム・オンケロス〔二世紀頃のユダヤ人学者オンケロスが翻訳したアラム語訳モーセ五書〕の命ずるままに、「海の魚のように子孫が増える」ようにと、石をまたぐ[20]。

ヨークシャー〔イングランド北東部〕の母親は娘が箒《ほうき》をまたがないように気をつかい、若者たちは娘たちに箒をまたがせたいと無意識に願っている。これはどちらも「箒の柄をまたいだ娘は未婚の母になる」という民間信仰に関連していることは言うまでもない。もし、嫁入りまえの娘が子を生むと、人々は「あそこの娘は箒の柄をまたいだのさ」とか、「教会に行くまえに箒の柄をまたいだんだ」と噂する。[21]

また、セルビア人、ブルガリア人、ギリシア人のあいだでは、猫が死体の上を飛び越えると、その死体は生き返り、吸血鬼になるといわれている。死者との性交が、恐ろしい形の生命となってよみがえるのである。[22]

以上の例はすべて「またぐ」という行為が性交を明示しているわけだが、忘れてならないのは、「窓をくぐりぬける」ことにまつわる風習には、ほかの要素も含まれていることだ。これはまたぐことだけでなく、くぐらせることについてもいえる。くぐらせることに関連する慣習については、すでにリーブレヒトとツァハリーエイが呪術的再生とみなしている。[23]

ドイツでよく知られている、ツヴィーゼルバウム（二股の木）のあいだを病気の子どもにくぐらせることも、同様の意味をもっている。ただし、こうした癒やしの力は、どの二股の木にも備わっているわけではない。幹が脚のように二つに分かれる部分が、女性器に似た形をしていなければならないのだ。リュッツォーには、ずばりそのものの形をした木がある。二股の上部には腹部や臀部にそっくりな膨らみもあり、ちゃんと臍までついている。全体を見ると、両足を開いた女性の下半身に実によく似ているのだ。癒やしの力は、この類似性のなかに存在するのである。女性の脚のあいだを這ってくぐるものは誰でも生まれかわる。[24] 母親が夜、病気の子どもに自分の脚のあいだを這わせたりくぐらせたりするのもこのためだ。

先に見たように、誰かの脚のあいだを這ってくぐる行為と、窓を通過する行為は、シレジアでは同じにみなされている。それでこの観点から、子どもを窓ごしに手渡すのを忌む風習と個人的恐怖のもう一つの意味に到達することができる。つまり、こういうことだ。子どもを窓ごしに手渡すことは、象徴的にいうと、子宮に戻す——要するに、誕生時に通ったのと同じ道を戻すことであり、そのために子どもの成長は止まってしまう。胎児は一定の大きさ以上には成長できない。これはまた、研究者たちがよく話題にする別の禁止に対する説明にもなっている。それは、子どもを抱いて部屋に入るときは、足から先に入れなければならない、さもないと、子どもが死んでしまうというものだ。言うまでもなく、赤ん坊は頭から先に生まれてくる。死は子宮に戻ることと考えられているので、頭から先に部屋に入れられると、子どもは死んでしまうのである。この二つの意味がいかにして一致させられたかについては、容易に想像がつくだろう。

ではここで、ソコルニカ博士のケースに戻ろう。問題の少年の去勢不安は、性行為一般にあてはまるのではなく、何よりも母親との性交に関係しているのである。つまり、窓ごしに手渡されることが象徴しているのは、この場合、一般的なありきたりの性交ではなく、近親相姦的な性交なのである。それによって、少年はすでに生まれたときに通った生殖器を実際に通り抜けることになるのだ。この慣習（およびタブー）が誕生と性交という二つの意味をもっているのは、おそらく、その根底で「近親相姦的」性行為を象徴しているからだといえるだろう。(25)

編者注

（1）C.P.O.〔クラレンス・ポール・オベルンドルフの頭文字と思われる〕の翻訳による。

この論文は、ローハイムがマサチューセッツ州ウースターのウースター州立病院に勤務していたときに書かれたものである。この論文で、彼は魔法の世界の精神分析的探求をつづけている。フレーザー式のデータ引用法と、ローハイム独自の精神分析的視点とがうまく融合している。この論文でローハイムは、乳幼児は望ましい「良い」体の中身を得るために母親の体を引き裂こうとするというメラニー・クラインの概念を取り入れている。魔女を「悪い母親」、窃盗を「身体破壊」幻想の遂行とするローハイムの説明は、実に独創的だ。しかしながら、彼の論考にどれほど説得力があるかは、読者の判断にゆだねる他ない。

ヨーロッパの民間伝承一般のきわだった特徴は、魔法と盗みの緊密な関係である。ルテニア〔チェコスロヴァキア東部の旧地域名〕の人々によると、魔女の罪状でいちばん多いのは、聖ゲオルギウス〔龍を退治し、王女を救い出して、一日で二万人に洗礼を受けさせた聖者〕の日に牛の乳を盗むことだという。そうはさせじと、ルテニア人は真っ赤に熱した蹄鉄を使って、牛の乳をしぼる。(1) ルテニア人と近い関係にあるハズル人にも同様の風習があるが、彼らは蹄鉄のほかに結婚指

輪を使う。[2] 結婚式に用いる穴のあいた木も同じ目的に用いられるようだ。[3] 一七一七年、アンゲルブルグの人々のあいだには、「たとえ軽信的な女性に迷信を秘密にしておいたとしても、いつもは落雷を受けないように子牛の臥所で乳を搾るのを慣わしとしているが、牛が石の穴から血の混じった乳を出すのを目にするやいなや、女は雷に打たれてしまう」[4] という迷信があった。トランシルヴァニアのフニャド郡では、牛の尿に血が混じっているのを見つけると、穴のあいた木の枝に放尿させる。そうすると、血尿の原因をつくった魔女の力を奪いつくせるのだという。穴のあいた木片は「魔女のワギナ」と呼ばれている。[5]

盗みと魔法は同じものだ。魔女は超自然的な方法で、[6] 牛の乳を好んで盗む。盗まれないようにするには、穴に乳を注げばいい。つまり、ワギナを通して体の中に返してやるのである。

・チロルでは、魔女は牛の乳を盗み、乳を攪拌するバター作りを邪魔し、馬小屋の釘から乳をしぼる。[7] 魔女の別名の一つは「乳泥棒」である。[8] ハイランドの魔女は、天井から鎖で吊ってある鍋から乳をしぼり、アイルランド北部の魔女は「牛をつないである綱を引いて」、乳を手に入れる。魔女は乳を奪うときに、牛に傷を負わせる。[9] オランダの魔女は牛を傷つけ、魔法で乳を攪拌してバターをつくる。[10]

オーストリア南東部のスティリアの、その名も「バターの魔女」は、ロープなどを使って、牛から乳をしぼりだす。ただし、魔女が乳を盗もうとしている女性の家に、豆や死んだ男の骨や髪の毛だとかを隠すことができれば、という条件付きだ。また、魔女は家の中に芋虫を送り込むこともできる。虫たちはバターやチーズをたいらげ、ミルクを飲み尽くす。魔女を追い払う唯一の方法は、虫を焼き払うことだ。そうすることで、魔女の足も焼かれるからである。[11]

これらのケースで実際に盗まれるものは、単なる牛乳ではない。「幸運」とか、人類学でいう「マナ」〔ポリネシア語で、生物、無生物、自然現象のすべてに存在する非人格的、超自然的な力〕と訳すにふさわしいものだ。ハンガリーとドイツの民間伝承では、「利益」と呼ばれることが多い。これは、牛の多産や牧草地の肥沃を意味している。ヴォチャーク族〔ロシア連邦ウドムルト自治共和国とその周辺に住むウラル系の一種族〕のヴォルシュドは一種の守り神、あるいは家族の幸運をつかさどる偶像神である。ヴォチャーク族は、子牛を売るとき、「家畜繁殖運」が一緒についていってしまわないように、子牛をつないでいた縄をとっておく。[12] この「幸運」はまた、炉の灰の形をとることもあり、そこで、親元を離れて一家をかまえようとする若者は、父親が渡してくれないときは、この灰を盗みださなければならない。また、隣人の畑からカラス麦やライ麦を盗むと、村じゅうに豊作がもたらされる。[13] チュワッシュの農民は、不作のときは豊作だった畑の土を盗んでくる。[14] エストニア人は、絶対に自分の畑から種を持ち出させない。種を持ち出されると、畑の「恵み」も持っていかれてしまうからだ。[15] 他人の畑から盗んだものは、どんなものでも、幸運も一緒に持ち主から奪い去ることになり、盗んだ人間に富が移ってしまう。[16] ブランデンブルグでは、大晦日の日に、来たるべき年も馬が丈夫であるようにと、盗んだキャベツを食べさせたり、生きた子犬を飼い葉桶の下に埋めたりする。[17] 埋められた子犬が「体の中身」――子宮の中の胎児であることは明らかだ。

先にも述べたように、盗みと魔女の魔法はほとんど同じものだ。だから、フランス・アルプスでは、魔女を探し出すために、盗んできた新しい釘や黒いメンドリを煮る。[18] フランスのマントネーズでは、雌牛に魔法をかけられたときは、魔女から盗んできたものを食べさせる。[19] またシレジアでは、もし誰かが初生《はつな》りの実を盗むと、その木には七年のあいだ実が生《な》らないか、枯れてしまう。だが、泥棒の足型を見つけて、煙突につるすと、その泥棒も同じ運命をたどる。初生りの実は、その家の主人か子どもが食べなければならない。そうすると、木はたくさんの実を結ぶようになる。[20] 盗んだ品物には象徴的な価値がある。それは「良い体の中身」、つまり「マナ」を象徴している。ドイツ北東部のメクレンブルグでは、初生りのリンゴが盗まれると、「彼には生命力がない」という。これはなくてはならぬものがなくなったという意味だが、もし初生りのリンゴを「袋に入れて運び、家のまわりを三度回ったあと、木の根本に置く」と、木はたくさんの実を結ぶ。[21] 体の破壊のあとに、返還されるわけである。[22] ボヘミアでは、初生りの実は子だくさんの母親や妊娠中の女性に食べさせるといわれている。[23] リンゴの木が妊娠している女性を表わし、実が胎児やからだの中身を表わしていることが、これで明らかになる。果物と女性の体の関係は、収穫とメイポール（五月祭で使う、彩色して花やリボンなどで飾った柱）に関連した習慣をみれば、一目瞭然だ。ヴォルデでは、収穫の初日に、ありとあらゆる熟した果実を庭の木の枝にぶらさげる。少年たちは果実を盗もうとし、少女たちは懸命にそれを阻もうとするのである。[24]

さて、魔女は、「恵み」や「利益」あるいはミルクを盗んだあと、代わりに排泄物を残していくことがある。一五六八年に行なわれた裁判の証言によると、ハンガリーの魔女たちは、「利益」を盗むために次のような呪文を唱えるそうだ――「魔女（あるいは魔法使い）のミルクとバターはあたしのバケツに。あんたのバケツにはあたしが便をする」。[25]

ゲチェイでは、魔女たちは雌牛の乳房に人間の排泄物を塗りつけてから、雌牛の前で踊り、小さな壺にミルクを入れる。(26)「利益」に対する民衆の概念が、糞便と結びついているのは明らかだ。堆肥は、聖ルキアの日（十二月十三日）から聖ゲオルギウスの日（四月二十三日）まで取っておかれる。この堆肥の煙で雌牛をいぶすと、「利益」があがるのだ。(27)

ところで私は、魔女が「悪い母親」像――つまり、子どもの身体破壊幻想の同害刑法〔犯罪を犯した者が、その加えた害悪と同一の害悪を刑として受けなければならないとする法〕的な側面の象徴であることを証明しようとしてきた。前エディプス期、つまり口唇期の発達段階にある幼児は、いかなる欲求阻止に対しても激しい攻撃性をもって反応する。それも、母親の体をバラバラにして、大切な「体の中身」のすべて――母乳（栄養物）、きょうだいたち、父親のペニス、糞便など、どれも互換性があって、この発達段階では明確な区別がつかないものを、奪い取りたいという欲望をもって反応するのだ。(28)だから盗んだ品物の呪術的価値は、盗みが身体破壊幻想の遂行だという事実に基づいており、家から何かを盗まれることにまつわる不安は、そうした幻想の同害刑法的な側面に起因するものではないだろうか。

スラブ民族のヴェンド族の民間信仰によると、ムヤシュ神の期間、すなわちクリスマスからお正月までは、家にあるものを決して人にあげてはいけないという。(29)魔女は、聖ルキアの日と五月一日の前後九日ずつ、何かを借りようとしてやってくる。万一、牛に関係するものを魔女にやったりすると、それを使ってその牛に共感呪術〔あるものごとが非物理的な結びつきによって、離れたほかのものごとに影響を及ぼしうるという信仰による呪術〕をかけられてしまう。この期間には、家からなにも持ち出してはならないが、とくに塩や火、パンを人にあげてはいけない[30]。ホルダーネスとヘレフォードシアでは、「新」「旧」クリスマス（旧は一月六日）のあいだは、火を家から持ち出してはいけないことになっている[31]。同じタブーはハンガリーの民間伝承にもあり、子どもが生まれたあとは、家にあるものを決して人に与えてはならないといわれている[32]。これは「家」が身ごもった母親をさしており、「体の中身」をそっくり失うことを恐れているためだといえるだろう。ハンガリーのサトマール郡では、子どもが生まれると、一週間は家からなにも持ち出せない[33]。また、ルーマニアの女性は、こう言いながらゴミを捨てる――「ゴミを捨てるみたいに簡単に子どもを産むことができますように[34]」。

もし泥棒が、実は幼児――それも、自分には与えられなかったすべての「良いもの」を母親の体から奪い取ろうとする幼児――だとすれば、なぜジプシーが次のことを信じているかもうなずけるだろう。それは、乳飲み子は誰よりも泥棒を見破るのがうまいということだ[35]。何かを奪われるということは、子どもにとっては母親の愛を奪われるということだ[36]。衝動に駆られるままに盗みに走るのは、その喪失を埋め合わせようとするからだ。

ウェールズ人の民間信仰によれば、初めて赤ん坊の爪の手入れをするときは、母親が噛み切ってやるという。もし道具を使って爪を切ると、その子は泥棒になるというのである[37]。切る行為が、母親との分離の、より過激な形であることは明らかだ。噛み切るのであれば、爪は少なくとも一時的には母親の口の中にとどまっている。ゲチェイのハンガリー人のあいだでは、子どもが一歳になるまで爪を切ってはいけないとされている。切ると「悪い爪」が生え、なんでも手当たりしだいにさわるようになる、すなわち泥棒になるからだ[38]。

同様の迷信は、トランシルヴァニアに住むドイツ人のあいだにもみられる。ホールトリッヒの考えでは、爪を切ると泥棒になるという説明は近代になって付け加えられたもので、もとは、切った爪を魔女が持っていってしまい、共感呪術をかけてその子を殺すので、爪を切ることがいやがられていたのだという[39]。ここに、爪を切ることの二つの側面をみることができる。一つは、不安、すなわち身体破壊幻想の同害刑法的な面（魔女）、もう一つは、身体破壊幻想の劇化（盗み）である[40]。フォウハトラーントにも、爪を切ることに関する同じタブーが見られるが、これには、子どもの衣服からはなにも切り取ってはいけないというおまけが付いている。でないと、幸運までも切り取ることになる、というのだ[41]。

さて、これまで私たちは、家に押し入る泥棒は身重の母親の体に対する攻撃であり、「身体破壊幻想」を遂行しているとして論考を進めてきたわけだが、ヨーロッパ各地にみられる「盗人の蝋燭」信仰は、この解釈の正しさを立証するものだ。一八八九年、ロシアのサンクトペテルブルクで、クールスク行政区の農民の息子三人が十一歳の少女を殺害し、その脂肪から蝋燭をつくるために死体をバラバラにしたかどで告訴された。人間の脂肪でつくられた蝋燭をともすと、持ち主の姿が見えなくなり、つかまることなく、欲しいものを手当たりしだい盗めると信じられていたのだ。少年たちは初めは、亡くなったばかりの女性の死体を手に入れるつもりだった。ところが気が変わって、いろいろな人間を殺そうとして失敗したあげく、やっとこの少女で成功したのである。ユーゴスラヴィアのボスニアでは、泥棒や押し込み強盗は、妊娠中の女性を殺して、子宮を開き、胎児を取り出す。それを細く裂いて乾燥させたものを、家に押し入ったときに燃やすと、その家の住人は全員死んだように眠り込み、強盗が家を去るまで目をさまさないという。[42] ゲチェイでは、妊娠していた女性が死ぬと、母体から胎児を取り出す。胎児の指からつくられた蝋燭は、泥棒の姿を見えなくする効果があるからだ。ドイツのオルデンブルクでは、強盗が胎児の指をテーブルの上に置くだけで、家の住人は一人残らず眠り込んでしまうといわれている。ヴァルデンブルクの強盗や殺人者は、妊娠している女性の体を切り開いて胎児を取り出し、胎児の指で蝋燭をつくる。その蝋燭が燃えているかぎり、家の住人は目をさまさない。この蝋燭を消すには、甘いミルクにひたすしかない。十八世紀のある強盗は、拷問にかけられ、身重の女性九人から胎児を取り出したことを白状している。もし家に押し入るなら、その家の住人と同じ数の胎児の指を持っていかなければならない。そうすれば、住人は全員ぐっすり眠り込んで、家財をそっくり持ち出すことができるからだ。一度、蝋燭が一本足りなかったため、召使いの一人が目をさましたことがあったという。[43] 母親の子宮から取り出した胎児の指さえあれば、泥棒は誰にも見つからずに、盗みを成功させることができるのである。[44]

この民間信仰には、象徴の形をとった身体破壊幻想に先だって、未検閲の身体破壊幻想が出現している。もし泥棒が、胎児を泥棒自身のきょうだいの象徴として、母親の子宮から取り出せれば、彼は同じ行為を象徴的なレベルでくりかえすことができる。すなわち、家（母親）を開いて、きょうだいの象徴である「良い体の中身」を持ち出すことができるのだ。家の住人はきょうだいであり（それぞれに蝋燭が必要）、彼らの眠りは象徴的な死である。強盗自身は姿が見えない。すなわち、子宮の中のきょうだいに取って代わったからだ。蝋燭、というより身体破壊幻想そのものを甘いミルクで消すことができるのは、この幻想が口唇的フラストレーションから生まれたものなので、「人の優しさというミルク」という口唇的満足によって解消されるからである。

この解釈をさらに確かなものとするために、もう一つだけ付け加えよう。この蝋燭信仰の、コインでいえば裏面にあたるのが、グルムス・メルダエ（排泄物の小丘）と呼ばれる民間信仰である。泥棒が家の中で排便し、排泄物がカラカラに乾いてしまわないかぎり、家人は誰も起き出さず、あとを追われることはない。(45) 奪った「体の中身」の代わりに、泥棒は自分の体の中身を与えるのである。

ヨーロッパの民間伝承には、一群の超自然的な存在がいる。その役目は、主として他人の穀物やミルク、お金を盗み、自分の主人のところに持ってくるというものだ。西ボヘミア（チェコスロヴァキア、ドイツ）では、そうした超自然的存在は「龍」と呼ばれ、魔女の盟友とされている。龍は雌牛の乳房から乳を吸い出しては、チーズやバターにして煙突から運び出し、主人のもとへ運ぶ。ときには、牛の乳を飲み過ぎて、牛糞の山の上に吐いたりもする。(46) 旧チェコスロヴァキア中部のモラヴィアでは、同じ超自然的存在は「トラガール」（運び屋）と呼ばれており、黒い雌鳥が生んだ卵を脇の下に二週間はさんでいると、手に入れられる。それから、その卵を先ほどの雌鳥に抱かせると、雌鳥は毎日、金貨を生むようになる。(47) 龍はよく、盗んだ小麦やお金、牛の乳を運んで空を飛んでいる。龍に向かって魔法の文句を唱えるか、後ろ向きになって尻の穴を見せると、龍の「体の中身」をそっくり吐かせる、あるいは排出させることができる。(48)

バルト海沿岸に住むレット族は、このおなじみの精霊を「パーキス」（龍）と呼んでいる。パーキスはヒキガエルの姿で、雌牛の乳をそっくり飲み尽くしては、主人のもとへと運ぶ[49]。少女がパーキスに尻の穴を見せると、体中糞便を浴びせられるが、そのままにしておかなければならない。翌日にはすっかり金に変わるからだ[50]。ヴェンド族にも同様の民間信仰があり、胎内にいるときに祈ってもらえず、洗礼も受けていない幼児は龍になるといわれている。これは明らかに、龍が幼児の身体破壊幻想を象徴しているからだ。幼児が一人で放っておかれると、つまり、母親が恋しくてフラストレーションを感じていると、幼児は龍になる。すなわち、他人の納屋や家に押し入る超自然的な存在になるのである。ナジサロンタに住むハンガリー人は、強盗の迷信に相当する一連の民間信仰におけるそうした存在のことを「スピリトゥシュ」と呼んでいる。

こういうわけで、盗みと魔法のあいだには緊密な関係があるといっていいだろう。「悪い母親」である魔女は、子どもの身体破壊幻想の同害刑法的な面を象徴している。強盗は胎児を母親の子宮から取り出したあと、家に押し入る。また、隣人の財産を盗み、主人のもとに運ぶ超自然的な存在は、「幻想の男児」、つまり「糞便の男児」である。この幻想そのものは、実際の分析でいつも経験することだが、身体破壊幻想に対する防衛である。つまり、母親を攻撃する代わりに、少年は母親と同一化するのである。

第4章　神話と民話

どの時代の民俗学者も頭を悩ませる定義づけの問題の一つに、ジャンルとサブジャンルの性質に関するものがある。民間説話についていえば、グリム兄弟以来の民俗学者たちは、神話、民話、伝説を区別することを常としてきた。ところが、これらのジャンルをきちんと区分する確固たる基準については、いまだに果てしない論争がつづいており、意見の一致をみていない。

現代の基準では、神話は、この世界と人類とがいかにして現在の形になったかを説明する聖なる物語として理解されている。これに対して、民話は、特定の時や場所とは無縁の世俗的な虚構物語である。民話は、「昔むかし」という独特の決まり文句から始まるが、これは、こういった話が現実の歴史的時代に起きた出来事ではないことを示唆している。伝説は、実際にあったこととして語られた天地創造以降の物語である。伝説の大半は、近い過去を舞台としており、聖人や政治的人物に関連して語られることもある。この区分によると、火の起源にまつわる物語は神話、シンデレラの話は民話、桜の木を切ったジョージ・ワシントンの話は伝説に、それぞれ分類される。

この論文で、ローハイムは神話と民話の区別を試みている。これは民間伝承に関するローハイムの膨大な読書量に負うところが大きいが、同時に、民間伝承における彼自身の広範なフィールドワークの成果によるものだ。ローハイムの論考に内在する重要な問題の一つは、神話、民話、伝説のヨーロッパ式分類が非ヨーロッパ的な素材——たとえば、オーストラリアのアボリジニーの民話——に、はたしてどこまで適用できるかということだ。

民話のジャンル分けのさらに詳しい論考については、以下を参照のこと。C. W. von Sydow, "Kategorien der Prosa-Volksdichtung," in his *Selected Papers on Folklore*（Copenhagen: Rosenkilde and Bagger, 1948）, pp. 60-88; William Bascom, "The Forms of Folklore: Prose Narratives," *Journal of American Folklore* 78（1965）:3-20, reprinted in Alan Dundes, ed., *Sacred Narrative: Readings in the Theory of Myth*（Berkeley: University of California Press, 1984）, pp. 5-29; Dan Ben-Amos, "Analytical Categories and Ethnic Genres," in Dan Ben-Amos, ed., *Folklore Genres*（Austin: University of Texas Press, 1976）, pp. 215-46; and Lauri Honko, "Folkloristic Theories of Genre," *Studia Fennica* 33（1989）, 13-28.

神話と民話の心理学的説明を始めるにあたっては、まず定義を取り上げるべきだろう。ここで重要なのは、定義のなかに仮説が含まれていてはいけないということだ。とすると、間違いがないのは、一般に神話として知られているものと、民話として知られているものを区別する方法だろう。

神話では、登場人物はほとんど神的な存在だが、人間のこともある。民話では、大部分が人間で、とくに主人公はしばしば超自然の存在に対峙する人間である。神話では特定の場所が舞台となるが、民話では登場人物は無名であり、舞台はどこでもかまわない。神話は信条の一部で、語り手によって信じられている。民話は純粋のフィクションで、それ以上の意味はない。今は（幸いなことに）廃れたある解釈法では、神話は常に自然現象を扱うとされていた。また、一時代前の人類学者に擁護され、今日でも影響力が大きな代弁者を多数擁している別の見解によれば、神話は常に儀礼と結びついているという。しかし、これらの見解には仮説の要素が含まれており、定義と呼ぶべきものの範疇を超えてしまっている。ヴント〔一八三二～一九二〇。ドイツの生理学者・心理学者。実験心理学の祖〕やフォン・デア・ライエンは次のように考えた。神話と「メルヒェン」は、たがいにきわめて似かよった点をもちながらも、たがいに異なるが、両者はもともと、あるタイプの物語を共通の起源としてもち、そこから神話とメルヒェンに分かれて発展していった(1)。

私は、これまで多くの地域の神話と民話を採集してきた。頭の中でそれらをざっと見わたしてみると、両者のあいだに明確な区分線が引かれている地域もあれば、区分の曖昧な地域もあるのに気づく。さて、この仕事はなかなか大がかりなものであるし、正直いってまだ手始めの段階なので、やりやすいように場所を中央オーストラリアにしぼって考察したいと思う。ここでは民話と神話の区別が実にはっきりしているので、少なくとも出発点だけは確保されているからである。

私が実際に現地に行くまで、中央オーストラリアの民話についてはほとんど知られていなかった(2)。共同で中央オーストラリア先住民の本格的研究を初めて行なったスペンサーとギレン、そして中央オーストラリアに住むアランダ語族の神話を分析したストレーロウによって記録された物語は、純粋の神話、それも「秘義的な神話」、つまり成人儀礼《イニシエーション》を受けたものにしか知らされないものだった。

それで私は、女性や子どもには独自の物語がないのだろうかという疑問をもった。女性や子どもには物語による昇華がないとは考えられなかったのだ。それがわかったのは、ひょんな偶然からである。私のもとに夢の話をしにきた老女の一人が、長い話を語りはじめたのだが、それがまるで夢らしくなかったので、「本当にそんな夢を見たんですか」と訊ねると、老女は、昨夜見た夢ではなくて、古いアルチラ（夢）だと答えた。アランダ語族のことばでアルチラとは、夢と民話の両方を意味していたのである。西部（ルリチャ語族）の方言も事情は同じで、トゥクルパという語が神話と民話の両方を表わしている。

ひとたび何を探せばいいかがわかると、私は苦もなく、この地域から一〇〇以上の民話を集めることができた。興味深いことに、これらの民話はほかの未開地ではまったく知られていないタイプのものだった。これ以外のオーストラリアの物語も含めて、未開民族の民話は、私が収集したものよりずっと変化に富んでいる。その多くは、ダンハートの『自然メルヒェン』によって民俗学の研究者にはおなじみのものだ。それらは、ある種の動物のふしぎな振舞いだとか自然現象だとかに結びつく説明的な物語だ。(3) だから、われわれの目から見ると、とうてい「メルヒェン」とはいいがたい。というのも、その結末には、つくり話をなんとかして現実に結びつけよう、信じさせようという意図がかいまみえるからである。

私の収集した物語は、これとはまったく異なり、(4) 魔物に対する人間の苦闘という一つの一貫したテーマのヴァリエーションである。物語の主人公は、常にインダトア（クニンジャトゥ）だ。文字通りに訳すと、美男子という意味になる。ヒロインはトネエラ（美女）。ある意味でこれは本当に美しいということではなく、怪物ではなくてふつうに健康であることを意味している。だが一方では、インダトアが本当に美しい男であることが強調されることもある。白い肌と金色の髪をもった偉丈夫で、狩の名手だという。彼の妻、トネエラ（アネエラ）も夫同様、白い肌と金髪の美女だ。実際、純血の中央オーストラリア人のなかには金髪の者がいる（オーストラリア中北部ノーザンテリトリーのアリス・スプリングスに住むアランダ族のイルピルチャ、アラルカラ）。

敵対者としては、ナナナナとバンカランガがいる。彼らは巨大なペニスと睾丸を持った毛むくじゃらの大男で、ヨーロッパ民話の「間抜けな悪魔」に似たところがある。女たちは大きな乳房と生殖器を持ち、超人的な大きさのこともある。三番目の登場人物はマルパカラで、メロドラマの主人公と悪役の中間のような役どころだ。マルパカラは常に若い男とされており、性交への欲求がめちゃくちゃ強い。性交よりほかにできることなどないのだが、民話にはマルパカラの性的武勇伝がことさら誇張して語られている。何昼夜もぶっつづけで性交をつづけるとか、女のワギナにペニスを挿入したまま、その女を押していくとか、である。さらに彼は、やせた醜男で、猟の腕もからきしだめ、と相場が決まっている。イニシエーションが終わると、マルパカラは本物の人間、クニンジャトゥになる。

伝説上のヘビであるクライア（ムルントゥ）は、龍巻に乗って泉から空にのぼり、人々を呑みこむ。クライアは善悪どちらの役にもなれるらしく、悪魔役で登場することもあれば、邪悪な魔法でヘビに姿を変えられたふつうの人間として現われることもある。

だが、これらの物語のもっとも際だった特徴は、食人風習《カニバリズム》である。人間と人食い鬼の戦いは、どちらも容赦をしない残酷きわまりないものだが、人食い鬼が常にインダトアを食べてしまうからといって、人間たちも仕返しに人食い鬼を食べたりはしない。また、人食い鬼の死体を埋めたり、一種の櫓の上に放置したりもしない。人間たちは、この二つの方法で死者を葬るのだが、人食い鬼は必ず最後には火で焼かれ、人間が常に勝利をおさめる。また、これらの物語には、このカニバリズム以外にも、ハッピーエンドという際だった特徴がある。

物語はこんな文章から始まる。――「一人のインダトアがトネエラと暮らしていた」。あるいは「一人の老人が孫の男の子と暮らしていた」。そして「それから、彼らは大きな野営地に行き、ずっとそこで暮らした」という決まり文句で終わる。ほとんどの未開地の民話には、こうした語り始めと語り納めの文句はない。これに対してオーストラリア民話の冒頭句と結末句は、ヨーロッパ民話の「昔むかし」や「二人はいつまでも幸せに暮らしました」にきわめてよく似ている。これには、驚かずにはいられない。ヨーロッパのメルヒェンとのもう一つの驚くべき類似は、特定の状況における変身の動機である。主人公の動物変身は、まさにヨーロッパ民話と同じく、しばしば傷つけられた人物の呪いによるものだ。主人公がヘビの形をとるのは、妻を奪われた夫の邪悪な呪術のせいなのである。

これらの民話のもう一つの特徴は、独特の、ときには異様とさえ思える古めかしさと野蛮さだが、そのことを考え合わせると、ここにおいて、「われわれは民話の根源に到達した(5)」、そして、まさに民話の祖というべき物語に出会った、と思わずにはいられない。物語の性格の異様さという点については、例をあげて説明したほうがいいだろう。

「二人のバンカランガが、西からやってきた。一人は丘の頂上にのぼり、もう一人は平原に残った。平原に残ったバンカランガは、クニンジャトゥが妻といっしょにカンガルーを食べているのを見つけた。彼は相棒のバンカランガに合図の石を投げ、丘からおりてこさせた。二人のバンカランガはそっとクニンジャトゥに忍び寄ると、一人が脇腹に槍を命中させた。クニンジャトゥの妻は逃げ出した。もう一人のバンカランガが棒きれを首に投げつけ、女を殺した。それから、女のところに駆けつけ、指をワギナに突っこんで、カンガルーに対してするみたいに、女のお腹から子どもたちを引き出そうとした。二人のバンカランガは、まずクニンジャトゥの夫婦の食べかけたカンガルーにくらいつき、それからクニンジャトゥの男、次に女を食べた。二人はそうやって、くりかえしクニンジャトゥを襲った。二人は、女たちの外陰部に腕を突っこんで広げ、子どもたちを引きずり出したのである。最後に、二人が襲った女たちの一人が命からがら逃げ出して、大きな野営地[6]に駆け込み、クニンジャトゥを大勢連れて戻ってきた。二人のバンカランガは身体に炭を塗って、現われた。クニンジャトゥたちはバンカランガを取り囲むと、全員で向かっていき、槍で突き刺した。彼らはバンカランガの死体を残らず焼き払うと、大きな野営地に戻っていき、そこでずっと暮らした《クトゥ・ニュイナンニュイ》」。

別の話（要約）では、同じ「残忍さ」が性的な面に見いだせる。「二人のやせっぽちのマルパカラが、西からやってきた。二人は野生の犬がカンガルーを殺したのを見つけ、半分腐りかけたカンガルーの死体を拾い上げて食べた。それから、野生の犬に殺されたばかりのカンガルーを見つけ、それも食べた。二人は何度かカンガルーを槍でしとめようとしたが失敗し、次に手に入ったものといえば、犬が残したカンガルーの皮だけだったが、二人はそれも焼いて食べた。マルパカラの一人は勃起し、ペニスは腕のように太くなって上下に動いた。二人は互いのペニスの大きさをたえず批評しあった。一人が相手の肛門に自分のペニスを突っこみ、二人はそのままの格好で歩いていった。ついに彼らはある野営地にたどりついた。そこには、一人のクニンジャトゥが妻と暮らしていた。男は二人のマルパカラと肉を交換し、友達になった。だが、男が妻を一人残して種を集めにいくと、二人のマルパカラは彼女に襲いかかり、ムバニャ（強姦婚）[7]を行なおうとした。彼女はうずくまって抵抗した。二人は彼女と性交を行ない、ワギナのほかは肛門にいたるまで体じゅうに射精した。彼らは戻ってくる夫を殺そうとして、交代で見張りに立った。だが、二人とも夫を捕まえそこない、逆に夫に殺された。それから、妻は体じゅうから精液を滴らせながら立ち上がり、草で体を拭いた。クニンジャトゥとその妻は、二人のマルパカラの死体を焼き、ずっと暮らした《クトゥ・ニュイナンニュイ》」。

ヨーロッパ人の目には、中央オーストラリア人そのものが「野蛮」に映るようだが、民話となるとさらに輪がかかっている。民話のなかには、土着文化はあまり見あたらず、結婚の階層性のような制度は完全に欠けており、トーテム制度（特定のトーテム集団同士の外婚の規定などの習俗・社会制度）のような制度についてもめったに述べられない。あるのは、さらなる「残忍さ」と「サディズム」、あくなき色情と攻撃性だけだ。もしかすると、これらの民話は、実は、現在の中央オーストラリア人の文化よりずっと原始的な時代の文化を反映しているのかもしれない。ベイツ博士が報告したアボリジニーの風俗習慣のなかには、確かに私の知っているアランダ族[8]やユム族、ピチェンタラ族の習慣に比べると、はるかに野蛮な社会という印象を与えるものがある。ベイツ博士は、その著書のなかで、人間をカンガルーやエミューなみに狩りたて、その肉を食べるクーグルダのことを報告しているが、私はそのようなことはこれまでいっさい耳にしたことがない。また、肥えた男や女、娘たちを追いつめて食べたというカールルウォンガのことも聞いたことがない(9)。赤ん坊の妹たち四人を食べさせられ、大きく強くなるためにとその脂肪を全身に塗りつけられたというダウィに関する記録も同様だ。彼は母親のビルダナが大嫌いで、ほかの母親たちや、兄や姉たちのことも嫌でたまらなかった。ダウィは彼らを一人残らず食べてしまいたかったのだが、みんなダウィよりも年上だったので、食べさせてもらえなかったのだ。血を飲む儀式では、彼はむさぼり飲み、イニシエーションでは生の肝臓の大きな切れはしをいくつも丸呑みした。彼はよく、「殺人者のサンダル」をはいて、こっそり人間の獲物に忍び寄っては殺し、死体を家に持ち帰った。彼は人間の男女と子どもの肉が大好きだった。そればかりか、自分の四人の妻も殺し、食べてしまったのである(10)。

ダウィの行動は、明らかに先にあげた民話のバンカランガやナナナナに似ている。これらの物語の一つの説明として考えられるのは、「史実に基づいている」ということだ。これらの物語は、過去の時代の土着文明や社会・文化的状況を表わしているのである。それだから、これらの物語は二つの部族、すなわち人食い（バンカランガ）部族と非人食い部族との間の、戦争の記録と見るべきだろう。実際、中央オーストラリアの部族は、「鬼」という概念と近隣の部族とを混同しているきらいがあるし、彼らの頭の中ではレルチャ（復讐者、人間）とイタナ（幽霊）、エリンチャ（鬼）の区別があまりないので、この推論はかなり的を射ていると思われる。中央オーストラリアの民話の特色も、かなりこれで説明がつく。とはいうものの、動かしようのない疑問がいくつか頭をもたげる――なぜ民話は「夢」と呼ばれるのか？　どうして民話はいつも結婚でしめくくられるのか？　イニシエーションが済むとふつうの人間になるマルパカラの役割はいったい何なのか？　鬼の強大な性器はどのように説明されるのか？　また、もし物語が史実に基づいているのなら、登場人物の名前や地名が出てくるはずではないか。とくに場所は、中央オーストラリアの神話においては重要な要素となっているのだから。

私は、右のような疑問には違った角度から答えられると思う。オーストラリアの中央部・南部・西部で多く見られるカニバリズムの形態は、「赤ん坊を食う」ことである。ピチェンタラ族は、生まれてくる子どもを一人おきに食べてしまう。その子は父親に頭を殴られ、母親やきょうだいたちに食われる。その子を食べることで力が二倍になると考えられているのだ。ピンドゥピ族、ユム族、ンガリ族となると、食べ方はもっとさまざまだ。お腹がすくと、時を選ばず、とくに母親の食欲が強烈なときには、赤ん坊を食べてしまうようだ。さらには、子宮から胎児を引っぱり出して食べてしまうことさえある。これは物語のなかで、鬼がやっている行為そのものではないか。

人食い鬼は、人食いの両親を表わしている。オーストラリア先住民の子どもは成長するに従って、両親への対し方において、ほかにはみられないような困難と向き合わなければならない。というのも、両親はたいそう愛情深くて、子どもの言うことはたいてい何でも聞いてくれる。生みの母親だけでなく、部族のどの母親もその子がお乳をほしがれば、いつでも飲ませてやる。両親はどちらもいつも彼と遊んでやり、彼の攻撃性が自分たちにまで及んでも、めったにとめない。それなのに、その同じ両親が彼のきょうだいたちを食べてしまったのである。ということは、ひょっとしたら彼も食べられていたかもしれないのだ。では、私が収集したいくつかの民話のモチーフを、この状況と比べてみよう。

1　マナタタイ（人食い鬼の別名）は一人の少年をさらい、食べるために自分の野営地に連れ帰る。
2　少年の父親はそのあとを追い、魔法の杖でマナタタイたちを攻撃する。
3　マナタタイたちは互いに殺し合う。父親と息子は家に戻る。

父親像が二つに分裂している。日常生活における優しく愛情深い父親は、息子を守り、救い出す父親になっており、子どもを食う父親は人食い鬼の姿をとっている。互いに戦い合う鬼たちは、父親像のこのアンビヴァレンスを象徴している。次の話は、この分裂の過程をきわめて明確に表わしている。

1　一人の少年が、半分人間で半分鬼の祖父と暮らしている。
2　祖父には、洞窟に住む本物の鬼の仲間がいる。
3　祖父と少年はワラビー狩に出かける。祖父はいつも、洞窟に行こうと少年を誘う。
4　少年は洞窟の入口で火を起こし、祖父も鬼も殺してしまう。少年は別の野営地に行く。

これらの話に登場する鬼たちが好んで用いる策略は、やはりヨーロッパ民話を思い出させるものだ。ヨーロッパの「メルヒェン」では、エピソードは次のような形をとる。

主人公が一人の年老いた魔女に出会う。魔女は天まで届く顎を持ち、ぞっとするほど恐ろしい姿をしていた。少年が「おはよう、おばあさん」と声をかけると、魔女は答えた。「あたしのことをおばあさんと呼ぶなんて、おまえは運がいいよ[11]。でなきゃ、おまえを殺すとこだった」と。私が収集したオーストラリアの民話では、鬼は男女にかかわらず、常に人間の親族を装っている。なんの疑いも抱いていないその人間を、あとで食べるためだ。

あるバンカランガの夫婦が、さらってきた人間の子ども（クニンジャトゥ）と一緒に暮らしていた。三人は上下二つに仕切られた大きな小屋に住んでいた。男のバンカランガはその仕切の上のほうで眠り、妻と子どもは地面の上で寝た。子どもは、小屋の中には自分と母親の二人だけしかいないと思っていた。男のバンカランガの姿を一度も見たことがなかったからだ。妻は子どもにネズミを捕りにいかせ、子どもがネズミを捕ってくると、仕切の上側に隠れている夫に渡していた。ある日、子どもが言った。「小屋に雨が入ってくるよ」。だが、それは雨ではなく、バンカランガが放尿したのだった。妻は言った、「火をじゃんじゃん焚いて、体を乾かしなさい」。子どもは言われたとおりにしたが、次の日になっても、濡れた砂のような臭いはとれなかった。子どもは言った、「これは水じゃないよ。おしっこだよ」。子どもは母親に狩りにいってほしいと頼み、自分は家に残って隠れていた。そして、男のバンカランガが小屋を出て、また戻ってくるのを目撃した。子どもは小屋に火をつけ、男のバンカランガもろとも焼き払うと、本当の人間たちのところに行った。女のバンカランガが戻ってきて、夫が死んでいるのを見つけると、泣きながら子どもの足あとをたどっていった。人間たちは女のバンカランガも殺し、男のバンカランガ同様に彼女の死体も焼き払った。子どもはイニシエーションを受け、そこでずっと暮らした。[12]

子どもは「悪い両親」を鬼に変身させる。自分は彼らの子どもなんかではない。本当の両親のもとからさらわれてきたのだからと。子どもには初め、父親などというものはいなかった。幼児にとっての世界は、自分と母親だけで成り立っているのだ。ところが、父親と母親は小屋の中で何か謎めいたことをしている。ついには父親の存在が明らかになり、その性的行動（原光景）によって、父親の存在が感情面で重要な意味をもつようになる。父親の尿は、精液を表わしている。夜尿症や一般的な放尿は、父親の性的行動に対する幼児なりの競争行為だということが知られている。[13]

この物語にあるように、火と水は、もっとも広く分布している尿の象徴にほかならない。[14] バンカランガが常に焼き殺されるということは、父親に対する葛藤が、この物語においては尿道的レベルで克服されることを意味しているといえるだろう。物語の結末は、少年がイニシエーションを受ける、あるいは結婚して、その後いつまでも幸せに暮らす、というものだ。これは、大人になることに対する幼い子どもの夢なのである。[15]

ヨーロッパの民間伝承においては、トロール〔北欧伝説における洞穴などに住む巨人〕や人食い鬼の物語は、バンカランガやナナナナが登場するこれらのオーストラリア民話にかなり似かよっている。古代スカンジナヴィアの「青いベルト」では、少年とその母親がトロールの家を訪れる。母親はトロールを怖がっているふりをし、家に入りたがらないが、少年はずんずん入っていって、巨人に言う。「こんばんわ、おじいさん」。「いやはや、わしはここに三百年も坐っているが、これまでわしのことをおじいさんと呼んだものは一人もおらんかった」。そして夕食のあと、巨人は言った、「さて、ベッドをどうするかな。ここには、ベッドが一つに、ゆりかごが一つしかないのでな。それでも、おまえがゆりかごで眠ればなんとかなる。おまえの母親はベッドで眠ればいいだろう」。

そこで主人公の少年は、ゆりかごの中に入った。彼は眠ったふりをして、トロールが母親と話をしているのに耳をすませた。現代版の物語には書いてないが、トロールと母親は明らかにベッドをともにしている。「あんたの息子さえ追い払うことができれば、わしら二人は、ここでずっと幸せに暮らせるのだが」。物語はこのあと、「裏切りものの母親」や去勢象徴、最終的なハッピーエンドといったモチーフによって展開していくが、ここでは取り上げない。

ここで重要なのは、明らかにトロールは、他人であり敵である父親だということ、また、主人公はゆりかごの中にいて、原光景を目撃しているということだ。この原光景の状況においては、母親は父親のために息子を裏切っている。だが、それとは正反対のパターンをもつ話もたくさんある。要するに、母親が息子のために父親を裏切るのだ。母親のこの役割は、ドイツ語の「ヒルフスアルテ」つまり手助けする老女ということばで表わされる。(16)「金の毛が三本ある鬼」という民話のなかで、鬼の母親ないしは妻が担うのが、この役割である。(17)

主人公は金の毛を三本、鬼あるいは太陽、龍から手に入れなければならない。鬼の妻は、彼をベッドの下に隠す。家に帰ってきた鬼は、彼を食べたがる。ここで二人の超自然の存在（鬼と妻）のあいだで会話が交わされ、子どもの主人公が盗み聞きする場面が出てくる。主人公は三本の金の毛をほしがっているだけでなく、いくつかの問いの答えも知りたがっている――なぜ、王女は子どもを生めないのか？　井戸の水はどうして涸れたのか？　リンゴの木はなぜ実をつけなくなったのか？　答えはこうだ――ヒキガエル、あるいはヘビや死体が埋められているので、それさえ取り除けば、また水が湧いてくるし、リンゴの木もまた実をつけるようになるというのである。(18) ヒキガエルなどの隠された生き物が子宮内の胎児を象徴していること、そして、この場面が身体破壊幻想と、報復（子どもを子宮から取り出し、食べる――父親に食べられる）と、去勢不安（髪の毛を引き抜かれる、あるいは、狼少年のケースのように「食われる」）の合わさったものであることは明らかだ。

成長の過程にまつわる不安をすべて克服したのち、物語は主人公の結婚で終わりを告げる――「ジャックと母親は大金持になり、ジャックはすてきなお姫さまと結婚して、いつまでも幸せに暮らしました(19)」。「そしてお姫さまは彼と結婚し、万事めでたしめでたしとなりました(20)」。

金の毛といえば、民話の主人公が少年であるという仮説を強く裏付ける証拠は、思いがけないところから現われた。それは、主人公とヒロインが金髪だということだ。金髪は実際に純血の中央オーストラリア人のなかにも見うけられるが、アシュリー・モンタギュー教授が私に語ったところによると、それは少年期だけの特徴で、大人になると消えてしまうのだそうだ。私自身の記憶からも、それは確かだ。

さて、ふたたび中央オーストラリアに視点を戻し、今度は神話についてみていこう。神話の主人公はちゃんとした名前をもち、決まった場所を放浪する。実際、神話はそうした場所の説明に焦点をおき、明らかに幻想と現実を結びつけようとしている。それらの場所では儀式が現在まで残っている。現代の儀式は、古代の祖先たちによって行なわれていた儀礼の反復にすぎないのである。

そうした儀礼はすべて、イニシエーション儀礼の一部を形成しており、祖先たちはどうやら若者を成人させることのほかにはなにもすることがなかったらしい。だが、物語は若者に関するものではない。すなわち、イニシエーションの受け手ではなく、イニシエーションの授け手についての物語だ。中央オーストラリアの民話と神話における結末句の違いは、重要な意味をもっている。民話では、ヨーロッパ民話の「二人は結婚してずっと幸せに暮らしました」に相当するが、神話では、「ボルケラケ・チュルンゲラカ」（彼は疲れはて、チュルンガ〔アボリジニーの儀礼の際に用いられる祭祀用具〕に姿を変えました）となる。つまり、彼は死んだのである。チュルンガになることで、物語と主人公の生涯は終わりを告げる。これは死と人間の神格化である。民話はハッピーエンド、神話は悲劇で終わる物語なのだ。神はいったん死ななければ、真に聖なるものとはなりえないのである。(21)

私が収集した神話の素材をくわしく分析してみると、次のことがわかる。すなわち、アルチランガ・ミチナ（夢の永遠なるもの）の主人公たちは、偉大なる英雄マルプンガの形容詞にすぎないということだ。チュルンガ崇拝は、男根的英雄であるこのマルプンガから始まったのである。彼はしばしば「偉大なる父」と呼ばれ、若者たちのグループの指導者だった。だが重要なのは、もともとマルプンガに用いられる形容詞から生まれたこれら神話の主人公たちが、常に悪罵（「汚いケツの穴」のような）を示唆する名前をもっていることだ。つまり、それらの名前は、原父に対する息子たちの攻撃を象徴しているのである。ストレーロウが収集した類話では、嫉妬にかられた息子が父親に尿道切開〔とくにオーストラリアのアボリジニーの一部で行なわれる割礼の一種〕を行なっている。[22]ニューギニア西部に住む部族のなかには、オーストラリア型の神話をもっているものがある。その神話には、トーテム集団の祖先である主人公が、放浪のあげくに死と神格化をもって一生を終えたことが語られている。地上での生涯を終えたあと、これらの祖先たちは石になるか、木に姿を変え、特定の地域や集団の守護霊として崇められている。[23]これらの物語で強調されているのは、エディプスと原始的ホルドのテーマである。アラメムはヤウィを自分の養子にした。ところが、ヤウィがアラメムの妻を誘惑したので、アラメムは彼を呪術で殺した。その後、ヤウィを生き返らせようとしたが、もはや手遅れだった。こうして、死がこの世に入ってきたのである。[24]しかし、死は、その後に続く神格化においてふたたび否定される。ヤウィの墓から奇跡的にココヤシの木が生えてきて、彼はココヤシのデマ（精霊または神）となったのである。[25]

パプアのキワイ族のマルノゲレ神話は、きわめて教訓的な物語である。偉大な指導者であるマルノゲレは、ヒクイドリのようにサゴヤシの実を丸呑みし、そのまま排泄するが、サゴヤシはみるまに一匹の豚に姿を変えた。彼はその豚を、自分の名をとってマルノゲレと名づけた。人々はこぞってこの豚を追いまわし、マルノゲレの末の息子が豚を射殺したために、マルノゲレ自身も死んでしまう。けれども、マルノゲレはほどなくして生き返った。彼は女たちの外陰部を開いて、人々に性交することを教えた。それから彼は、ふたたび死んだ。マルノゲレの死後、人々はその体を刻み、強力な「薬」として保存した。一部の地域では、マルノゲレのものといわれる乾燥した人肉の小片が今でも保存されている。[26]ここまでは、明らかにエディプス・コンプレックスと原始種族の神話である。これは分析の臨床例にしばしば見いだせる幻想によって始まっている。ここでは父親が両親の代表となるわけだが、肛門出産幻想において、その父親の魔力が増大するところから物語がスタートするのである。それから集団による攻撃があり、末息子が原父殺しをして、原父の死が死一般の起源となる。父親が死ぬとき、人間は成長する。すなわち、性交を行なう。[27]もしも末息子が物語の主人公で、この時点で話が終わるのだったら、このことが、私のいわんとする「メルヒェン」の全プロットの核心となっていただろう。しかし、この物語の主人公は父親であり、反抗は犯罪、非道な行為とみなされる。物語の精神分析的背景は、父親との強い同一化なのである。さて、話はこうつづく――マルノゲレのほかに、ギボグという偉大な男がいた。この族長は、誰もがモグル（神話は最初のモグルであり、その後に行なわれるすべての儀礼の原型である）に参加することを望んでいた。マルノゲレは、この儀礼を秘密にしておくことを望み、密かに行なわれる性的な面を重視しようとした。ギボグとその従者たちはそれに反対し、他の人々と訣別し、空に昇った。彼らは空で雷を起こし、マルノゲレとその部下たちを脅かした。[28]マルノゲレの最期に登場するこの二番目の族長は、性の重要視に反対し、空から雷によって人々を脅かす役割を担っている。人々の上に雷鳴を轟かせる他の仲間たちと同様、ギボグもまた法と秩序、超自我を象徴しているのである。

ここでもし、神話の核心は原父の死と神格化であると考えるなら、それは、かつて人類学者のあいだできわめて人気のあった説を支持することになる。その説によれば、「神々は死んだ」のだという。[29]また、もし神話上の祖先を動物の種族や自然現象と同一視するオーストラリアやニューギニアのトーテム神話を、必ずとはいわないまでもかなりの頻度で現われる発達段階だと考えるなら、このトーテム神話は「自然神学」の発展経路の一つといえよう。これらの神話のなかには、口承伝承として原始種族の時代からじかに受け継がれてきたものもあれば[30]、古い神話に倣って、のちの世代によってつくられた神話もあるだろう。こうした神話は歴史の足跡をとどめているだろうし、原父的人物が登場する話に取って代わった神話もあるのかもしれない。だが、大切なのは、このタイプの物語は、超自我のレベルにおいて初めて考案しうるということ、つまり父親との強い同一化を基盤としていなければならないということだ。これは、主人公の反逆の「悲劇的葛藤」である。そして、発生段階におけるこの相違、つまり「超自我に先立つもの」である「邪悪な親」像に対する闘いをとりあげた民話と、成熟した超自我を根底に置く神話との相違は、神話のなかには民話と違う現実への処し方が見いだせることで説明がつくだろう。十分に発達した超自我は、現実の父親を表わしている。少なくとも、現実の父親が幼児期の幻想的イメージの隣りに登場することは確かだ。それればかりでなく、意識の上層においては、超自我は社会をも象徴しているのである。「原始種族型」の神話、すなわちただ一人の父親に反逆する息子たちを描いた神話は、受け継がれた記憶によってではなく、超自我不安に対する防衛としての責任や同一化の概念を共有することによって、後天的に発生するものかもしれない。同時に父親と集団に立ち向かうのは、息子にとって荷が重すぎる。だから、逆のものによって表現するという手段をとることで、父親は「孤独の英雄」となり、社会の敵となるのである。息子は集団の一部となり、この「超自我の分裂」によって、彼の不安は減り、反逆を考えることが可能になる。この葛藤はある程度まで現実に即しており、メルヒェンのなかにもっと幼児的なレベルで見られる葛藤のいわば大人版なので、神話は信じることを要求する幻想であり、儀礼の形をとった集団活動と密接に結びついているのである。

民話においては、人が「悪い両親」と結びついた不安をいかにして克服し、成長するかが語られるが、神話では、人間の本質である悲劇的なアンビヴァレンスを終わらせるのは死しかない、ということが明らかにされる。すなわち、民話ではエロスが勝利をおさめ、神話ではタナトスが勝ち鬨《どき》をあげるのだ。

第5章　聖アガタと火曜日の女

　この論文を書く直接のきっかけとなったのは、英国の民俗学者、ヴァイオレット・オールフォードによる研究論文だとみられるが、実はローハイムは、「火曜日の女」についての論考をずっと以前にハンガリー語でいくつか発表している。*「火曜日の女」は明らかに、伝説のジャンルに属する。伝説研究においては、伝説一般（ドイツ語でSage）と、聖人について語られた伝説（ドイツ語でLegende）のあいだには基本的な区別があるのだが、残念なことに、ローハイムはこの区別でつまづいてしまった。というのも、彼はこの論文のなかで、「伝説ということばがキリスト教の聖者に関する物語を意味するのであれば、これ〔火曜日の女〕は伝説ではない」と言っているのだ。確かに彼の言うとおり、「火曜日の女」の類話にはキリスト教の聖者には関わりのないものもある（といっても、聖アガタ〔シチリアの王に嫁ぐことを拒否し、乳房を切り取らせた殉教聖女〕は、キリスト教民間伝承の聖者とみなしていいだろう）。しかし、たとえそれが聖者伝でなくても、伝説にはちがいない。いいかえれば、聖者伝は伝説のジャンルの一部を形成しているのである。

　この論文で興味深いのは、ジャンル一般に関するローハイムの論考より、むしろ彼が夢起源説を伝説のジャンルに適用しようとしたことである。のちにローハイムは、民話や神話の起源が夢であることを立証しようと努めるが、この論文では、標準的な伝説について、夢が起源だと仮定している。彼の夢起源説の知識源の一つになったと思われるのは、一八八九年に出たルートヴィヒ・レストナーの『スフィンクスの謎』である。この本でレストナーは、悪夢が民間説話、とくに神話の源泉である可能性が高いと主張している。レストナーの仮説は精神分析の出現以前にたてられたものだが、それでもローハイムに深い感銘を与えた。一九三四年、ローハイムは同名の著書『スフィンクスの謎』の「序文」で、レストナーの著書を「まれにみる傑作」と賞賛している。ローハイムが、レストナーの仮説を、神話のほかに民話のジャンルにも適用することで大幅に拡大したことは間違いない。またローハイムは、無意識に関するフロイト的概念と夢の作業に関するフロイトの分析をも十分に活用した。あらかじめお断りしておくが、ローハイムの聖アガタ伝説の分析は、彼の夢起源説がなければ成り立たないというものではない。夢（悪夢）と伝説は明らかに、どちらも同じ無意識の根源から分かれたもので、論理的にどちらが先というものではない、ということも言えるからだ。

* *Ethnographia* 24（1913）: 90-95; *Ethnographia* 25（1914）: 125-26.

ヴァイオレット・オールフォードの聖アガタ崇拝に関する論文（一九四一）は、実に面白かった。彼女はこの論文で、「かつてはおそらくケレス〔古代ローマ時代以前の農業の女神〕であった」聖アガタのサント・ガト（猫聖者）への変身について論じている。フランス南西部のトゥールーズ地区では、この猫聖者は、彼女が定めた有名な掟に従わない女たちに執拗な復讐心を示す。次にあげるのは、ピレネー山脈に伝わる典型的な物語である。

聖アガタの日の前夜、一人の女が遅くまで糸紡ぎをしていた。九時になると、戸をたたく音がして、見知らぬ女が入ってきた。女は「わたしも糸を紡ぎたい」と言って羊毛をもらうと、仕事にとりかかった。女はその家の女主人の四倍もの、すさまじい速さで糸を紡いだので、女主人は恐ろしくなって、隣家に駆け込んだ。話を聞いた隣人は、彼女に「墓地が火事だ」と叫びながら家に入るように助言した。そのことばを聞くなり、見知らぬ女は「家に帰らなくちゃ」と叫んで飛び出していった。ところが、女はまた戻ってくると女主人に、「もう少しでおまえは死ぬところだった」と告げた。「わたしが紡いでいたのは、おまえの経帷子《きょうかたびら》だったのさ」(V. Alford from J. Vezian)。

別の類話では、ある女性が洗濯を始めようとすると、隣人が、今日は聖アガタの日だから仕事をすることは禁じられている、と注意する。女性はいらだって「猫聖者は子猫を生む。わたしは洗濯する」と叫ぶ。するとたちまち、猫のようなものが炉ばたに姿を現わした。この生き物は、大釜の水を取り替えるたびに「空っぽにしろ、空っぽにしろ」と大声をあげた。怖くなった女性は、物知りの隣人のところに駆け込んだ。彼女はこう教わる——最後に釜の水をあけるときに、窓のところに行って「墓地が火事だ」と叫べ、と。猫は「家に帰らねば」とわめきながら逃げ出した。猫は、女が猫聖者の日を守らなかったので、罰を与えるために墓からよみがえった当の猫聖者だったのだ(Alford, pp.178-9)。

では、これらの物語にもっとも近い類話を探して、ピレネーからはるかトランシルヴァニアに飛んでみよう。ルーマニア人女性は火曜日の夜は働かないし、一部の村では男性も仕事をしない。糸紡ぎだけでなく、洗濯やそれに関わること一切が、とくにタブーとなる。不純な考えや行為も禁止される。人々はセックスのことを考えてはいけないことになっており、未婚既婚を問わず、性行為は禁じられている。同じことは、土曜の夜についても言える。日曜日には教会に行くので、身を清く保たなければならないのだ（Szabó 1910; Róheim 1913, p.35; 1920, p.179）。もしこれらの不正行為に注意を払わないものは、「マルティ・セアラ」（火曜日の夜）に罰を受けることになる。彼女はさまざまな姿で現われるが、たいていは老婆の姿をとっている。

老婆は背中にこぶがあり、やせこけている。あるいは、背はすごく高いが、やせて歯が一本しかない。復讐の女神のように、白い衣を着て、もつれた長い毛をなびかせている。毛むくじゃらの手と、馬の足や尾を持っていることも、マルティ・セアラの特徴だ。ウサギに似た手をしていることもある。

老婆は、さまざまな動物に姿を変えられる。黒や灰色の犬になったり、灰色の猫になったりし、その犬や猫がいきなり馬のような大きさになる（Szabó, *op. cit.*, pp.34, 35）。

火曜日の夜に糸紡ぎをする女性がいると、老婆は数え切れないほどの錘《つむ》に糸を紡がせたり、機織り機のかせをもつれさせたりする。その女性が糸巻きを使うと、老婆は彼女の首に糸を巻き付ける。彼女が洗濯をすれば、頭から大釜の中に突っこむ。老婆は、火曜日の夜に働く女性がいるとぐっすり眠らせ、眠っているあいだに髪を切ってしまう。へとへとになるまで働かせたりもする。老婆は彼女を持ち上げ、背中に乗せて連れ去る。牛小屋の牛を縄でがんじがらめにしたり、絞め殺したりもする（Szabó, pp.36, 37）。

これらの面はどれも、老婆がまさしく悪夢のカテゴリーに属していることを示しており、窒息感、空中浮遊、夢そのものに言及していることが、それを裏付けている（Cf. L. Laistner, 1889, pp.1, 41）。となると、この物語自体が実際の夢の体験に基づいていると言えるかもしれない。

――農夫の女房が、火曜日の晩に洗濯をしていると、背の高い女が戸を開け、「あんたの手伝いにきたよ」と声をかけた。「それはどうも」と女房は答えた。見知らぬ女はいったん去って、柵の一部を持って戻ってくると、それに火をつけた。怖くなった女房は隣の産婆のところに駆け込み、どうしたらいいかと訊ねる。それから産婆の助言どおりに家に戻り、窓から叫んだ。「ガラレアの丘が燃えている！」すると女は「あたしの子どもたちが炎に巻かれて死んでしまう」と叫びながら、飛び出していった。そのあと、産婆は女房に、足付きの壺を一つだけ残して全部逆さに伏せるように言った。そこへ火曜日の魔女（先と同じ超自然の存在の別名）が戻ってきて、中に入れるように言った。女房が聞かなかったので、魔女は壺に手を貸すように命じたが、どの壺も戸を開けにはこなかった。ただ一つ伏せてなかった壺が戸を開けようとしたが、途中で転んで足を折ってしまった（Roska, 1912, pp.98, 99）。

――火曜日の夜に洗濯をしていた百姓女に、一人の女が手伝いを申し出る。その見知らぬ女は「火曜日の夜《マルティ・セアラ》」だった。百姓女は表に飛び出して、「丘が火事だ！　あたしの子どもたちが焼け死んでしまう」と叫んだ（Szabó, *loc. cit.*, p.234）。「火曜日の夜」は仰天して逃げ出した。百姓女は壺をみんな逆さに伏せて、「火曜日の夜」がまた家に入ってこれないようにした（*ibid*）。

――火曜日に糸紡ぎをしていた女性が、隣人に手伝いを頼んだ。すると、大きな白い女が窓辺に姿を現わした。「大変だ！　森が燃えている。あたしの子どもたちが死んでしまう」と叫ぶと、「火曜日の夜」は逃げ去った（*ibid.*, p.235）。

西へブリディーズ諸島のバラ島の話――ある夜、一人の女性が今晩じゅうに羊毛を紡いで布に織り上げたいと焦っていた。彼女は心の中で、誰か手伝ってくれるものはないかと思っていた。すると翌朝、長い緑の着物を着た六、七人の妖女が「羊毛の梳き櫛と紡ぎ車」と唱えながら、彼女の家にやってきた。妖女たちはどれも見分けがつかないほどそっくりだった。彼女たちはいっせいに仕事に取りかかり、昼には手織り機に布が織り上がった。ところが、妖女たちはさらに仕事を要求した。そこで隣人が、戸口で「ダン・ボルヴが火事だ」と叫ぶようにと助言した。〔そのとおりにすると〕妖女たちは「あたしたちの金槌と金床はどうなるんだい？」と泣き叫びながら、姿を消した。妖女たちの住み家には鍛冶場があったからである（Wentz, 1911）。

最後の類話には、タブーとされている仕事と特定の時間（聖アガタの日、火曜日の晩）は出てこない。そのかわり、仕事をしている主人公は手伝いを求めている。ドイツ南西部のチュービンゲン版では、白い婦人たち、つまり「大地の女たち」（Erdweiblein）が糸紡ぎの部屋に現われる。ところが、戸口のところで突然「ああ、悲しい。ホイヒェルベルクが燃えている」（O Weh, O Weh, der Heuchelberg brennt）という声がした。すると、一人が「ああ、かわいそうなあたしの子どもたち！」と叫んで、白い婦人たちは風のように消え去った（Laistner quoting Meier, 1852）。

――メクレンブルクのブラールスドルフで、一人の百姓女がいつまでたっても糸紡ぎの仕事が終わらないとぶつぶつ言っていた。ところが驚いたことに、糸紡ぎをする女が次々に手伝いにやってきて、仕事はあっという間に終わった。翌日、女たちはくず糸を煮て洗う大釜がほしい、と百姓女に言った。そこで、彼女は隣家に出かけ、大釜を貸してくれと頼んだ。隣家の女性は、「地下の住人たち」は本当はあんたを大釜で煮るつもりなんだよ、と言った。百姓女はどうしたらいいかを教えてもらった。彼女が戸口から「バターヒルが燃えている、バターヒルが燃えている」と叫ぶと、女たちはいっせいに飛び出した。バターヒルは「地下の住人たちの出口」だったからだ。彼女たちは戻ってきても、戸口にほうきが斜めに立てかけてあって、中には入れなかった（Bartsch, 1879）。

同じ話のロシア版にも、週の決まった日にタブーを破ると、超自然の存在の出現をまねくというモチーフが見いだせる。

ウクライナの話はこうだ――ある女性が水曜日に亜麻布を灰汁につけようとしていた。すると、部屋の中に一人の醜い老婆が現われた。老婆は「水曜日」だった。老婆は、水曜日にそんなことをしてはいけないよ、と言うと、「熱湯の用意をして、あんたの子どもたちを壺に入れなさい」と命じた。「わかったわ。でも、薪を取りにいってこないと」と女性は答えた。そして、戻ってくるなり、大声で言った。「ねえ、聞いて、おばあさん。丘も谷もみんな火事で、子どもたちがそのなかにいるのよ」。老婆は「誰が教えたんだ」と言って去っていった。同じような話では、女はこう言う、――「ああ、いったい何が起きたんだろう？　子どもたちが火に巻かれてるわ」。その「水曜日」は、背の高いやせこけた女だった（Oniščuk, 1912, ルーマニアの民間伝承における「火曜日」の同類）。

このようにまったく同じタイプの物語がピレネーとウクライナでそれぞれ独自につくられたとは、

とうてい考えにくい。ということは、中世ヨーロッパにおいては民間伝承がきわめて広い範囲に伝播したと考えるべきだろう。これは民話の場合には一般に認められていることだが、伝説にもいえることなのだ。伝説ということばがキリスト教の聖者に関する物語を意味するのであれば、この物語は伝説ではない。また、神話が神に関する話を意味するのなら、これは神話ではないし、明らかに民話《メルヒェン》でもない。これは民間伝承の魔物に関する物語であり、ウクライナからヘブリディーズ諸島にいたるまで同一の形が見られるということは、メルヒェン、すなわち信仰と関わりのない物語の伝播とはまた違う形の伝達経路があったと見るべきだろう。

魔物の出現は、二つの、一見かなり異なるモチーフによる。一つは働くことのタブーであり、魔物の女は働く人間に罰を加える。もう一つは未完の仕事で、魔女（あるいはほかの魔物）がその仕事を続行する。働き手を罰することもしばしばある。

では次に、物語の潜在的意味の論考に移るが、そのまえに一つ付け加えておかなければならないことがある。すなわち、東ヨーロッパの民間伝承における「火曜日の女」や「水曜日の女」の歴史的背景と相互関係についてのデータをあげておく必要がある。

ハンガリーの一部の郡にみられる民間信仰によれば、火曜日に洗濯をすることは禁じられており、それを破ったものは、「ケッド・アッソニャ」（火曜日の女）に罰せられる。A・イポイは、この火曜日の女の正体について、聖母マリアではないかと述べている（Ipolyi, 1854）。

このほかにも、関連するデータを、やはりハンガリーのL・カールマーニュ神父が報告している。神父は、セゲド周辺の村々における火曜日の仕事に関するタブーをあげている。(1) どうやら、洗濯はとくにタブーのようで、火曜日に洗濯をする女性は、聖母マリアの手を熱湯に突っこむといわれている（Kálmány, 1885）。ハンガリー人は、聖母マリアのことを「ボルドグ・アッソニュ」、すなわち「ベアタ・フェミナ」（祝福された女性、聖女）と呼んでいる。カールマーニュ神父はさらにつづけて、火曜日が「ナジボルドグ・アッソニュ」、すなわち、「マグナ・ベアタ・フェミナ」（大聖女）の日であることを示している。彼はこれを異教徒の女神の名前と解釈しており、彼の教会の会衆が聖アン、つまり、聖母マリアの母親のことを言っているのだということに気づいていない。だがL・カトーナは、ハンガリーの中世伝説（コデックス・テレキ）において、火曜日は聖アンの日、すなわち聖アンの誕生日だということを明確に指摘している（Katona, 1905; Borbély, 1912）。心理学的観点からは、聖母マリアだろうと聖アンだろうと、たいした違いはない。いずれにしても、誕生あるいは母性の日にかわりはないのである。また、カトーナは見落としているが、火曜日は、幸先のよい始まりの日でもある。これにはもちろん、言語的な裏付けがある。「ケッド」は火曜日で、「ケドヴェゼ」は吉兆を表わす。だが、このことを考えに入れなくても、火曜日が始まりの日であることは明らかだ。なんといっても「誕生」の日なのだから。不妊の女性は聖アンに敬意を表して、九週間つづけて火曜日に断食をする。メンドリに卵を抱かせるのも火曜日からだ（Kálmány *op. cit.*, pp.9, 10）。また、洗濯に対する罰も興味深い。女性が火曜日に洗濯をすると、リネンに月経血が現われるのである。ということは、無意識下で洗濯が月経を象徴しているのだろう。水は血を表わし、洗濯の目的は流れ出た月経血の痕跡をぬぐい去ることだ。「妊娠」という聖なることがらとの関係から、火曜日に洗濯することのタブーが生まれたのである。(2)

ハンガリーの「火曜日の女」は、ルーマニアの「火曜日の女」や「火曜日の魔女」と明らかに同一のものであるが、聖母マリアや聖アンとも同一視されている。ロシアでは、「母なるプラスコヴェヤ」あるいは「ピャトニツァ」（金曜日）と「ネデリャ」（日曜日）崇拝が重要視されている。出所不明の文献にも、この崇拝の名残りが認められる（Vasiljev, 1890）。一五五一年、宗教会議は「ネデリャ」と「ピャトニカ」崇拝に対し、非難宣告を行なった。「十二人のピャトニカ」や「ネデリャの手紙」という伝説もあった。金曜日に糸紡ぎをすることはとくに禁じられており、「怒れる金曜日」は禁を犯したものに手ひどい罰を与える。もし金曜日に糸紡ぎをする者がいると、ピャトニカは家中に響きわたるような音を立て、すごい勢いで一晩じゅう糸を紡ぐ。こんな話がある――あるとき、一人の少女が糸を紡いでいた。すると、窓のところに現われた者が「糸紡ぎをしているのかい？」と訊ねた。「そうよ」と少女が答えると、その者は言った。「それじゃあ、朝までに、そこにある糸巻き棒をすっかり紡ぐんだね。さもないとおまえを殺してやる！」と。少女は、どの錘にも一筋ずつしか紡がなかった（pp.14, 96）。ロシアのクルスクでは、聖母マリアはピャトニカ、すなわち、「金曜日」と同一視されている（*ibid.*, p.164）。ヨーロッパ中東部のガリシアのハズル人には、「ピャトニカ」と「ネジリャ」（日曜日）の両方がある。似たような話は、日曜日についてもある。「日曜日」は、ここではっきり聖母とみなされている。聖母マリアは疲れて、休息を必要としていた。彼女は「月曜日」のところに行ったが、月曜日は彼女を受け入れてくれなかった。それから彼女は、週のすべての日のところを訪ね、ようやく「日曜日」に受け入れてもらった。そのときから、「日曜日」は聖母に捧げられるようになったという[3]（Oniščuk, 1912）。

それでは、民俗学のある学派に習って、これらの民間信仰はすべてキリスト教に由来すると考えるべきなのだろうか（Mansikka, 1909）。明らかに、これらの民間信仰は現在のような形では、紀元前のものではない。暦や週の概念に基づいているからである。タブーとタブー破りはいわば出発点であり、女性に関与したことなので、罰を与える（あるいは手伝いをする）精霊もまた女、つまり母親なのである。母親は幼い娘にこれこれのことをしてはいけないと教えるが、娘は母親の言いつけに背いてしまう。娘は母親、すなわち超自我に罰せられるのである。

超自我は、内面に取り込まれた社会の要求あるいは禁止として解釈されることが多い。というより、もとは対象（母親）に向けられ、次には自我に矛先を転じた攻撃であると言ったほうが、当っているかもしれない。われわれが集めたデータの多くが示しているのは、タブーの時期に仕事をすることは母親像や超自然的存在に対する攻撃だということだ。ルーマニアの女性たちは、金曜日には針仕事をしない。もしすると、「聖なる金曜日」を針で刺してしまうからだ（Matuska）。ボスニアの農夫によれば、「スヴェティカ・ネデリャ」（聖日曜日）は全身傷だらけだという。日曜日に働く人が大勢いて、その道具で彼女に怪我をさせるからである。「聖日曜日」は絶対に一人ではやってこない。いつでも聖母と一緒だ（Zovko, 1893）。もし金曜日に針仕事をすると、ピャトニカに針を刺すことになる（Ivanov, 1897）。金曜日に働くものは誰でも、「聖金曜日」に火傷を負わせる（Sainénu, 1895）。チェコスロヴァキア西部では、金曜日に爪を切ると、神を傷つけるという（A. John, 1905）。セルビア人は、金曜日と日曜日を「スヴェタ・ペトゥカ」、「スヴェタ・ネデリャ」と、それぞれ擬人化している。もし誰かが日曜日に、たとえば、草刈り鎌を使って仕事をすると、鎌をふるうたびに「日曜日」に切り傷が現われるので、「日曜日」は復讐を行なう（Juga）。ルーマニア人のあいだでも、金曜日は重要視されている。アルソフェーアでは、「マルトレア」（火曜日）とサンタ・ヴィネレ（金曜日）の二日が恐れられている。火曜日には、人々はマルトレアのせいで糸紡ぎをしない。金曜日には髪を梳いたり、家を掃いたり、馬小屋を掃除したりすることを控える。聖金曜日の罰を受けて、目や頭が痛くなるからである（Moldován, 1899）。

ロシアのデータを見ると、このメカニズムによって、どんなふうにして「母親」がタブーから生み出されたかがわかる。擬人化された金曜日は「ピャトニツァ」で、これは「ピャト」（五）からきている。金曜日は五番目の仕事日だからだ。しかし、金曜日の女はなぜか聖プラスコヴィアと同一視され、「母なるピャトニツァ・プラスコヴィア」と呼ばれている。女性が金曜日に針仕事や糸紡ぎ、機織りやリネン晒しをすることは罪となる。男性にとっては、木の繊維で編んだ靴の紐を結んだり、紐のようなものを編んだりすることが罪になる。「母なる金曜日」は、糸紡ぎと機織りをとくに嫌がる。仕事中に出るゴミやほこりが目を痛めるからだ。「母なる金曜日」は、「彼女の日に、針仕事や糸紡ぎをする女たちの針で全身をつつかれ、錘で刺された」姿をしている（Ralston, 1873）。

金曜日のタブーは西に向かって派生していったが、[4] 明らかに東方ギリシア文化圏ではいっそう重要視されているようだ（Kaluzniacki, 1899）。

ギリシアのデータは意味深い。ペロポネソス半島では、聖パラスケネーは金曜日に働くものを罰する（Polites, 1904）。彼女は戸口から、「家の中にいて子どもたちに囲まれているなんて、おまえは運がいい」と声をかける。そうでなければ彼女は、その家の主婦に墓場から運んできた死体の肉を食べさせていたからだ（*ibid*）。このタブーは土曜日から火曜日までの曜日を移動しているが、休日の前夜が重要だということが、常に基盤となっている。そして前夜から、今度は前日に移っていく。ジヒューダ・モスコーニは、パラスケネーは実は、土曜日の準備日だと述べている（Perles, 1893）。フランスの古典学者、デュカンジュによると、パラスケネー・レゲタイ・ヘトイマ・シア、つまりparaskené は準備が整ったことを意味する（Theophylactus, 1688）。ドイツ語で土曜日は、「グレヒト・ターク」と呼ばれる。すなわち、日曜日に対する準備日の意味だ（Schmeller, 1877）。この「移動説」を裏付けるのが、アルメニアの民間伝承である——「水曜日の前夜」と「金曜日の前夜」という二人の姉妹がいた。その弟は「日曜日の前夜」だった。若者たちは彼らに敬意を表して、火曜日と木曜日、土曜日の晩には働かず、性行為も慎んでいた。また、彼らは人が誕生すると、運命の三女神のように姿を現わした（M. Abeghian, 1899）。タブーと老婆は金曜日から木曜日に移され、ペロポネソス半島には、こうして「木曜日の女」が登場するようになった。「木曜日の女」は、黒い衣をまとった背の高い老婆で、「長い歯が一本」だけか、あるいは「膝まで届く」歯をしている。もし女性が木曜日の夜、月明かりのなかで糸紡ぎをしていると、彼女がその場に現われて言う——「さあ、お隣さん、一緒に糸紡ぎをしよう」（Polites, *op. cit.*, 508）。ハンガリーの古い押韻詩によると、女性は木曜日には糸紡ぎをしてはいけない。悪魔が喜んで、屋根裏部屋の窓からたくさんの錘を投げ入れ、すさまじい物音をたてるからだ（Ipolyi, 1854; von Wlislocki, 1893）。ブランデンブルクでは、木曜日に糸紡ぎをする者がいると、悪魔がからの錘を部屋に投げこむ（Kuhn, 1843; Wolf, 1853; Zingerle, 1853; Wuttke, 1900）。木曜日の糸紡ぎのタブーはかなり広くいきわたっているが、さらに、木曜日は魔女の日でもある（J. Grimm; Laistner, Liebrecht, 1879）。ハンガリーのコーリンティでは、火曜日と木曜日の両方が擬人化されている（Graber, 1914）。木曜日は、ドイツではとくに重きをおかれている。ゴットシェーには「フィンストクマンドル」と呼ばれるおなじみの精霊がいて、木曜日に糸紡ぎをする者の糸をもつれさせてしまう（Hauffen, 1893）。木曜日に糸紡ぎをすると、死と多産の女神ペルヒタの機嫌をそこねる。ある母親が娘に糸紡ぎをするように言ったが、ちゃんとやらなかったので、母親は娘の手に亜麻を巻き付け、火をつけてお仕置きをした。すると、ペルヒタが燃える手を窓から差し入れて言った、「おまえは木曜日に糸紡ぎをして、わたしの五本の指を燃やした」（Waschnitius, 1913）。

この話には、タブーの潜在的意味としての、母から子への（あるいは子から母への）攻撃性がはっきりと見てとれる。

さて、週単位のタブーは通年のタブーと融合する。プフィンズダ＝ヴァイブルは謝肉祭の最後の木曜日から灰の水曜日まで活動する（Vernaleken, 1859）。ルーマニアの「聖金曜日」は、聖金曜日（キリストの受難日）のタブーおよび洗足木曜日の「ジョイ・マリタ」を司どっている（Moldován, 1913）。

木曜日の次は水曜日だ。ハズル人は水曜日には糸紡ぎをしない。そればかりか、仕事部屋に糸巻き棒すら置かない。擬人化された水曜日、「セレダ」が入ってきて、一晩じゅう、すさまじい物音をたてるからである（Kaindl, 1894）。トルコ人には、「水曜日の女」と呼ばれる精霊がいる（Mészáros, 1906; Munkácsi, 1907）。水曜日と金曜日は、パレスチナのアラブ人にとっては危険な日だ。水曜日の夜、精霊たちがヤギ皮の袋を携えて、井戸に一週間分の水を汲みに来るからだ。この夜に女性が針仕事をすると、この袋に穴を開けることになり、精霊たちは喉が乾いて死んでしまう（Canaan, 1914）。

水曜日から火曜日に移ろう。これでタブーの時期も、週末から週の前半に変わったことになる。歴史的事実は必要ないので触れないが、「タブーの日の前夜」には、そのすべてに作用する心理学的要素がある。タブーの日は超自我の日であって、その前夜に見る夢は不安夢であり、超自我が出現する夢だと考えられる。

さて、これまでみてきた話の基本的要素は夢だと考えられる。といっても、神話と夢は同じ素材からつくられているという意味ではなく、その夢は誰かが実際に見たものだということ、あるいはこのタイプの夢はタブーの日の前夜という状況で発生しやすいということである。

物語そのものが、これが夢なのだということをはっきり示している。ハズル人の母親は子どもが眠らないと、こんな歌を歌ってやる――。

「金曜日の小さな女の子」、わたしの魂を許してちょうだい。
わたしの子どもを眠らせたいから。
「金曜日の小さな女の子」、わたしの魂を許してちょうだい。
たとえわたしが罪深くても。
娘を歌で寝かしつけたいから。

ニンニクを使うのは、金曜日の夜にはタブーである。死人の夢を見るかもしれないからだ（Oniščuk, 1912）。クレタ島では、夜、女性が働くときは、「木曜日の女」から身を守るために、こんな歌を歌う――

さあ、行って横になりましょ。
男と女の悪夢がやってきて、
あんたには袋、あたしにはこん棒で脅すといけないから。（Polites, 1904）

次は、トランシルヴァニアのルーマニア人のあいだで語られている話だ――一人の女性が火曜日の夜に仕事をしたあと、眠りについた。その日は、クリスマス・シーズンの三日目でもあった。真夜中に、彼女は胸が苦しくて目をさました。見ると、大女が胸の上にのしかかっていた。大女は彼女をベッドから連れだし、壁を登らせた（*ibid.*, pp.168, 169）（これは明らかに悪夢の話である）。また別の例では、「火曜日の女」が眠っている女のもとに現われ、その髪を切ろうとする（*ibid.*, p.122）。「火曜日の女」は、女性たちを深い眠りに陥らせることで罰するのだ（*ibid.*, p.36）。ウクライナ人の「聖金曜日」は夢の中に現われる（Vasiljev, 1892）。このほか、木曜日の糸紡ぎのタブーは、ポーランドのマズリアにおけるマール（Toepper, 1867）や、リトアニア人の「ロウム」（Schleicher, 1857, quoted by Laistner, 1889）という悪夢に起因すると考えられている。

さて、「錘《つむ》」型の物語のなかには、ふつうなら「火曜日の女」や「金曜日の女」に帰せられる役割を、月が担っているものがある。一方、レストナーは、月と悪夢のあいだに明確な相互関係があることを示唆している（Laistner, 1889）。

それだから、次のように言ってもかまわないだろう――働いてはいけないときに働いた者のもとに、夜、現われる女にまつわる神話的な物語は、もとは誰かが見た夢だったに違いない、と。イェッケルスとベルグラーは、夢は常に超自我の叱責に対する防衛であり、超自我の要素は未完の仕事、すなわち日中残滓にしばしば隠されていることを証明している（Jekels and Bergler）。

イェッケルスとベルグラーが取り上げた物語のなかには、魔物の夜間出現の原因が、これまで論じてきた話とは違うものがある。すなわち、仕事がまだ終わっていないせいで魔物が現われる場合がある（Laistner, 1889）。これまで見てきた物語のなかでは、仕事をしてはいけないときに仕事を行なっており、それは先の例でみたように、母親像に対する直接的な攻撃である。「火曜日の女」は巨乳で毛むくじゃらの大女だ（Roska, 1906）。殉教した聖アガタは乳房を切り取られている。その聖アガタの乳房は、パレルモのカタニアとアルルのサン・トロフィームにある（Alford, 1941）。こういうわけで、禁じられた日に働くことは、母親に対する口唇期的攻撃なのだと推断できる。これを裏付けてくれるのが、人間が死体の一部を食べさせられそうになる類話である――。

ハズル人の話では、「金曜日」は窓から死体の脚を差し入れ、「もしおまえが木曜日から金曜日にかけての晩に糸紡ぎをするなら、これがおまえの食い物になる」と言う。あるいは、「糸紡ぎをしてはいけない。さもないと、喉にこれ〔死体の脚〕を押し込むぞ」と言うこともある（Oniščuk, 1912）。

「日曜日」は現われるなり、いきなりこう言う――「おまえが糸紡ぎをするんなら、手を貸そう」。「でも、手伝ってくれたお礼に食べ物をあげることもできないわ」と農夫の女房は答える。すると、魔物の女は「空腹なら、これを食べろ」と叫んで、馬の首をいくつも窓から投げこんだ（Oniščuk, 1912）。以上の話の幼児期的潜在内容は、「母親を殺して食べたい」という願望が、（超自我の命令で）「母親がわたしにおぞましいものを食べさせようとする」、あるいは「母親がわたしを食べる」という「罰の形」になったものだ（oniščuk, 1912）。夢の次のステップでは、怖くなった女性が家を飛び出し、隣家や年長の女性、賢女や産婆に助言を求める。これは超自我に対する母親像の保護的な側面を表わしている。その助言は、錘に一本しか糸を紡がないようにするか、「丘が火事だ」、あるいは同様の効果をあげる言葉を窓から叫べ、というものだ。

最初の命令には、「超自我を抱き込む」という有名な分析的原則を見ることができる（Alexander, 1927; cf. Róheim, 1934）。違反行為は糸紡ぎであり、超自我は「もっと糸を紡げ」という罰（その罪に合わせた罰）を命令する。その対抗手段が象徴的追従である。別のケースでは、夢を見ている人が火事だと叫ぶ。夢はこの叫び声で終わるのがふつうである。さて、夢に現われる火事はしばしば排尿を象徴している。水（たとえば、洗濯）と結びついているときは、とくにそうだ。火事表象は夢を終わらせ、排尿に関係した夢はしばしば覚醒夢となる。すなわち、尿意が眠っている人を起こすのだが、その人はそのまま何秒か眠りつづけ、目を覚まさなくてもいいような夢を見る（Rank, 1912; cf. Rank, 1919）。この目覚めを遅らせる夢は、物語のなかでは罰として表わされている（例――おびただしい錘をすべて紡ぐ）。だが、これは超自我に命じられた夢の二次加工のせいである。

女性はしばしば、こうした尿刺激による覚醒夢を出産の夢として見る。また、火事のことを言うときは、必ず子どもが引き合いに出されることがわかっている。先に取り上げた話では、主人公の女性は「猫聖者は子猫を生み、わたしは自分の洗濯をする」と言っていた（Alford, 1941）。これは、子どもを持ちたいという欲求と、それとは正反対の欲求（洗濯＝月経）の両方を表わすものだ。これまで見てきた夢の基本構造は、超自我との葛藤とみることができる。超自我は母親であり、ここで論じたタブーと物語は、どれも女性に関係したことばかりだ。イド（エス）・レベルの反応、つまりこの夢における願望充足は何なのか。それはリビドーと破壊の両要素、排尿のリビドーと攻撃性を含んでいる。口唇期のレベルにおける願望は、おそらく乳房に噛みつくことだけでなく、母親の体に入り込むことだと思われる。すでに述べたように、「火曜日の魔女」が家に入ってくるのを防ぐためには壺を逆さに伏せなければならなかった。また別の話では、魔女が主人公の女性の頭を大鍋に突っこんで殺そうとした（Szabó, 1910, p.17）。夢が、夢を見ている人の願望を、夢の登場人物《ドラマティス・ペルソニー》の行動として、投影の形で表わすことはよく知られている。この場合、「火曜日の女」が戻ってくること、夢を見ている人の頭を魔女が大釜に突っこもうとすることは、母親の子宮に戻ろうとする子どもを表わしている。「火曜日の女」やその他の超自然の存在が、火に巻かれた自分の子どもたちを心配することも投影であり、正反対のことを意味していると解釈しなければならない。つまり、それは子どものことを気遣う母親像ではなく、自分の魔法的・破壊的な尿（火事）でライバルのきょうだいを殺そうとする子どもを指しているのである。

物語のほかの要素（糸紡ぎ）の意味は、あまりはっきりしない。物語の無意識的意味は自慰か性交ではないかと思われるのだが、このことを裏付けるのが、火曜日の夜における同様のタブーである——。

ある羊飼いが火曜日の夜に、恋人のことを思って、みだらな考えにふけっていた。すると、羊飼いを罰するために「火曜日の女」が彼のもとを訪れ、彼が死にそうになるまで性交を行なった（*ibid.*, p.234）。

性行為は火曜日の夜のタブーであり、「火曜日の夜」はいかがわしいことを考える者の体を麻痺させる。白い女が現われて、恋人のもとを訪れる男たちを威嚇したり、失明させると脅したりする。

この民間伝承の問題については、まだはっきりしないことも多い。同じ語彙を用いた似たような物語がピレネーからウクライナにまであるということは、明らかに、物語の伝播が広範囲にわたっていることを示している。この夢は誰かが見た夢であり、本当の出来事（精霊が本当に現われた）として語られ、何度も繰り返されたものだ。しかし、この物語の要素の多くは、飛行夢、窒息の悪夢（Bergler and Róheim, 1946）、罰の夢、覚醒夢という「典型的な夢の要素」である。したがって、これらの物語と民間信仰は、ある程度までは複数の起源をもっているとも考えられる。これらの夢は、ほとんど誰もが見る夢だからだ。タブーと結びついた「時」の母性的擬人化（火曜日など）は、時間認識が、欲求不満を起こさせる母親からきているという解釈を裏付けるものである。

第6章　消えた光の話

この論文では、ヨーロッパ民話に精通したローハイムの本領が最大限に発揮されている。ここで、一九一一年にハンガリー語で発表した彼の処女論文が、「龍と龍殺し」を扱ったものだったことを思い出していただきたい。[*]ローハイムは、その後もたびたび龍と英雄のテーマを取り上げた。ウースターにいるあいだに、「龍と英雄」に関する二部作の論文を『アメリカン・イマーゴ』に発表している。本章で取り上げる一九四七年の論文では、彼はこのお気に入りの物語にふたたび分析的な目を向けている。

実際にはローハイムは、一つの話だけでなく、いくつかの関連した話に言及している。印欧民話の標準的な分類からいうと、彼が分析した物語は、アールネ＝トムソンの話型（以下ATと略す）三〇三「ふたご、または血を分けた兄弟」にあたる。このタイプでは、二人の少年と二頭の馬、二匹の犬が（魔法の魚などを食べたことから）生まれる。ローハイムはまた、AT三〇一「奪われた三人の王女」のサブタイプである三〇一A「失踪した王女を探しにいく」の分析も行なっている。「奪われた三人の王女」には、小人とのエピソードや王女の龍からの救出が描かれている（鬼のひげが挟み込まれるAT一一六〇「鬼が幽霊の出る城へ行く」も参照のこと）。ローハイム自身は話型番号を用いていないが、印欧民話の主要な比較概論として定評のあるヨハネス・ボルテとゲオルク・ポリーフカによる『グリム兄弟の子どもと家庭のための昔話注解』** 五巻を参照し、関連箇所に言及している。ボルテ＝ポリーフカを参照していることは、ローハイムが真の意味でプロの民俗学者だった証拠である。ヨーロッパ民話を精神分析的にとらえる文筆家のなかで、ローハイム以外には、グリム童話の何百という類話を扱ったこのボルテ＝ポリーフカの労作に、気づいてさえいないものがほとんどなのだから。

先にあげた話型についての詳細は、アールネ＝トムソンの『昔話の型』*** を参照されたい。

* *Ethnographia* 22: 128-42, 193-209.

** *Anmerkungen zu den Kinder- und Hausmärchen der Brüder Grimm*, Leipzig: Dieterich's Verlagsbuchhandlung, 1913-1931.

*** Antti Aarne and Stith Thompson, *The Types of the Folktale: A Classification and Bibliography*, FF Communications No. 184 (Helsinki: Academia Scientiarum Fennica, 1961).

私はここで、とある東欧民話を取り上げたいと思う。その筋を一言でいうと、太陽と月と星が三頭の龍にさらわれ、失われた光を主人公の英雄が取り戻す話である。(1) 民話（「メルヒェン」）のなかには神話的な要素はあまりないのがふつうだが、この話はその例外と言っていいだろう——。

遠い国に、王と后《きさき》が住んでいた。だが、后には子どもができなかったので、王は国じゅうの民におふれを出した。后を懐妊させられる者は名乗り出よ、と。ある農夫の息子がこの難題に取り組むことになったが、どうやって成功させたらいいのか見当もつかなかった。息子は一人の老婆と出会った。老婆は息子に、城の下の海に金のカマスがいると教える。その魚をつかまえて、后に食べさせれば、后は妊娠するというのである。ところが、雌牛がその魚の煮汁を一滴なめ、下女がその魚をつまみぐいしたので、后と下女、雌牛は同じ日にそろって男の子を生んだ。王の息子のイワンと、下女の息子のイワン、それに雌牛の息子、すなわち「嵐の英雄」のイワンである。三人は見分けがつかないほどそっくりだった。雌牛の息子がいちばんすぐれた英雄なのだが、ほかの二人はそれを認めようとしない。彼らは旅に出た。そして、六つの頭を持つ龍、九つの頭を持つ龍、十二の頭を持つ龍の住む国にさまよいこんだ。彼らは黒海のそばの橋のところに来た。橋の前には小屋があった。その小屋はフクロウの脚を軸に回っており、その脚は主人公たちに背を向け、林のほうを向いたオンドリの頭の上に乗っていた。雌牛の息子は小屋を自分たちのほうに向けると、みんなで中に入った。小屋の中には食べ物や飲み物、ベッドがあった。彼らはさんざん飲み食いしたあと、ベッドに入ったが、誰か一人が六つの頭の龍と戦うために起きていることになった。みんなでくじを引き、下女の息子が見張り番になった。雌牛の息子は彼に、「水差しが海から踊りながらやってくるが、決して見てはいけない。唾をかけ、粉々に砕くこと」と忠告する。だが雌牛の息子は、兄弟たちが当てにならないのを知っていた。それで、自分は眠らずに、橋を昇り降りしながら、水差しを見張っていた。彼が水差しを砕くと、海は逆巻き、大地はふるえだした。六つの頭の龍が馬で橋をのぼってきたのだ。龍の馬は橋の上でつまづいた。恐るべき英雄、雌牛の息子イワンの存在を感じ取ったからだ。龍はイワンに訊ねる、「おまえはわしの妹か娘と結婚したいか」。雌牛の息子は龍を殺し、龍の馬を縛り上げると、龍の剣をぐっすり眠り込んでいる下女の息子の足もとに置いて、何ごともなかったように眠ってしまった。下女の息子のイワンは、目を覚ますと、自分が龍を殺したと自慢した。水差しをにらんでやったとも。雌牛の息子にあれほど見てはいけないと言われていたのに――。翌日の夜は、王の息子のイワンが見張り番になり、九つの頭の龍が現われたが、結末は同じだった。三日目の夜には、雌牛の息子は十二の頭の龍と戦わなければならなかった。龍は非常に手強《てごわ》かった。彼は追いつめられ、加勢を求めて、手当たりしだいに物を小屋に投げつけたので、小屋はついに壊れてしまった。それでも、彼の兄弟たちは眠りつづけ、誰も助けにこなかった。最後に、二頭の馬が橋を駆けのぼり、龍を鞍から放り出した。彼は龍を殺すと、橋の下で眠った。翌朝、彼が小屋に向かって「もとのようになれ」と言うと、小屋はもとどおりになった。食べ物や飲み物もあって、兄弟たちが元気をとりもどすのに必要なものはみんなそろっていた。

彼らは馬で先に進んだが、雌牛の息子は鞭《むち》を小屋に忘れたふりをして戻ってきた。彼は蠅に姿を変え、小屋のかまどの上に羽を休めた。そして、それぞれの龍の妻たちが、龍の母親であり小屋の持ち主でもあるババ・ヤガーと話すことに耳をすませた。妻たちの一人は、暑い日に銀のコップとベッドを置いた泉に変身するという。二人目はありとあらゆる果物のなる美しい庭に、三人目はゆっくり眠ることのできる小屋に、それぞれ姿を変える。だが、もし息子たちがそのどれかを利用しようとしたら、彼らはケシつぶのように細かく切り刻まれてしまう。

雌牛の息子は、彼女たちの誘惑をことごとく邪魔する。彼が泉に、果実に、小屋に斬りつけると、そのすべてから血が流れ出した。

息子たちは、ある王国に入って、その王の娘を、イワン王子の妻にと所望した。雌牛の息子が王の軍隊を征服したので、王たちはしぶしぶ結婚に同意する。ところが、結婚式の夜、花嫁は鳩に姿を変え、海の精である祖父のもとへ飛び去ってしまう。王女は海の精のあごひげを取り、イワン王子に、これは何という草か、と訊ねる。彼はこの謎を解くことができなかった。雌牛の息子は王女のあとを追い、海の精の首を切り落とす。彼はイワン王子にそれを手渡したので、イワンは「これがその草の生えてくる根っこです」と答えた。初夜の床で王女は今度は王子を殺そうとするが、雌牛の息子が身代わりとなって、鉄と真鍮と錫《すず》の杖で彼女を半殺しにしたために、王子は九死に一生を得る。(2)

では、この物語を一連のエピソードとして再現してみよう。(1)后(および二人の分身)が、金のカマスを食べて身ごもる。(2)橋のたもとで龍と遭遇する。(3)別の類話の回る小屋。ババ・ヤガーが所有し、食べ物と飲み物がある。(4)夜番。踊る水差し。(5)眠り込む兄弟たち。龍と死闘をくりひろげる主人公。(6)主人公と龍の妻たち。(7)雌豚の姿をしたババ・ヤガーと鍛冶場。(8)海の精の三本の毛。(9)忠実な腹心に打ち負かされる危険な花嫁。

この型の物語は、その大半が、太陽と月、星が光を亡くすというプロットを中心に展開している。次にあげるのは、トランシルヴァニアに伝わるハンガリー版である——。

昔、太陽も月も星も光を失った国があった。ある未亡人に三人の息子がいた。彼らは太陽と月、星を取り返す仕事を引き受ける。末息子は「美しい牧草地の翼」と呼ばれていたが、彼はこのつとめを果たすために、一トンの金と荷馬車を所望する。息子たちが門のところまで来ると、「国いちばんの鍛冶屋」と呼ばれる人物がいた。鍛冶屋は年老いていたが、たいそう力持ちだった。彼は主人公に、この仕事を引き受けるのはやめろ、と忠告する。だが、末息子は聞き入れず、鍛冶屋に、自分が戻ってくるまでに金を溶かしておくように言いつけた。息子たちは、橋のところで、七つの頭を持つ龍と遭遇する。兄弟たちが眠り込んでいるあいだに主人公が龍を倒す（格闘）。彼は龍の馬を連れ帰る。馬はまるで星のように光を放ち、星はふたたび空に輝くようになった。次に、九つの頭を持つ龍を倒して、月を取り戻す。三度目に十二の頭の龍と戦ったときは、勝負は互角だった。ついには相手を追って猛烈な速さで回りだし、車輪となって、炎をあげて燃えはじめた。二人はカラスに闘いの決着をつけてくれるように頼んだ。それも、自分たちに有利になるように相手の炎に水をかけることで。カラスは龍の炎に水をかけたので、龍の炎は消えてしまった。するとたちまち、太陽が空にのぼった。

本当なら、物語はこれで終わりのはずだ。主人公は首尾よく、つとめを果たしたのだから。だが、この話にはまだ続きがある――。

家への帰り道、息子たちは大きな城にやってきた。主人公はスズメバチに姿を変えなければ中に入れない。スズメバチになって城の中に入った彼は、三頭の龍の未亡人たちと龍の母親が話しているのを盗み聞きする。彼女たちは、主人公を葬り去ろうとたくらんでいたのだ。まず、一人が梨の木になる。お腹がすいた主人公たちがその実にかじりつくと、彼らは死ぬことになる。次は泉。やはり喉を渇かせた主人公たちを死が待っている。三人目は橋で、渡る者は誰でも焼け死ぬことになっていた。末息子は、兄弟たちが誘惑に乗らないように押しとどめ、変身した三人の女たちを剣で突き刺す。こうして龍の妻たちは全員死ぬが、龍の母親が口から火を吐きながら追いかけてくる。「魔法による逃走」のエピソードのあと、息子たちは鍛冶屋のもとに戻る。彼はまだ金を煮ていた。龍の母親が大きく口を開けると、彼らは煮えたぎった金を口の中に注ぎ込んで殺した。[3]

この話は、パンツァが「ヘビと娘たち」、ソイモッシが「龍の家族」と呼ぶ民話の型に属している。これは東欧系の民話のグループの要であり、ロシアの類話は中部、ハンガリーとフィンランドの類話は西部外辺、チュヴァッシュなどの類話は東の辺境に分布している。[4] (8)と(9)は、この物語の典型的なモチーフではないが、くわしく調べれば、おそらく、それらが下位区分の地域の特徴であることがわかるだろう。[5]「龍の家族」の話自体は、ベオウルフ〔八世紀ごろの古英語の叙事詩の主人公〕型との類縁性および、これと融合する傾向を示している。このベオウルフ型は、「龍の家族」が東欧地域の特徴であるように、西欧地域の特色となっている。

さて、一見、従来の方法とはちがうやり方だが、ここで、この物語を単独のモチーフ――つまり、回る小屋のエピソードから分析していくことにしよう。

ソイモッシ[6]によると、このモチーフもやはりスラブ・ウラル・アルタイ語の民話の地域に限定されているが、一つ例外があるという。聖杯伝説〔キリストが最後の晩餐で用いたという杯の行方を有徳の騎士が探求する。アーサー王伝説の中心主題の一つ〕に組み込まれている可能性があるというのだ。といっても、確かなものではなく、もし「回る城」と「オンドリの脚の上で回る小屋」には東方の起源しかないという考えに囚われなければ、聖杯文学の「回る城」は、ウェールズが発祥地であり、アヴァロン〔アーサー王とその部下が死後に運ばれたという西方楽土の島〕というケルト的な概念に根ざしていると考えることもできるだろう。回る城は、黄泉《よみ》の国（ハーデーズ）を襲撃するアーサー王を描いたタリエシン〔六世紀ウェールズの吟唱詩人〕の詩に出てくる。アーサー王とその部下が持ち去った主宝は、ハーデーズの王、すなわち死者の神プウィルの大釜だった。この大釜は「四本角城」あるいは「歓楽城」、「カエル・シディの回る城」と呼ばれる場所で発見される。詩のなかで、タリエシンは歌う――


完《まった》きものは、カエル・シディにある我が玉座。

病いも老いも、この城にいる者の身を蝕むことはない。

マナウィダン〔ケルト神話でブリソン人の海の神〕とプリュデリ〔ケルト族の一派、ブリソン人の神〕は知っている。

炎をとりまく三つのオルガンが城のまえで歌うことを――。

そして、城の突端には海に注ぐ流れ。

城の上には豊かな井戸。

その水は、白葡萄酒より甘い。


興味深いのは、東と西、つまり、ババ・ヤガーの回る小屋と、ウェールズの詩の回る城とのあいだに、三つの共通項があることだ。両方とも回転するだけでなく、栄養のあるものが置いてあり、最後にはどちらも海と関連がある。ジョン・リース〔一八四〇～一九一五。ウェールズの言語学者〕

は、ウェールズの「セイント・グレアル」に登場するペレドゥールが入った回る城について長年考察をつづけ、回る城はあの世であるアヴァロン（詩の二行目を参照）だという、きわめて説得力のある結論を導き出した。リースはまた、門のライオンをものともせず城に入る主人公は、ある貴婦人に導かれており、女性の保護下にあったのだということを強調している。(7)

一方、民話の回る城も、やはり女性に所有されているし、ババ・ヤガーにしても、詳しく見てみると、死の概念からそんなにかけ離れていないことがわかる。それは木の脚を持ったババ・ヤガーで、鉄の臼に乗って、箒で足跡を消しながら、魔女の集会（サバト）に飛んでいく。頭は棍棒（鎧甲を打ち砕くのに用いた中世の武器。先端に鈎釘、突起がある）のようで、回る小屋の床に仰向けになると、両足が小屋のてっぺんまで届く。白系ロシア人は、ババ・ヤガーが子どもたちをさらっていって食べると信じている。ババ・ヤガーは死神と相乗りし、死神は人間を彼女に引き渡す。ババ・ヤガーは魔女の女王であり、家来たちとともに人間の魂をむさぼり食う。クリスマスから新年のあいだに、女たちはババ・ヤガーとして、できる限り恐ろしい姿で現われる。(8)「彼女は見たところ、もじゃもじゃの髪で背の高いやせこけた老婆である。粗末な小屋いっぱいに長く伸びて横になっているときもあり、長い鉄の鼻が小屋の天井から外に突き出ている。小屋はフクロウの両脚に支えられ、森のはずれに立っている。小屋の入口は森に面している。またババ・ヤガーは、人骨でできた塀に囲まれた田舎家の女主人として登場することもある」。(9) 彼女は鉄の鼻を持つ。あるいは片脚の代わりに鈎爪を持っており、「魔女の女王」とみなされている。(10) ババ・ヤガーはふつう食べるために人間を殺す。その家は、彼女が貪り食った人間たちの骨で囲まれている。ある話では、ババ・ヤガーは彼女のところにやってきた少女に食事として人間の腕を与える。[11]ババ・ヤガーが体を伸ばすと、住まいと一体化したみたいに家いっぱいになり、鼻は天井を突き抜けてしまう。あるいは、門は人間の脚、かんぬきは人間の腕、そして「錠のかわりに鋭い歯をむき出した口」を取り付けた建物に住んでいる。[12]「一部の地域では、風で小麦の穂がしだれると、農夫たちは口々に言う。ババ・ヤガーが子どもたちの目を見えなくしたり、鉄の攪乳器に閉じこめようとして追いかけているよ、と。ババ・ヤガーは、とくに小麦畑によく出没する」。「途方もない・鉄の・長い鼻をした」ベルタ（長い鼻をした女プレヒト）は、ババ・ヤガーと多くの共通点をもっているように見える。ババ・ヤガーはしばしば糸紡ぎを象徴するとされるので、とくにそう思える。「鉄の歯」として知られるセルビアのババ・ヤガーは、火のついた石炭を水差しに入れて持ち歩き、糸紡ぎを怠けている者がいると、その糸巻き棒を燃やしてしまう。[13]ルーマニアの民間信仰では、この人物像にはいくつかのパターンがある。ママパデュレイ、すなわち森の母が住んでいる小屋は、頭蓋骨のいっぱい詰まった柵に囲まれ、フクロウの脚の上で回っている。ババ・クロアンタは背中の曲がった背の高い老婆で、熊手のような長い歯の持ち主。彼女は先の民話のババ・ヤガー同様、龍の母親であり、魂のいっぱい詰まった盥《たらい》を持っている。ババ・コアジャは魔女の女王で、長いガラスの鼻と、鉄の一本足、真鍮の爪を持つ。彼女は洗礼を受けていない子どもたちを殺して、やぶに隠し、遺体を腐らす。ババ・ハルカは洞窟に住み、星を空から盗む。[14]

以上のことから、次のことが明らかになる。すなわち、回る城とババ・ヤガー型の女との関係は、物語全体の基本的要素の一つとみなすべきだということ。そして、この女は鼻や歯、足に変わったところがあり、不安や破壊の恐怖と密接な関係があるということだ。先に引用した論文でソイモッシは、ハンガリー以外の類話を引用しながら、ハンガリー民話の「回る城」のわかりやすい概要をあげている。ハンガリーの類話のタイプは次のとおりである[15]――

(1) 熊の息子、黄泉の世界への下降型。ガチョウ、アヒル、七面鳥の脚の上で回る城、龍と救出される王女のモチーフ。

(2) 王が自分の娘との結婚を願う。シンデレラ、迫害する継母。彼女の牢獄は、ムクドリの脚の上で回る金の城に変わる。

(3) 熊の息子、(1)と同じく、龍の所有する冥界の鉄の城が、城の一角を軸として回っている。

(4) 上記と同じサイクル〔一つの主題あるいは一人の人物を中心に展開して全体で完結する物語群〕。最初の城は真鍮の、二番目の城は銀の、そして最後の城は金のコウノトリの脚の上でそれぞれ回っている。

(5) 黄泉の国と上記の龍たちを訪ねる。だが、黄泉の国は地下ではなく、空の上にある。さまざまな鳥の脚の上で回る城。

(6) 「不死を求める王子」のモチーフで、(5)に同じ。

(7) アヒルの脚の上で回る城。所有者は、主人公の超自然的配偶者である妖精の女王。

(8) 「夜明け」、「夕暮れ」、「真夜中」という名の三兄弟。オンドリ、アヒル、ガチョウの足の上で回る城。プロットは(1)と(5)を合わせたもの。

(9) 龍にさらわれた王女。木に登って空をめざす。オンドリの尾の上で回る城。

(10) 「長靴をはいた猫」型。王の娘を手に入れた貧しい若者が、龍をだまして、ガチョウの足の上で回る城を奪い取る。

(11) アヒル、メンドリ、ガチョウの足。龍にさらわれ、主人公に救出される王女は、魔法によって身ごもる。

(12) 鳩の足の上で回る城。世界でもっともすぐれた英雄たちとの勝ち抜き試合。

(13) 典型的な型はない。王女たちは靴がすりきれるほど踊ったあと、夜、回る城で消えてしまう。

(14) 「シュテルカー・ハンス」(強いハンス)と「ベオウルフ」が合わさったもの。「黄泉の世界」型。さまざまな鳥の足。

(15) 「ホレおばさん」型。絹の草原に建つ老婆の城。真鍮の屋根、オンドリの足の上で回っている。

(16) 「テーブルとろばと棍棒」型。カラスの王の城は、金の七面鳥の足の上で永遠に回りつづける。

(17) 若さの水。若さの水の持ち主である妖精の城は、金の七面鳥の足の上で回っている。

(18) アモールとプシュケ。魔法にかけられた王子は、オンドリの足の上で回る城を持っている。

(19) 山の上から空に昇る(AT五三〇)。龍の所有する真鍮、銀、金の城が、それぞれガチョウ、アヒル、鷲の足の上で回っている。

(20) 「龍の家族」型。七面鳥、アヒル、ハトの足。

(21)「熊の息子」。七面鳥、ガチョウ、アヒルの足。
(22)「熊の息子」。龍の城の門のまえでかみそりが回っている。龍のもう一つの城は、ガチョウの足の上で回っている。

ソイモッシは次の事実にわれわれの注意を促している。すなわち、二二話のうち、九話(2)、(7)、(10)、(13)、(15)、(16)、(17)、(18)、(19)においては、「回る城」はハンガリーの類話にしか見いだせないということだ。これは、「回る城」のモチーフがもともと、これらのサイクルの重要な要素ではなかったということを示している。残り一三話のうち、八話は「熊の息子」サイクルに属している。したがって、「回る城」のモチーフは、もとはこのサイクルの要素だったと考えてもいいのではないか。龍との関連も二二話のうち、一三話に見られる。(16)

したがって、「回る城」を理解するためには、これを「熊の息子」物語の要素とみなす必要がある。だが同時に、このモチーフの中心分布地においては、回る城は「龍の家族」と結びついていること、ババ・ヤガーの所有物となっていることを忘れてはならない。次にあげるのは、性的不能《インポテンツ》に悩むある若いハンガリー人患者の臨床例だが、この奇妙な幻想の意味を理解する助けとなってくれるかもしれない——。

彼は自分の生徒の前で手淫を行なっている。なぜ、ペニスのことでこんなに苦労しなければならないのか。こんなペニスはちょん切ってしまったほうがいいのだろうか——。ベッドに入るまえに彼の母親が、彼に静脈がいっぱい浮き出た脚を見せた。彼は恥ずかしかった。突然、彼は記憶に残る、ある非常に恐ろしい思い出のなかにいた。彼は赤ん坊のとき、アヒルの足の上で回る城のことを訊いた。「あの城はいったい何なのか」（非常な不安を抱いて何度も繰り返す）。剃刀と血に関係があった。聖杯の城だ！　雪の上にしたたり落ちた自分の血を眺めているパーシヴァル（十二世紀末から十三世紀にかけて書かれた『聖杯物語』の主人公で、聖杯を見る資格を持つ純潔の騎士となるために自ら去勢した。原典でパーシヴァルが眺めているのは鳥の血）。白いベッドの上には、彼の母親の血と白い体。彼の恋人の白い体。そして、分析家が彼と同衾する幻想——彼は出血する。それから、彼はアヒルの足の上で回る城の話に戻って、指で紙を突き破り、その指をアナスやワギナに突っ込んだことを話す。そして、彼の両親が性行為をしたときにベッドがたてた音を思い出す。つまり、アヒルの足の上で回る城は、原光景の象徴の省略形だったのだ。アヒルの足は父親のペニス、城は母親の体を表わしていたのである。彼は、父親が母親と数えきれないほど同衾している幻想、父親のペニスが永久運動《ペルペトラウム・モビレ》だという幻想を抱いていた。これは「メルヒェン」の場面における永久運動と関係がある。

ここで「熊の息子」のテーマをごくおおまかに述べると、次のようになる。(17) 超自然的な血筋を引く主人公が、不思議な冒険を経験する。彼は怪物や龍と闘い、黄泉の国から帰還し、裏切りにも打ち勝って、ついに高貴な恋人と結婚する。ことによると、この熊の息子やジークフリート（ワグナーの『ニーベルンクの指輪』で、大龍ファーヴニルを退治して宝物を奪い、ブリュンヒルデをグンター王の妻とした英雄）、怪力ジョンは、前述の患者と同じ悩みを抱え、悪戦苦闘していたのかもしれない。そうでなければ、ハッピーエンドを達成するのに、なにも驚くべきことを成し遂げる必要はなかっただろうから。[18]

この話には、二種類の典型的な導入パターンがある。最初のパターンでは、主人公と二人の兄が父の王の庭で、それぞれ一晩ずつ見張りにつく。みごとなリンゴの実が熟したとたん、巨人や龍、小鳥が盗みにくるが、長兄と次兄は眠り込んでしまう。末弟である主人公は自分の番がくると、なんとか目をさましていて、矢を放ち、鳥の羽を射落とす。あるいは、巨人にけがを負わせ、血のあとをたどって黄泉の国まで追っていく。別のパターンでは、舞台は森の中の謎めいた家である。[19]三人兄弟の一人が家に残り、料理をつくって見張りをつづける。彼がジャガイモの皮をむいたり、肉や粥を煮ているところに、誰かが入ってくる。それは黄泉の国からきた醜い小人で、黒いあごひげは地面に届くほど長かった。小人が食べ物につばをはいたので彼が怒ると、小人は彼の首に飛び乗って彼を蹴倒した。彼は気絶し、小人は食べ物をたいらげ、姿を消す。兄弟たちが帰ってくると、彼は目をさまし、具合が悪いと訴える。同じことが翌日も起きる。だが主人公は、小人が食べ物に唾を吐いたときに小人をつかまえ、大きな薪を二つに割って、小人のあごひげを挟み込んだ。それから、今度は形を変えて、同じ罰を繰り返した。小人のあごひげを結わえて、天井の穴からぶらさげたので、小人は釣り糸にかかった魚みたいに宙ぶらりんになった。「ジョンが部屋の中で一足歩くたびに、小人は大きくゆれて部屋の隅から隅までふっとんだ」。ついにあごひげが、ぶらさがった小人の重みにたえかねて切れ、小人はあごひげをそっくり残して、黄泉の国に逃げ帰った。兄弟たちは小人のあとを追い、黄泉の国の入口を見つける。[20]

もしこの「メルヒェン」だけに基づいて判断するなら、導入パターンのなかに夢の要素があることは大いに考えられる。主人公の分身である兄弟二人は眠り込み、何が起こったかさっぱり見当がつかないが、主人公は目をさましている。すなわち、自分が見た夢を覚えているのだ。ありとあらゆることが、この夢の話のなかで起こる。二番目のパターンでは、兄弟は仲間でもあるが、彼らは眠りこむかわりに気絶してしまう。これらの変更は些末なことだから、夢の性格や全体のエピソードがこれでわかりにくくなることはないだろう。さらに、レストナーは神話の起源を考察したその名著に、この「メルヒェン」のエピソードに類似した神話をいくつも収録している。そうした神話では、小人はアルプ（悪夢）と呼ばれており、したがって、エピソードも悪夢の本来の性質を表わしている。また、「熊の息子」モチーフの「武勇伝」版には、小人のかわりに熊が登場し、悪夢の熊を別の熊の力を借りて追い払う話があるが、きわめて意味深い。この民話の主人公はもともと熊の息子で、獣の父親からとてつもない力を受け継いでいる。[21] ラップランド人によれば、ふたごは熊の息子たちで、熊狩りにはとびぬけた才能を発揮するという。[22]

どうやら、しだいに核心が見えてきたようだ。まえに述べた臨床的素材と神話的素材は、小人が男根の象徴であることをはっきり示している。もっと正確にいえば、小人は父親のペニスを象徴しているのである。[23] そういうわけで、この悪夢には二種類のタイプがあることになる。主人公の「弱い分身」、つまり不安の象徴である仲間たちの見る夢は、受動的な同性愛の夢になる。父親のペニスが夢を見ている人に迫ってくるのである。[24] それでも英雄は英雄であり、もう一つの「英雄譚」タイプでは、完全には不安に歪曲されきっていない願望充足の形を見ることができる。つまり、息子が両親の性交（薪に挟まれたあごひげや前足、部屋の端から端まで飛ぶ小人）を目撃し、父親を去勢する（ひげをなくす）のである。ハンガリー版に登場する長いあごひげのちっぽけな小人の名前は、この解釈を十分に裏付けるものだ。ある類話では、小人はヘツィング・サカル・カパニェル・ファス（七フィートのあごひげと、鍬の柄のペニスを持つもの）と呼ばれている。[25]別の類話では、ヘツニュ・カパニャニモニョクという名前になっている。[26]ヘツニュは、実はヘット・シング・サカル、すなわち七尋《ひろ》のあごひげを持つ者という意味だ。名前の後半部はさらに重要である。モニは、古代ハンガリー語で睾丸を指す。モニョクはその複数形である。カパニャニは二つのことばを約《つづ》めたものらしい。カッパニは去勢されたオンドリ、アニャニは母親に属するもの、という意味だから、「母親のせい、つまり原光景のせいで去勢されたオンドリ」ということになる。

この「メルヒェン」では、王の庭から果実を盗むものや、謎の小屋の小人は、あの世の敵対者と同一視されているが、類話のなかには、この原形をとどめているものもあれば、そうでないものもある。すなわち、兄弟や仲間が主人公のある側面を表わしているのと同じように、小人が龍を象徴している類話も存在するのだ。ユーゴスラヴィアのスラヴォニアの類話には、望まぬ夫である龍から主人公の手で救われた王女が、実は主人公の妹だったという話がたくさんあるし、ロシア版やレット族版には、主人公が母親の救出に黄泉の国まで行くものがある。[27]黄泉の国からの帰還は、下降のときとまったく同じで、主人公は超自然の鳥に連れかえってもらうのだが、それには自分の肉の一部を餌として与えなければならない。彼は自分の脚の肉を少し切り取るが、地面に降りたときには、傷は奇跡的に癒えている。こうして、花嫁（妹、母親）を探す黄泉の国への下降は、去勢コンプレックスに始まり、去勢コンプレックスに終わる。[28]下降、上昇、そして飛行は、勃起の典型的な夢表象である。

しかし、これで終わったわけではない。黄泉の国で何かが起こる。アルバ〔スコットランドの古称〕からきた兵士の息子ジェインは少女に訊ねる、「どうして泣いているのか」。彼女は答える、「あと一晩したら、巨人と結婚しなければならないのです」[29]。おそらく、黄泉の国で起こる出来事とは、実は、ヒロインと巨人ないしは龍との結婚なのだろう。それも、夢のテクニックとしてはあまりない形で歪曲されたもの、すなわち、性交を闘いに変え、夢を見ている人をヒロインに置き換えたものとして。この推測は、二つの特徴によって裏付けられる。「王の庭」タイプの導入パターンでは、鳥あるいは巨人（＝王、父親自身）は、リンゴの実が熟すと同時に、毎晩盗みにやってくる。自分の木からリンゴを盗む王、それは主人公が夢の中で見ているものなのだ[30]。黄泉の国の場面では、龍はしばしば自分が来たことを知らせるために、門のところで棍棒を振るって、門を打ち壊す。城や小屋はさらわれた王女自身であり、門を壊す棍棒は彼女が恐れていること、巨人や龍と「結婚させられる」ことにほかならない。

したがってこの物語は、その潜在内容において「原光景」の説明とみなすこともできよう。象徴しているのは「回る城」と同じものだが、同じ場面はここでは違ったテクニックで処理されている。「回る城」のモチーフにおいては、人間としての両親は欠けており、部分的な物体（脚と城）がある。そして、性交が永遠につづくものとして表わされている。物語自体では、同じ体験は分身形成というテクニックによって、さらに完璧に遂行される。父親＝巨人は自分のものである果実を盗み、龍は主人公の母親（妹、花嫁）をレイプする。そして、この場面を目撃した主人公は勃起し（下降と上昇、飛行)、父親を去勢したいと願う(小人。龍の頭の切断)。同時に、自分の攻撃性の同害報復的な罰(肉片。脚の切断)を恐れる。今まで聞いたこともないこと(両親の性交)が起こりうる世界は、黄泉の国(無意識)、つまりありのままの現実とはまったく異なった世界なのである。

本論の出発点は、「龍の家族」型の民話だった。そして、詳しく見てきた結果、この物語を構成しているモチーフから任意に選んだ「回る小屋」は、まさしく「熊の息子」話型の構成要素であることがわかった。少なくとも、ハンガリーにおいてはそうだった。だがいずれにせよ、このモチーフは、「龍の家族」物語にもかなり頻繁に見いだされることがわかっている。二つの民話には、少なくとも一つの共通要素がある。次々に頭の数が増えていく龍たちとの闘いである。「熊の息子」の話では、黄泉の国への下降があった。「龍の家族」では、黄泉の国の代理役を担うのは、龍の家族の女性メンバー、とくにもう少しで主人公を呑み込むところだった龍の母親といえるだろう。また、いくつかの小さな特徴も考慮に入れるべきだ。どちらの話型でも、主人公は鍛冶屋に弟子入りする。あるいは、鍛冶屋が保護者であり、迫害者でもあるアンビヴァレントな役割を担う。これらも細部における興味深い一致である。もちろん、これらを単なる偶然の一致か、二つの型が融合したせいだと見ることもできるが、もともとの関係の名残りである可能性も否定できない。おなじみの小人は「龍の家族」の話でも、「熊の息子」の話でよく現われるのと同じ場所に姿を見せる。ロシア版では、主人公は川にやってくる。川のほとりには小屋があり、そこで彼は、指一本分の背丈しかないのに、口ひげは七ヴェルスタ〔ロシアの昔の距離の単位、一ヴェルスタは約一・〇六キロ〕もある小人に出会う。小人は言った、「馬をわしにくれ。もしおとなしくよこさないなら、力尽くで奪うぞ[31]」。「龍の家族」型の典型的なエピソードは、最後の龍との闘いで主人公がカラスに助けられることだ。カラスは褒美めあてに力を貸すのである。「熊の息子」話型のハイランド版では、主人公は一口分の噛みタバコめあてのカラスに助けられる[32]。どちらのタイプでも、龍は帰宅を知らせるのに棍棒を家に投げつける[33]。龍はまだ生まれていない主人公に征服されるのだが、その出現は龍や怪物によって予知されている。ロシア版「龍の家族」では、怪物が橋のたもとで自分の馬に向かって言う、「なぜ、つまづいたりするんだ。おまえを殺してカラスの餌食にしてやるぞ。敵の匂いがするのか。わしらにはたった一人しか敵はいない。「嵐の英雄」と「雌牛の息子」だ[34]」。同じ話型のハンガリー版では、龍がこう言う。「我が生涯で、わしはずっと小ミクロスのうわさを聞いてきた。もしあいつがここにいるなら、わしはあいつと闘いたい」。そして同じ物語のなかで、鉛の僧は次のように語る。「やあ、わが友、小ミクロス、わたしはずっとまえから君のうわさを聞いていた。長いこと、君の来るのを待っていたよ。ついに来てくれたね」。ハイランド版「熊の息子」では、「風下かと思えば風上にいる。いや、わしの戦闘用の鎖を動かすことのできるおまえ、四方を茶色い境界に囲まれた冥界のなかにいるおまえは、誰あろう、アルバから来た兵士の息子、若きジェインだな[35]」。

一つの民話の類話はふつう何百という数にのぼるが、これをすべて収集するのは実に時間のかかる作業である。この作業は「熊の息子」のケースでは、有能な民俗学者たちによって行なわれてきたが、「龍の家族」についてはまだ手が着けられていない。わかっているのは、この話型がヨーロッパの東半分に限定されていて、ハンガリー、ルーマニア、クロアチア、スロヴァキア、チェコ、ウクライナ、ロシア、ツワッシュ、ヴォグル族の類話があるということだけだ。[36] ソイモッシは、この物語がもともとウラル・アルタイ語に属し、ウラル・アルタイ語族からスラヴ族に伝播したことを証明しようとしている。メスザロスやムンカツィが収集したツワッシュやヴォグル族の話を一見しただけで、文学の一形態としての「メルヒェン」がこれらの人々にとって異質なものであり、それらが隣国ロシアから伝わったものであることは、誰もが納得するにちがいない。[37] いかにも「龍の家族」の話らしい特色は、主人公と超自然的な敵対者との闘いが格闘技によって決定されることだ。主人公は龍を地面に投げつけ、龍は足首まで土にめりこむ。それから龍は主人公をつかまえ、主人公は腰まで土にもぐってしまう。それが交互に繰り返される。これはロシアの民話だけでなく、英雄詩にもみられる闘いの典型的な描写である。[38]「龍の家族」の話の導入パターンは、太陽、月、星が龍に拉致され、国がずっと闇に包まれるというものだ。王女や馬が天体の代わりになることもあり、それらは太陽や月とも同一視される。一部の場所、「とくに小ロシアでは、魔女は雨や露だけでなく、月や星までも盗んで隠してしまうと言われている」。とりわけ、冬至と夏至のコリャダとクパロの祭のときにそうするのだという。[39]

さて、このへんでプロットの分析に移ろう。主人公は二種類の敵ないしは敵の集団と闘わなければならない。一方は男、もう一方は女である。主人公が龍と闘うとき、彼の分身である兄弟たちはぐっすり眠りこんでおり、闘いは長いあごひげの小人（あるいはババ・ヤガー）の悪夢的なエピソードから始まる。どうやら、この場面は夢のエピソードらしく、太陽、月、星が「盗まれる」という「ユーモラスな」事情が意味するのは、光が消えたということ以外の何ものでもない。光が消えたということは、今起きていることを誰も見ることができないということだ。したがって、主人公が何か禁じられたことを目にしたのではないか、この場面は夢の原材料、つまり潜在内容ではないか、と思われるのである。これはかなり信憑性がある。というのは、物語の後半で主人公は、実際にこれまで気づかなかったことを見聞きするからだ。彼は、龍の母親と妻たちが主人公と兄弟たちをどうやって殺そうかと語りあっているのを、ハエや猫になって盗み聞きするのである。いずれの場合も、彼女たちは主人公たちの心をそそるものに変身するのだが、その誘惑には危険な罠が隠されている。主人公やその分身たちを脅かす危険や誘惑が女性からきたものであることを考えれば、この誘惑の本質を見誤ることはよもやないだろう。ハンガリーの類話に、龍の母親が実は主人公の妻であるという話が二話あるのだが、これで確信も倍化するものだ。[40] 先のロシアの話では、龍は主人公に訊ねている、「おまえはわしの娘（あるいは妹）と結婚するためにきたのか」。これは、龍の女たちが、主人公が実際に結婚する女の分身であることを示しているように思われる。主人公が小柄なことは、たびたび物語のなかで強調されている。彼は龍の馬がつまづいたとき、橋の下に隠れていた。最初の類話では、この場面に相当するエピソードは、魔女が遣わした踊る水差しだった。主人公たちは、これを見てはいけないことになっている。分離と分身形成のテクニックは「メルヒェン」の主要な手法である。多くの類話の陰に隠された一つの意味を発見し、分けられていたものを一つに統合することで、潜在的な意味を復元することができるのだ。

主人公と龍との闘いではなく、かくまわれた主人公が龍の、つまり男女の「闘い」——性交の場面——を目撃するということを読みとらなければならない。恋の成就のために敵対者と闘う幻想は、臨床分析においてはしばしば性交の代用品として出現し、「原光景――闘い」の概念から派生していることが多い。そこでは子どもたちは父親や母親のどちらかの役を演じる。したがって、物語全体の核心は、「熊の息子」型の核心と同じである。若き主人公が困難を克服し、妻を得るというものだ。彼が闘わなければならない敵対者は、幼児期のトラウマとしての原光景に由来する。ロシアの一部の類話には、ブリュンヒルデ－ジークフリート－グンターと同じ人物配置になっているものがある。主人公の兄弟である王子は、王女と結婚するが、彼女が強すぎて、破瓜《はか》を行なうことができない。主人公が身代わりになってつとめをはたすが、王女はだまされたことに気づき、彼の両脚を切断させる。最後に彼は脚を取り戻し、いつものハッピーエンドとなるわけだが、王女を征服するために、海の精である祖父のもとに飛んでいく彼女のあとを追い、王女の祖父を殺す(41)。祖父の海の精は明らかに龍の近親であり、したがって、孫娘は、龍の家族の女たちの近親ということになる(42)。だが、本当に興味深いのは、ここでも「傷つけられた脚」(去勢)が「熊の息子」型と同じようにハッピーエンドの前に出てくることだ(「熊の息子」型では鳥の背に乗ってこの世へ上昇するとき)。どちらのプロットも、原光景、去勢不安、最後には結婚という同じテーマを発展させたものである。

ソイモッシは、この話型だけでなく、ほかの東欧メルヒェンのなかにも、彼が「謎めいた人物」と呼ぶ男女一名ずつの登場人物がいる事実を強調している。ここでは、彼らのことをむしろ個人として語るべきだろう。すなわち、メルヒェンのプロットにおける定型的な登場人物に比べてもっと個性を際だたせた神話的な存在として扱うべきなのである。

こうして、ふたたびババ・ヤガーのところに戻ってきたわけだ。ハンガリー版では、彼女は鉄の鼻を持った老婆と呼ばれ、回る城の女主人でもある。ジプシーの「強い兄弟たちと二人の王女」では、「マシュルダロ」（人食い巨人）は、主人公たちの起こした火のそばにいつも坐り込んでいる。兄弟たちはマシュルダロを殺し、そのあと太陽のように輝く髪を持った老婆に出会う。彼らは老婆に訊ねる、「どうして、おばあさんの髪はお日さまみたいに金色に光っているんだい」。「わたしはね、昼と夜とをこの世にもたらしているんだよ」と老婆は答えた。「ぼくたちは、仕事が終わるまでは夜のままでいてほしいのさ」。彼らはそう言うと、老婆を木に縛り付けた[43]。この老婆は、次にあげるロシアのババ・ヤガーの遠縁にあたる。

「美しいヴァシリーサ」は、亡くなった母親が遺したお守り代わりの人形を持っていた。冷酷な継母は、家の中に火がなくなったので、ヴァシリーサに、ババ・ヤガーのところに行って火を取ってこいと言いつけた。ヴァシリーサが森の中を歩いていくと、馬に乗った男が通り過ぎた。男は白い服に身をつつみ、馬も手綱も真っ白だった。それは「昼」だった。赤い馬に乗った赤い騎士は、「日の出」だった。彼女がババ・ヤガーの小屋にたどりつくと、黒い騎士が黒い馬でやってきた。これが「夜」で、三人の騎士はみんなババ・ヤガーの家来だったのだ。ババ・ヤガーの小屋のまわりの柵は人間の骨でつくられ、その骨の上にはうつろな眼窩をみせた頭蓋骨が載っていた。戸の蝶番《ちょうつがい》は人間の足、閂《かんぬき》は手、そして錠は鋭い歯をむき出しにした口だった。黒い騎手は、門の真下で姿を消した。大地が彼を呑み込んだとたん、あたりは夜の帳《とばり》に包まれた。だが、闇は長くはつづかなかった。すぐに頭蓋骨の目がいっせいに光りはじめ、草原に光が満ちあふれたからだ。ヴァシリーサはそこに立ちつくしたまま、恐ろしさにふるえていた。すると、恐ろしげな物音が森から聞こえてきた。木々が折れ、葉がこすれあう。ババ・ヤガーが臼《うす》に乗り、空を飛んで帰ってきたのだ。彼女は棍棒を鞭代わりに使い、箒で掃いて足跡が残らないようにしていた。「そこにいるのは誰だね。ロシア人の匂いがするよ」。ババ・ヤガーは言った、「あたしです。おばさん。継母の娘たちに、火を取ってこいと言われたんです」。ヴァシリーサは、ババ・ヤガーに三人の騎士のことを訊ねた。ババ・ヤガーは、「家の中にあるもののことを聞かなかったのは幸運だった。さもなければ、おまえを食べていただろう」と言った[44]。

これは、夢の国の様子をありありと目に浮かぶように物語ったものだ。夜が訪れると、新たな恐ろしい光景が目に入る。死人の頭蓋骨から輝きわたる光だ。この夢の光景の内容はいったい何だろう。それは空を飛び、不思議なことを行なっている母親なのだ。子どもは、母親になにも訊ねないほうがいい。さもないと食べられてしまうかもしれないからだ。この変化する母親という概念は、「昼」と「夜」は時間そのものであり、母親の家来にすぎないということの本質的要素となっているようだ[45]。

これらの存在すべてに共通の特徴は、足や歯、鼻や髪型が変わっていることだ。ルーマニアのババ・コアジャは、長いガラスの鼻と鉄の一本脚、真鍮の爪を持っている。彼女のハンガリーの姉妹ヴェショッル・ババ（鉄の鼻の産婆）は鉄の鼻か一本の鉄の歯。セルビアの姉妹も鉄の歯を一本持っている。ドイツの民話では、悪夢の化身である小妖精は長いカギ鼻を持ち、ペルヒタは鉄の鼻か大足、ババ・ヤガー自身は、木の一本足か、鈎のような一本足と、鉄の歯、「彼女の小屋の天井を突き抜ける長い鉄の鼻」を持っている[46]。もじゃもじゃの髪、頭には角を生やしているか、ミルク桶をかぶっているというのが、こうした魔女や超自然の存在すべてに共通する特徴である。

ハンガリー語で出版した拙書のなかで私は、これらの属性はどれもペニスを表わしており、全体の光景は「ペニスを持った母親」というおなじみの概念だと説明した。(47) クリスマス・イヴに角の生えた魔女を目撃した村の少年は、実は原光景を目撃し、両親の性行為を盗み聞きしていたのである。(48)「ペニスを持った母親」は「乳首のある母親」だが、原光景においては父親のペニスも備えている。(49) わたしの患者の一人は、次のように考えた。すなわち、ヴァシュ・オッル・ババ（鉄の鼻の老婆）はファス・オッル・ババ（ペニスの鼻の老婆）が転化した形だと。これは言語学的にいえば明らかに間違いなのだが、彼自身の恐れや幻想の観点からみれば、十分正しいのである。この鉄の鼻をペニスと解釈することを裏付ける材料は、ほかにもある。しばらくまえ、ヴォーゴー神父はハンガリーのビハール郡からわたしに手紙をよこし、これまでレズ・ファス・バゴイ（真鍮のペニスを持ったフクロウ）のことを聞いたことがあるかと訊ねてきた。神父のお母さんはよくこう言ったのだそうだ、「屋根裏部屋に行ってはいけませんよ。真鍮のペニスのあるフクロウに食べられちゃいますからね」。さらに調べてみると、ハンガリーのほかの地域からも、これを裏付ける証言がいくつか得られた。ザラ郡一カ所だけだが、鬼の名前が「鉄のペニスのフクロウ」の代わりにレズ・オッル・バゴイ（鉄の鼻のフクロウ）だというところがあった。これは単に似ているだけではなく、まったく同じものではないかと私は思う。つまり、真鍮の鼻やペニスを持った鳥と、鉄の鼻を持った老婆は形こそ違え、まったく同一人物にほかならないのだ。(50)「真鍮の」と「鉄の」とが入れ替え可能な修飾語であることは、疑いがない。「フィンランド、ラップランド、ヴォグル族のことばで、言語学的にみてハンガリー語の鉄（ヴァシュ）に相当するものは、これらの言語では真鍮を意味する」からだ。[51] アルタイ語族や、ほかの中央アジアとシベリアのチュルク語族の民話には、ロシアのババ・ヤガーに相当する、真鍮の鼻を持った老婆が登場する。[52]

中央アジアのキルギス族には、夢魔がいる。美しい娘で、眠っている人に真鍮の爪で摑みかかるのである。[53] フクロウと魔女は相性が良く、魔女はよくフクロウの姿で現われる。[54] ロシアのチュマーは、疫病が女に化身したもので、フクロウの姿で犠牲者を襲う。[55]

奇妙な鼻や足を持ち、恐ろしい獣や女の姿をした超自然的存在は男根的母親であり、彼女の男根的性質は原光景に由来している。「龍の家族」話型においては、男の超自然的存在の役割は龍の母親やババ・ヤガーの役割と一致するが、ときには相反することもある。それでは、男の超自然的存在の性質を見ていくことにしよう。

花婿の付添人が祝宴の席で朗唱する詩は、実際のハンガリーの結婚式に欠かせないものの一つだ。一八〇五年、ハンガリーのケチケメートで行なわれた結婚式で朗唱された韻文の一つに、「龍の家族」物語の要素が見いだせる――

昔、地下のなにもない場所で、
真鍮の城が宙に浮かんでいた。

ソイモッシの調査をみると、空中に浮かぶ城は「回る城」のテーマの異型であるように思える。[56]

この森の持ち主は、背の高い「ツィング」の人。
彼は、芽を出した麻くらいの大きさで、
その妻は「鉄の鼻の産婆」だった。
二人は太陽と月と馬を持っていた。

太陽と月と馬はその後、鋼鉄の鍛冶屋に盗まれるが、魔女、つまり鉄の鼻の産婆によって取り戻される。(57)これは、明らかに龍の家族のプロットの登場人物たちである。唯一の例外は「ツィング＝エンバー」で、彼はおそらく「ヘット・シング」(58)――熊の息子の話でおなじみの小人であろう。彼と置き換えられる登場人物は、さまざまな名前で呼ばれている。いちばん一般的な名前は「オロムフェジュ・バラト」か「オロム・バラト」で、「鉛の頭の友人」、あるいは「鉛の友人」という意味だ。ここで友人と訳された「バラト」ということばは、「修道士」を意味することもあるので、現代の語り手と聞き手だったら、おそらく、こちらの意味を物語と結びつけるだろう。このほか、「大鼻の友人（あるいは修道士）」と「カンバラト」（雄鹿、つまり男の友人）という名前もある。この二つは重要だ。というのも、物語のなかでは、男の謎めいた存在から女の謎めいた存在に焦点が移されているし、「男性性」と「大鼻」という類似の属性が見いだせるからである。ほかの名前のグループでは、「修道士」や「友人」は狼であり、金属の属性がふたたび出現して、「鉄の頭の狼」や「真鍮の狼」といった名前が見られる。(59)この類似もまた衝撃的だ。幼児期のしつけに使われる

「真鍮のペニスを持ったフクロウ」を、民話に登場する真鍮の頭をした狼や、真鍮あるいは鉄の鼻を持った老婆と同じとみなすなら、とくにそうだ。どちらの場合も、男根象徴としての鼻や頭を持つ人間や獣の姿をした超自然的存在が登場し、金属（鉄、真鍮、鉛）への言及がある。

さて、「鉛の友人」という名前もわかったことだし、今度は、その行動をみていくことにしよう。「熊の息子」と「龍の家族」の類似点を合わせた物語の主人公は、ミレットと呼ばれている。彼は、一般に英雄的行為と言われていることをひと通り経験すると、こう宣言した。「世界広しといえども、俺さまより偉大な英雄は一人もいない[60]」と。だが、彼の父親は答える、「おまえは鉛の頭の友人に弟子入りすることさえできまい」。そこでミレットは、魔法の馬を持った御者の召使になった。彼のつとめは、世界でいちばん美しい女性を主人のもとにつれて来ることだった。ミレットが鉛の頭の友人の城に入るには、まず、城のまわりを何回か回らなければならない。これは明らかに「回る城」のモチーフの置き換えである。彼は鉛の頭の友人の一張羅を着込んで、「世界一の美女」に求婚にいく。美女はミレットに訊ねる、「わたしを誰のために連れてゆくの？　あなたのため？　それとも誰かほかの人のため？」彼は、あなたをわがものとしたいのだが、鉛の頭の友人の力には太刀打ちできないのだ、と答えた。美女は、鉛の頭の友人の力が何に由来するかを探り出そうと決意する。ある森の中に草原があり、草原の中に泉があった。一頭の鹿がその泉に水を飲みにきた。鹿の中には鳩が、鳩の中には卵が、卵の中にはスズメバチがいた。このスズメバチが鉛の頭の友人の、力の源だった。ミレットは動物たちを撃ち殺し、卵を割った。中から一匹のスズメバチが飛び出してきて、「友よ、友よ」と叫ぶと、「世界一の美女」の口に飛び込んだ。そこで美女は、ミレットの口の中にスズメバチを入れてやった。

また、ハンガリーのショヨー谷に伝わる民話は、太陽の誘拐と解放のプロットをもつ典型的な「龍の家族」型である。すべての危機を克服したあと、主人公は巨大な口に追いかけられる。その上顎は空まで届き、下あごは地面にくっついていた。これは龍たちの母親で、つむじ風のような速さで近づいてきた。そこで主人公は、間一髪のところで鉛の修道士の家に駆け込んだ。二人は戸口のところで、地獄の扉のように開いた大口に鉛を注ぎ込み、老婆を殺した。興味深いのは、この修道士の名前にヒントが示されている点だ。というのも、主人公の盟友として「鉄の鼻の魔女」の口に鉛を注ぎ込むのは、ふつうはもう一人の「謎の」人物「オルザグ・オヴァサ」（国いちばんの鍛冶屋）だからである。おそらく、この二人はもとは同一人物で、「オロム・バラト」は、まさにこのエピソードから「オロム・オント・バラト」（鉛を注ぐ友人）という名を得たのだろう。鉛の友人の次の行動は、次のように言うことだった。「さて、良き友人である小ミクロスよ。きみの名声はずっと聞き及んでいたよ。さあ、どちらが強いか、闘いで決着をつけようじゃないか」。これは、ほとんどの類話で龍が言うことばそのものだ。そこで、鉛の友人と龍もまた同一人物なのではないかという疑いが頭をもたげる。主人公は鉛の友人に敗れてしまい、「緑の王の緑の娘」を連れてくるまで彼の奴隷をつとめることになる。鉛の友人の体の外にある魂と死のモチーフは、先の話と同じである(61)。別の類話では、鉛の友人は男の友人あるいはカンダラト（修道士）と呼ばれている。ヒロインはトゥンデルセプ・イロナ（妖精のヘレン）、妖精の国の女王で、ゾルドメゼジェジ（緑の草原の男）は最初は敵だったが、主人公に負かされて味方になる。この巨人の魂と死が体の外にあるというのは、前述の話と同じだ。この物語はどちらかというと逸脱していて、主人公は「英雄的行動」を追求するが、彼の父親は、まだやることがあると言いつづける。[62] また、「龍の家族」話型の別の類話では、鉛の修道士は出てこない。代わりに、その女性版である年老いた龍の母親が登場する。龍の母親は、この類話では主人公の妻でもあるのだが、遊離可能な自分の魂を通じて殺されてしまう。[63] タサルソセントジョルジに伝わる「龍の家族」型の物語では、主人公は鉛の友人と出会うと、「はじめまして、おじいさん」と挨拶する。鉛の友人は答えて言う、「おまえがわたしをおじいさんと呼んだことを、おまえの運に感謝するがいい。そう呼ばなければ、おまえは死ぬところだった」。二人は格闘するが、「灰のジョニー」（主人公の名前、ハム・ヤンコ）は、力がみじんも残っていないことに気がつく。鉛の友人がすべて奪い去ってしまったからだ。ジョニーは言う、「親愛なる父よ、わたしの力を返してください」。「妖精の女王ヘレンを連れてきさえすれば、返してやろう」と鉛の修道士は答える。[64]

別の話型にも、同じ人物が登場する。こんな具合だ。父親から追い出された貧しい少年が老人と出会い、クルミの実をもらう。クルミの中からは、牛と馬が次々に出てくる。その牛と馬を、鉄の頭の男が家まで連れ帰ってやるという。ただし一つ条件があって、絶対に結婚しないと約束しろというのだ。少年は家に戻り、牛や馬のおかげで金持になるが、約束を破ってしまう。鉄の頭の男が窓からのぞきこんだので、主人公は馬に乗って一目散に逃げ出す。主人公は逃走中、いろいろな老婆に助けられ、それぞれ「大地の重さ」、「鉄の怪力」、「地獄耳」という名の三匹の犬を手に入れる。犬たちは鉄の頭の男を八つ裂きにし、主人公は金の髪の娘と結婚する。[65] ハンガリー中北部のエゲルに伝わる潤色版（「忠実なヨハネス」型）では、白い鉛頭の修道士はヒロインと婚約しているが[66]、トランシルヴァニアの同じ型の話では、鉛の修道士は世界一の美女の父親という設定になっている[67]。先に述べたハンガリーのチョーングラード郡の話のように、主人公が結婚しないという条件で、鉄の頭の狼が助ける類話は多い[68]。「龍の家族」の話のロシア版には、一般に主人公の幸福をさまたげる同様の障害は見あたらない。龍の母親が死んだあとは、すべてめでたしめでたしなのだ。ところが、別の修道士が出現する。これは老人か、あるいは海の支配者で、主人公の花嫁の祖父である。「龍の家族」物語の北ハンガリー版では、妖精の女王を妻に所望し、「体外の魂」を通じて殺される男（ふつうハンガリー版では鉛の修道士）は、「海の男」と呼ばれている[69]。別のハンガリーの類話では、「鉛の修道士」の役どころは「鉄の鼻の女」と呼ばれ（男なのだが）、主人公が湖に水を飲みにきたところをつかまえる。要するに水の精の役を演じているのだ[70]。このタイプのスラヴ版で、これに相当するのは、一般に「魂のない王」[71]、あるいは不死身のコスチェイである。また、ハンガリー版のなかには、足枷をはめられていた怪物が水などの液体の一しずくで解放されるものもあるが、どんな場合でも、男の怪物は主人公が望むのと同じ女性を求めるか、主人公が結婚しないという条件で彼を助ける設定になっている[72]。

コスチェイは「コースチ」（骨）から来ていることばで、おそらく、骸骨のことを指していると思われる。死は一般に骸骨や幽霊として表わされており、確信をもって言えることは、彼らは不死身だということである。「死神」が、ババ・ヤガーとともに白系ロシアの民話に実際に登場することはすでに見てきた。だから、もとの民話では、コスチェイとババ・ヤガーが、あるいは男女の死人が夫婦だったということは、十分に考えられる。[73]

主人公は、鉄の鼻の女、あるいは鉄の頭の男と出会うとき、挨拶の仕方をちゃんとこころえている。それは、そのときに応じて、「おはよう、お母さん」であったり、「おはよう、お父さん」であったりする。[74] ヘヴェシュ郡の民話では、鉄の男の代わりをつとめるのは龍たちの父親である。彼の妻は、龍たちの母親、別名、鉄の鼻の魔女である。[75] ハンガリー南部のセゲド地区の民話「魔法の馬の闘い[76]」は、次のような印象的かつ教訓的な形で、分身形成のテクニックを用いている——。

ある女性が一度に十二人の赤ん坊を生んだ。全員が男の子だった。父親はあまりの数の多さに仰天して、森に逃げ込んだ（子どもが父親〔鬼〕を怖がるという、ふつうの潜在的な物語のパターンとは、まったく逆である）。大きくなった十二人の兄弟は、どこかに自分たちの妻となるように定められた十二人の女の子を生んだ女性がいるはずだ、と言って、その女性を探しに旅に出る。彼女がオルドンゴス・ヴァン・アッソニ（悪魔の老婆）で、「鉄の鼻の産婆」の異名がある（十二人の赤ん坊を生んだ二人の女性は同一人物。母親＝鉄の鼻の産婆）。兄弟たちの十二頭の馬は老婆の十二頭の馬と役目を交換し、彼ら自身も老婆の十二人の娘と入れ替わる。老婆は兄弟たちを殺そうとするが、彼らは娘たちと入れ替わって逃げ出す。老婆はそのあとを追いかけるが、逆に殺されてしまう。いちばん下の弟は一人で旅をつづけ、タブーの品物を手に入れたあと、ナジョール・バラト（大鼻の友人）の家にたどりつく。この友人の鼻は、誰もが思わず目をそむけるほど醜かった。末弟は、この大鼻の友人に、「悪魔の老婆」の金の髪の娘を連れてこいと命令されるが、最後に年老いた大鼻の友人を殺すことに成功し、金の髪の娘と結婚する。[77]

これで、鉄の頭の友人の意味はよくわかった。したがって、この「メルヒェン」のプロットにおける二人の謎の存在の正体は、父親と母親だということになるわけだが、そうなると真っ先に気がつくのは、二人の接触回数の少なさである。ときには二人が夫婦として描かれていることもあるが、たいていは一カ所でしか顔を合わせていない。それは「鉛を注ぐ修道士」、あるいは彼の別名の「鍛冶屋」が、鉛か何かを老婆の口の中に注いで（あるいは、主人公が注ぎ込むのを助けて）、老婆を殺すときなのだ。いつもの夢のテクニックによってワギナを口に置き換えれば、この物語が何を象徴しているかを見誤ることはないはずだ。つまり、「回る城」そのものと同じに、全体のプロットも原光景を中心に回っているのである。それは、(a)王の庭の場面から始まる。怪物（王自身）が王のリンゴを盗みに毎晩やってくる。これが夢の性質を帯びていることは、分身たちの眠りによって示されている。原光景そのものを、息子は漠然とした敵意で受け止め、父である怪物に傷を負わせる。その怪物の同衾は不義であり、破壊的なものだ。また、(b)小人とのからみから物語が始まることもある。同性愛的要素は、小人との悪夢（夢魔）的な体験をもつ二人の兄弟によって象徴されている。部屋に入ってくる小人は、母親の中に挿入される父親のペニスである。(a)(b)どちらの場合も、中心的な要素は、龍との闘いである。ここでは原光景は、たとえば、城（女）がオンドリの足（男）の上で回る、帰宅した龍の棍棒が門を突き破る、龍の馬が橋の上でよろける、というように部分的な物によって原初的な形で表わされているのかもしれない。そして、ふたたび息子が母親に取って代わる。すなわち、龍と主人公が格闘し、互いに相手を地面に叩きこむ。「熊の息子」型では、このあと黄泉の国からの上昇がつづき、前の場面で息子に部分的に取って代わられた母親は

（王女や小屋などの姿で登場してはいるが）、この場合は大きな鳥の姿をとっている。そして去勢不安は、口唇的不安や、落とされはしないかという幼児的不安と結びついている。

もう一つのパターンでは、危険の女性的要素が、物語の後半の主題を形成している。ベッドや泉、果物の木、カップ、小屋に変身した龍の妻たちは、もし剣で斬りつけた主人公がいなかったら、主人公ほど強くない分身たちに死をもたらしていたことだろう。このエピソードは、主人公の本質を側面から解明してくれる。彼のつとめは性交、彼の危険は去勢不安、武器はペニスで、その原動力は加虐的な衝動である。最後に、最大の危険は龍たちの母親によって象徴される。大きく開いた口は巨大なワギナであり、煮えたぎる鉛や金のような熱い物質は肛門的尿道的な性格をもち、彼女を殺す武器として使われる。鉄の鼻の魔女である龍の母親自身、男根的母親であり、原光景の「象徴的な」あるいは省略化された表象なのだ。物語の結末で、別の男根的存在――今度は父親の象徴が登場する。一部の類話では、鉛の頭や大鼻を持った人物は龍たちの父親だが、彼の主人公との関係は、龍との関係とはまったく異なっている。龍の構成要素のなかで、不安、すなわち、同衾中の父親はもっとも主要な要素だが、「友人」のなかには、一般的な意味での父親らしさがもっと見いだせる。もっと専門的にいうと、物語のこの箇所は、超自我形成の過程を映し出しているのである。この謎の人物は主人公の味方だが、同時に敵でもある。彼の援助は、ある種の禁止に関連して与えられる。なかでもとりわけ目立つ禁止事項は、主人公が結婚してはいけないということである。

強迫神経症のタブーは、超自我の不安から自我を守るためのものだ。タブーを守らないと、狼や龍は逃げだし、主人公を破滅させようと脅かす。鉛の友人は、主人公に足かせや鎖をつける。主人公が緑の王の緑の娘を連れてきてはじめて、足かせと鎖がはずれるのである[78]。この超自我の機能の象徴は、主人公の求婚に結びついている。超自我の束縛から主人公が抜け出す助けとなるのが、対象愛――比類なき「世界一の美女」である。美女はたびたび彼に訊ねる、「あなたがわたしに求婚するのは自分のため？　それともほかの人のためなの？」　美女を訪ねる旅は、超自我の観点からは、謎の人物の命令を果たすこととして偽装されている。この謎の人物ないしは王が、主人公に世界一の美女への求婚にいかせるのである。最後に主人公は、分離可能な魂のモチーフ（ほかの類話では「ミルク」のモチーフ）によって謎の人物を殺す。これらの物語では、世界一の美女を連れてくるという課題は、いくつかの象徴的な形でしばしば繰り返される。それは、金の小鳥や雌馬、超自然的な種馬の一群を連れてくることだったりする。美女は、二人に雌馬の乳を沸かした若返りの風呂に入るように言う[79]。主人公は無事にこの課題を乗り切るが、年老いた王にとって、それは死を意味していた。対象愛は、幼児期の口唇的傾向（ミルク）に基づいており、年老いた王にはできないことが一つあった。それは若返ることだったのである。

このタイプの物語のなかには、鉛の友人が「大鼻の友人」と呼ばれているものがある。こうして、またしても鼻の主題に戻ってきたわけだが、その話には、もう一人の「謎の」人物が登場する。「スプーンを持ったスロヴァキア人」で、主人公の実の父親である[80]。

ところで、太陽と月と星はいったいどうなったのだろう。先に述べたトランシルヴァニアの物語では、三番目の龍が殺されたあと、ふたたび光が戻ってくる。主人公と龍は炎となって燃え上がり、その炎はカラスがかける水で消しとめられる。

目覚める直前に見る夢――というよりむしろ、目覚めに導く夢については、よく知られている。これらの夢をもたらす身体的刺激は尿意を催すことで、一般に火と水によって象徴される（一〇〇頁を参照）。尿意によって導かれる夢の潜在内容は性器的で、龍との闘いや、空飛ぶカラスの形で表わされる。

こうして夢と物語は終わりを告げ、主人公は目をさます。太陽はふたたび輝きを取り戻す。この結末もまた、尿の象徴の解釈を裏付けるものだ。すなわち、あくびをする口（ワギナ）と燦然と輝く金は、尿と排泄物を象徴しているのである。(81)

第7章　命の糸

ゲザ・ローハイムには古典的なヨーロッパ教育を受けたという強みがあるが、そのおかげで彼はギリシア語とラテン語も習得している。おそらく、最初にギリシア神話に親しんだことが、早くから民俗学一般に関心を抱くきっかけとなったのだろう。この論文でローハイムは、古典的な近東の神話のデータだけでなく、世界じゅうから集めた同様の民間伝承のデータを考察しており、中央オーストラリアで自ら収集したフィールド・データも引用している。「命の糸」は臍《へそ》の緒の概念を隠喩的に拡大したものだというローハイムの仮説は、いかにも彼らしい大胆さと才気にあふれている。

古代人は、人間の運命は生まれたときに女神によって決められるのだと信じていた。この女神たち——ローマ神話のパルカイ、ギリシア神話のモイラ、エジプトのハトホル——は、いずれも糸紡ぎや機織《はた》りと関係がある。(1)

ギリシア神話のモイラに相当するエジプトの女神はハトホルである。ハトホルは七人ないしそれ以上の美しい娘の姿で現われ、生まれたばかりの赤ん坊の未来を予言する。彼女たちは産婆として赤ん坊の世話をするといわれている。子どもが生まれるたびに七人のハトホルが姿を現わし、神がその子に割り当てた運命を告げるのである。死は公けの記録のなかでは「定められたもの」（ダス・フェアヘンクテ）と呼ばれている。(2) ハトホルのあるものは、若い母親に付き添い、呪文で守ってやる。ほかのハトホルは生まれたばかりの赤ん坊を受け取り、次々に手渡していく。(3) エジプトの太陽神ラーは、三つ子を身ごもったラウンディディットのもとに、女神のイシス、ネフティス、メシュケント、そしてヘケトを産婆役として遣わした。これらの女神のうち、最初のイシスとネフティスはよく知られているが、あとの二人については紹介の必要があるだろう。

マスペロ〔一八四六～一九一六。フランスのエジプト学者〕によると、メシュケントは、女神 マシュコヌ、「すなわち揺籃《ゆりかご》であり、それゆえに出産に立ち会う。彼女は、運命を司どる女神シャイトと、赤子に乳を与え、名前を与え、したがってその人格を授ける女神ラニニットが合わさったものである」という。

ヘケトは、カエルの頭をした女神で、「アビドスの最初の揺籃の一つ」と呼ばれている。女神たちは産婦のもとに到着し、イシスはその子に「ウシルハフ」（力強い分身をもつもの）と名付けた。女神たちは赤ん坊を洗ってやり、臍の緒を切って、ベッドに寝かせた。三つ子の残り二人にも、同じような処置がされた。(4)

エジプトの女神はすべて、ある意味では母親であり、助産婦であり、運命（ハトホル）である。ハトホル、つまり「ホルス〔イシスの息子〕の家」は神格化された女性の典型であり、愛と歓喜の女神である。日の出と日没の女神であり、したがって来世の女神でもある。(5) 後期エジプト時代には、死んだ女性はすべて「ハトホル」と呼ばれていた。[6] 女神ハトホルは、エジプトでもっとも古くから知られていた神々の一人であり、古代エジプトの初期に、雌牛の姿をしたハトホルが崇拝されていたことは明らかだ。[7] またハトホルは、偉大なる万物の母、大いなるもの小さきものを問わず、すべてのものを絶えず身ごもり、生みだし、育み、守る自然の偉大な力の化身とみなされている。彼女は「自分の父親の母」であり、「息子の娘」である。[8]「死者が冥界に足を踏み入れたとき、迎えるのは雌牛の姿をしたハトホルだった。彼女は死者に新たな命と、それを養う神の食べ物とを与えた」。[9] こうしてハトホルは、揺籃から墓場までの全生涯に関わることになったのだが、彼女はまた、毎年繰り返す周期現象の象徴でもある。というのも、彼女はシリウス星〔古代エジプトではシリウス星をあがめ、ナイル川の氾濫とその後の豊作のしるしと考えていた。夏のもっとも暑い時期には、太陽とともに昇る〕でもあるので、ナイル川の増水と氾濫に関係しているからだ。シリウス星は、エジプトの元旦には太陽とほとんど同じ軌道を通った。太陽神ラーが天空を渡る船に乗り込むとき、シリウス星の女神ハトホルも彼に同行したのである。[10]

さまざまな人々が次のように信じてきた。すなわち、人の命は（ときには誕生時に）母なる女神ないしは超自然の存在によって運命づけられていて、紐あるいは糸が切断されたとき、命も終わるのだ、と。アッシリアの母なる女神イシュタルは、命の糸を紡ぎ、命の糸を断ち切る。[11] アルキノウスはオデュッセウスにこう約束する。わたしはあなたが「愛する祖国の土」に触れるまであなたを守り、「どれほど過酷な運命があなたを待ち受けていようとも、あなたが生まれたときにモイラたちがどんなふうにあなたの命の糸を紡いでいたとしても」、その運命に立ち向かう、と。[12] どんな人間が誕生するときもモイラ（アイサ）が糸を紡いでいて、この糸の性質が、吉凶を問わずその人に起こることを決定する。[13] モイラジネスは、この女神たちのお気に入りとみなされている人を指す。女神たちは、良き母親のようにモイラジネスの世話をし、その人の糸にありったけの幸運を紡ぎ込む。またモイラは、ギリシアの女神エリーニュエス（復讐の女神たち）と密接な関係がある。シキューンにあるモイラの祭壇は、復讐を象徴するこれらの母親像の信仰に捧げられた森の中にしつらえられている。クロトが亜麻を糸巻き棒に巻き付けて準備を整え、ラケシスが命の糸を繰り出し、アトロポスが彼女の鋏で情け容赦なく断ち切るのだ。[14]

プラトンによれば、モイラはアナンケ（運命の必然性）の娘たちで、ラケシス（運命を司どる者）、クロト（命の糸を紡ぐ者）、アトロポス（曲げえない者）の三姉妹である。三姉妹は糸紡ぎをしながら、「天体の音楽」（天体の運行が神々にしか聞こえない音楽を奏でるというピタゴラス学派の観念）をセイレーンたちとともに口ずさむ。ラケシスは過去の、クロトは現在の、アトロポスは未来の歌を。[15] 近代ギリシアの民間伝承では、モイラは年老いた女たちで、子どもの誕生後三日目に現われ、糸を紡ぐとされている。彼女たちは錘《つむ》と紡ぎ糸を携えてきて、その子の運命を紡ぐのである。幸運な人については、次のように言われている、「汝の運命を定める運命の女神は、銀の錘と金の糸を携えきたりて、汝の運命を紡ぐ[16]」。

近代ギリシアの民間伝承におけるモイラは、女性の性生活の守護神である。ギリシアの娘たちは、運命の女神に夫を授けてもらえるように、女神たちの洞窟に蜂蜜入りのケーキを捧げたものだった。アテネでは、若い娘たちは蜂蜜と塩とパンをお皿にのせてモイラに捧げた。そうすれば、モイラたちが、若くてすてきな夫を娘たちに与えてくれるからだ。妊娠を願う女性あるいは妊娠中の女性は、岩をこすってモイラに祈願する。カリロエーの近くにあるこの岩は、アフロディーテの古い神殿のそばに位置している。アフロディーテは、モイラの長姉としてこの神殿に祀られている。夫を亡くした女たちは、再婚相手を求めてアフロディーテに祈るのである。[17] アラチョバでは、「彼の紡ぎ糸は切られた」とか「紡ぎ糸は巻き取られた」[18]という表現は、その人が死んだことを意味する。

エペイロス（ギリシア）のザゴリでは、子どもが生まれると、三人の運命の女神が現われる。最初の女神が糸を紡いでその子の寿命を決定し、カルモイラと呼ばれるもう一人の女神が幸福を授ける。女神たちは、自分たちの決定を、鼻のニキビや謎めいた額のほくろの形で、その子の顔に記しておく。[19]

よく語られる民話に、子どもが生まれた三日後の夜に奇妙な三姉妹が現われる、というものがある。母親はベッドの中で目をさまし、姉妹の訪れを耳にする。姉妹はテーブルに向かい、自分たちのために用意された食べ物を食べ、ワインを味わう。それから子どもに語りかけ、ありとあらゆる贈り物を授ける。[20]

ステイリの現代民話でも、やはりモイラが現われ、最初の一人がこう告げる。「この男児は三つになったとき、火の中に落ちて焼け死ぬであろう」。二人目は「いや、七歳のときにも岩から飛び降りるが、死にはしない。二十二歳のとき、新婚初夜のベッドで花嫁の隣に寝ていて、ヘビにかまれるのだ」と訂正する。[21] この話では、話を聞いていたのは赤ん坊の姉だった。モイラは、弟に対する姉のライバル意識を表わした邪悪な願望の夢なのである。運命の女神たちが吉凶両方の祈願を行なうのを母親が聞くという典型的な民話でも、同じように母親のアンビヴァレントな感情が表わされていると考えられる。
ギリシア版白雪姫を見ると、良いモイラと悪いモイラが母と娘の関係を示していることがわかる。女家庭教師は、主人公マリゴに実の母親を殺すようにそそのかしマリゴが王と結婚すると、今度は王に娘マリゴを殺させようとする。マリゴは逃げだす。モイラたちが姿を現わすのはこのときだ。「彼女の運命はいかに?」モイラは問いかける、「吉か凶か?」[22]
ブルガリアには、オリスニツィ(リスワム――引き裂く、描く、書く――の派生語)がいる。子どもの誕生時に現われ、見えないペンでその子に起こることをその額に書き付けるが、書いた字は見えない。オリスニツィは太陽に近い、地の果ての深い渓谷に住んでいる。[23]
ギリシアのアイギナ島では、三姉妹の長女が鋏を使い、次女が錘を操り、三女は糸を持つ役をする。三人は糸を紡ぎながら、子どもの未来について語り合う。錘に巻かれる糸の一巻き分が、一年の寿命に相当する。姉妹が糸紡ぎを終えると、長姉のモイラが糸を切る。モイラがお告げを言い終えるまえに、万一、紡ぎ糸が途中で切れたりすると、その子はそれまでに紡ぎ糸が巻き取られた年数しか生きられない。すべてが順調なら、三姉妹の長女が誕生日ごとに一巻きずつほどいていく。紡ぎ糸の最後までくると、人生は終わりを告げる。ほかの類話では、紡ぎ糸は、人生の初めではなく、終わる瞬間に切断される。[24] この民間信仰に類するものはドイツにもあるが、こんなにはっきりとは定義されていない。[25]
シベリアのオスチャーク族とヴォグル族は、空の神の娘プゲスに子どものことを祈願する。プゲスは金の家に住んでいて、屋根には七つの揺籃が吊り下げられている。彼女がそのうちの一つを七回揺すると、魂が一つ生まれる。だが、揺らしているあいだに揺籃がひっくりかえると、その魂は長生きできない。彼女の家に行くには、七つの海を越え、七つの層からなる山を越えなければならない。スルグート周辺では、この神はヴァグネグ・イニ（イニは老婆）、すなわち「天の神の七人の息子の母親」でもある。彼女は、生まれてくる人間の数だけ糸を垂らした木の棒を手に持っている。子どもが生まれると、彼女はその糸の一本に結び目をこしらえる。その結び目と棒の距離が、その子の寿命の長さを表わしている。(26) ロシアのコリヤーク族にも同様の民間信仰があるが、天の神という男の神に置き換えられている。この神はとくに誕生に関係しており、新生児の魂を母親の子宮に送り込む。魂はこの神の家の柱や梁に吊されている。地上での魂の寿命は、魂を結んだ紐の長さで測られる。長い紐は長寿を表わし、短い紐は生まれてくる子どもが早死にすることを示している。人が死ぬと、魂は天の神のところに戻ってくる。天の神はしばらくしてから、魂をもとの持ち主の親類のもとに送って、よみがえらせてやるのだ。(27) インドネシア、セレベス島内陸部のトラジャ族によると、「ンガイ・マンタンデ・ソンカ」は生と死の最高位の支配者だという。魂は、紐で彼の家に吊されている。彼がその紐を切るたびに、誰かが死ぬ。(28) スマトラのバタク族にも似たような神話があるが、紐の概念はない。(29) 中国人には「月の老人」がおり、赤い糸で未来の配偶者同士の運命を結び合わせると言われている。(30) この糸は、どんな力をもってしても絶対に断ち切ることはできない。また中国の別の類話では、結婚するよう定められた子どもたちの脚は、この糸で互いに結びつけられているという。(31)

これらのファンタジーではどれも、命の終わりは、その始まりのときに定められているようだ。すなわち、命の糸は臍の緒なのである。

アラスカのコユーコン族は、幼い子どもの手首や腰に、命に「結びつけるもの」と呼ばれる糸を巻き付ける。この糸は、子どもの命を母親の命に結びつけるもので、こうすれば、母親より先にその子が死ぬことはない。(32) アパッチのヒカリーヤ族は、妻の妊娠がわかると、夫婦ともどもモカシンの紐を結ぶのをやめ、靴の中にたくし込むようにする。もし結んだりすると、お産の最中に、臍の緒が子どもの首に巻き付いて窒息させてしまう危険があるからだ。オプラーの言うように、モカシンの紐は臍の緒の象徴なのである。(33)

胎盤や臍の緒が赤ん坊と呪術的に同一視されている例は、枚挙にいとまがない。トルダ・アラニヨセクでは、胎盤はその赤ん坊の分身と呼ばれている。(34) ドイツのバイエルンでは、胎盤を布で包み、三日のあいだ産婦のベッドの下に置いてから、流水の中に投げこむ。(35) これは魔女が胎盤を取り、赤ん坊を取り替え子〔さらった子の代わりに妖精たちが残す醜い子〕と交替するのを阻止するためだ。イングランド東部では、臍の緒は、切り離したときに地面に落としてはならないと言われている。(36) また、臍の緒はヨーロッパ全土でお守りとして取っておかれ、しばしば埋葬のときに一緒に埋められる。ドイツのザクセンでは、胎盤を食べることが癲癇《てんかん》の予防になると信じられていた。ロシアのオレンブルクでは、胎盤はきわめて丁重に埋められる。もうこれ以上、子どもはいらないという場合は、胎盤を掘り起こし、逆さまに埋め直す。オボレンスク地方では、新生児の頭の上に胎盤を乗せ、そのあと、母親の尿で洗う。これは、舞踏病にかかるのを防ぐためだ。(37)

ハンガリーでは臍の緒を取っておき、子どもが病気になったときに臍の緒を燃し、その煙で子どもをいぶす。もし魔女が臍の緒を手に入れると、それを使って、はるか遠くからでも牛の乳を吸い取ることができる。ハンガリー南部では、子どもが歩けるようになるとすぐ、臍の緒を粉にして食べ物に混ぜて食べさせる。強い子になるからだ。腹痛や寝つきの悪い場合にも、同じ方法が用いられる(38)。

オーストラリアのアランダ族は、石のナイフで臍の緒を、新生児の体から数センチ離れたところで切る。多くの未開民族が習慣にしているように、臍の緒を噛み切ったりはしない。臍の緒の残りは、二、三日後に母親が切り取り、毛皮を細長く裂いたものに編み込んで一本の紐にし、父方の祖母が何日か保管したあとで赤ん坊の首に巻き付ける。こうすることで、子どもの成長が促進され、おとなしく機嫌のいい子に育つのだ。また、病気を予防し、犬たちのやかましい吠え声も耳に入らなくなるとされる(39)。

ここで私自身のフィールド・ノートから、いくつかの観察結果をあげてみよう。オーストラリアのムララタラ族は、臍の緒を長く切り取って乾かし、乾燥してバラバラになったものを紐で結んで男の子の首にかける。大きく成長させ、太らせるためだ。また、子どもが泣かなくなる効果もある。サウス・オーストラリア州のナラボー平原に住む部族は、臍の緒を紐にして赤ん坊の首に巻いたものには、その子の霊の一部が宿っていると信じている。臍の緒の紐がしなびて落ちたとき、その子はようやく霊を吸収し終わるのである(40)。ケープ・ベッドフォードでは、臍の緒を輪にして、子どもの首にかける。しばらくその子が首にかけたあと、最後に、男の子なら父方の祖父、女の子なら母方の祖父に贈られる。ペニーファーザー川の流域では、胎盤は出生時に埋められる。この胎盤には、生命の根源が内在している。臍の緒が赤ん坊から取れると、母親はバスケットに入れて持ち歩き、子どもが歩けるようになるまで埋めないでとっておく。万一、埋めたりしたら、その子は死んでしまうからだ。(41)

他の多くの事例から、次のことがはっきりわかる。(42) すなわち、臍の緒と胎盤は子どもの呪術的な分身であり、赤ん坊と母親の結びつき、母親と子どもをつなぐ絆を象徴しているのである。(43)

なかでもとくに興味深いのが、シベリアの慣習である。ツングース族とヤクート族は、父親とその友人たちとで胎盤を食べてしまう。(44) パラス〔一七四一～一八一一。歴史・民俗学にも寄与したドイツの博物学者〕によれば、オスチャーク族は、胎盤を小さな箱に入れ、肉か魚を一切れ添えてから、木に吊すという。(45) 産婆は「臍の母」と呼ばれ、産婆が取り上げた赤ん坊は、「臍の息子」または「臍の娘」と呼ばれる。トレミュガン地方の人々は、体外に排出された胎盤は人間みたいな特徴をもっていると言う。彼らはその胎盤を擬人化して、「子の養い女」と呼ぶ。これは崇拝の対象ともなる。彼らは、「子の養い女」のために小さなシャツやベルト、ショールをつくり、「臍の籠」にそっくりしまう。それから、その籠を森の中に運んでいくのだが、そのまえに「臍の食事」と呼ばれるちょっとした宴をもうける。ありったけの食べ物とお茶を皿に乗せて、「子の養い女」の胎盤に捧げるのである。「臍の母」の産婆は女たちに、この精霊にお辞儀をして語りかけるようにと命じる――「子の養い女さま。どうぞお召し上がりください。火の母上さまが召し上がってくだされば、わたしどもも幸運と恵みをいただくことができます(46)」。

これは明らかに、初期段階の超自然的存在とみていいだろう。忘れてならないのは、この同じオスチャーク族とヴォグル族には、天の母なる女神がいて、糸巻き棒から垂らした糸で人間の寿命を定めていることだ。また、民謡のなかの「臍を切られた人間」ということばは、「死すべき運命の」という意味を表わしていることが多い(47)。

ヨーロッパでも、臍の緒は子どもの人生にひんぱんに登場する。チェコスロヴァキアの母親は、臍の緒を結んでとっておき、学齢期に達した子どもに与える(48)。その子が首尾良く臍の緒をほどくことができれば、何でもうまくいくというわけだ。幸運をもたらすために子どもに臍の緒を見せるのは、ギリシア＝ヴァラキアの習慣である(49)。トランシルヴァニアに住むセーケイ人は、子どもに未来を見せるために、臍の緒を輪にしてのぞかせる(50)。一般に男の子は、七歳になると、結んだ臍の緒を与えられる。うまくほどくことができれば、いっぱしの男になれるのである(51)。

ハンガリーのサトマールでは、思慮深い母親たちは臍の緒をとっておき、たくさんの結び目をこしらえる。子どもが十三歳になると、それを与えてほどかせる。うまくほどくことができれば、その子の人生は幸福なものとなる(52)。ドイツのバーデンとフランケンでは、臍の緒を六年間しまっておいたあと、みじん切りにしてスクランブルエッグに混ぜ、子どもに食べさせる。こうするとその子は賢くなると信じられているのだ。あるいは、臍の緒を子どもの服に縫いつけておくと、気が狂うのを防ぐことができるという（ドイツのヘッセン）。バイエルンでは、臍の緒は誕生から七年目に焼き捨てられる。やはりドイツのオルデンブルクの人々は、臍の緒で輪をつくり、子どもにのぞかせる。もしアルファベットが見えると、その子はすぐに文字が読めるようになる(53)。ギリシア＝ヴァラキア人は臍の緒（アサロスと呼ばれ、ギリシア語のオンファロスにあたる）を乾燥させておく。もし、湿らせると、子どもの体が痛みだすからである。子どもが少し大きくなると臍の緒を見せてやるのは、そうすると、何ごとにおいても成功するようになるからだ。「彼は自分のアサロスを見た」というのは、「彼は大成功した」という意味だ。母親は、その子の臍の緒をほかの子には絶対見せてはならないといわれている。[54] ポーランドのマズリアの人々は、臍の緒を乾燥させ、子どもが初めて学校に行くとき、ふところに入れてやる。[55] 南米南端のティエラ・デル・フエゴ群島のオナ族は、臍の緒を乾燥させ、小さな袋に入れておく。子どもが一人で歩けるようになると、父親は小さな鳥をつかまえて、子どもがその袋を小鳥の首に結わえるようにしてやる。そのあと、父親が子どもの両手に小鳥を抱かせてやり、子どもは小鳥を逃がしてやる。すると、その小鳥の種族がみんなでその子を守ってくれるようになるのだ。[56]

「ゴルディオスの結び目」を解くことのできる子どもは、母親や過去との繋がりから解き放たれる。こうして、人生における進歩が可能になるわけだ。ところが多くの場合、子どもが臍の緒を身につけたり食べたりすると、この通過儀礼は、「母親との分離」を表わすどころか、それを否定することになる。臍の緒に象徴される母親は、相変わらず子どもと一緒にいるからである。

これでもう論旨は十分おわかりいただけたと思う。すなわち、命の糸とは臍の緒のことであり、この世との最終的な分離は、母親と子どもの肉体的な繋がりが断ち切られた最初の分離の繰り返しにほかならないのである。この「糸」が臍の緒の象徴であることは疑う余地がない。

ハンガリーの魔女は、死産児の臍の緒を雌牛のかいばの中に入れる。臍の緒はそのまま、雌牛のお腹の中でじっとしていて、真夜中になるとどんどん伸びはじめる。しまいには雌牛から飛び出して、魔女の手に届くまでになる。魔女はその臍の緒で、雌牛の乳をすっかり吸い尽くすのである。(57)ハンガリー南部では、子どもが生まれるとニワトリを殺す。ニワトリの腸を、傷つけないように最大の注意を払って、そのまま一本の長い紐状になるように取り出す。もし途中で破れて、中の糞便がはみ出したりすると、切れ目の一つ一つが子どもに降りかかる不幸の数を示すことになる。もし取り出すまえに腸が完全に切れてしまったときは、ニワトリの体内に残った腸の長さが、その子の寿命を示すわけだ。子どもが生まれると新しく木が植えられるのだが、ニワトリの内蔵は、その木の下に埋められる。「彼のために長い腸を引き出した」(Hosszu belet húztak neki) は、「彼はたいそうな年寄りだ」という意味である。(58)

無意識が子宮や腹部と密接に結びついているように、臍の緒が腸を表わしていることは、十分考えられる。次にあげるのは、子宮の痛みを治すために用いられるドイツの呪文である――

砂の上に坐る三人の女――。
手にしているのは人間の腸。
最初の女がそれを動かし、
二番目の女がそれを閉じる。
三番目の女がもとの場所に戻す。(59)

マンシッカは、この呪文がキリスト教の起源をもつことを示したが、心理学的解釈の余地もないわけではない。ロシアのカフカス山脈にも腸（肛門）にまつわる民間伝承があり、母親像に対するアンビヴァレントな受け止め方を表わしている。「母親と娘が川岸に坐っていた。二人の前にはチェストがあった。そのなかには、息子の腸が入っていた。母親はその腸を結んで輪にしたが、娘がほどいてしまった。腸をほどいた娘は、結んだ母親よりも強かったのである」[60]。

トランシルヴァニアのサクソン人によれば、妊婦は首に何かを巻いたり、真珠のネックレスをするのは避けなければならない。お産のときに臍の緒が赤ん坊の首に巻き付いてしまうといけないからだ[61]。ドイツのヴェンド族は、妊婦が縄の下をくぐると、臍の緒が赤ん坊の首に巻き付いて、子どもが死んでしまうと信じている[62]。ウェールズでは、妊婦が腰に紐を巻くと、生まれてくる子どもは不幸になると言われている。また、糸紡ぎもしてはいけない。亜麻や麻は、子どもの首を吊る縄になるからだ[63]。

ハンガリーのジプシーは、病気の霊を子どもから追い払うために、次のような儀式を行なう。時の最長老と女魔術師、子どもの母親が、臍の緒（そのときまで隠されている）を火鉢の中に投げ込む。煙が立ちのぼると、三人はいっせいに祈りはじめる――

愛する神よ、われらに幸運を与えたまえ。
常に守りたまえ。
いずこにおいても、われらを救いたまえ。

われら、汝に重き鎖を捧げん。
願わくは、悪霊を鎖につなぎ、
この地から追い出したまわんことを。

この鎖は、臍の緒のことだ。いっさいの邪悪なものに対する魔よけなのである。彼らはこれを、devleskero lancos（神の鎖）あるいは、devleshero shelo（神の綱）と呼んでいる。(64) ところで、童謡には金の糸だとか紐だとかが、しょっちゅう出てくる――

ねえ、金の糸さん、
ぼくらをずうっと遠くまで連れていって。
ドブシナからコシツェ〔もとハンガリー領のスロヴァキアの都市〕まで、
それからまたレーチェまで。
三人の女がそこに住んでいる。
女たちは、ぼくらにお仕置きをし、ご褒美をくれる。
女の一人は丸いリンゴを口にくわえ、
もう一人は長い鞭を振りまわす。
言うことをきかないとぶつよ、と言って――。
三人目の女は絹を織って、

新しいすてきな服をつくってくれる。
さあ、乗って、乗って。
ほら、跳んで跳んで、飛び乗れ(65)！

明らかにこの童謡は、おとなの膝の上に「またがった」子どもたちに向かって歌われたものだ。こうした童謡には、三人の女や三人のマリア、金の糸がひんぱんに出てくる(66)。同じような童謡は、トランシルヴァニアに住むルーマニア人のあいだでも歌われている――

こんにちは、ダーリン。
ぼくらはお馬に乗っている。
手には金の糸を持って――。
二人の女がこれをつくった。
一晩じゅう、糸を紡ぎつづけて――。
ちっちゃな臍の緒から、
この金の糸をこしらえた。
三人目の女がこの糸を切るんだって。
だから、ぼくらはお馬に乗ってなきゃいけない、ずうっとね。
だって、三人目の女はそのふくれた足から

ヘビやヒキガエルをたくさん生むはずだから。
一足ごとに三十匹も。
だから、ぼくらはずっと乗ってなきゃいけないんだよ。
ヘビとヒキガエルが、
ちっちゃな男の子たちをつかまえにこないように。(67)

モイラは過去、現在、未来を表わしている。彼女たちは、常にわれわれにまとわりついている過去を象徴しているのだ。モイラは、過去から生み出された未来である。モイラは時であり、(68)必然の運命、すなわち死（アナンケ）の体験である。願望的思考によって、どちらも、すべてを与えてくれる母親に変形されている。(69)最初と二番目の変形は成功しているが、三番目は失敗だ。死を完全に無視することは不可能だからである。(70)

ロシア北部に住むサモエード族によれば、オビ川の三角州は冥界への入口だという。冥界の支配者は、「七つの国を治め、臍の緒を切る老婆」である。老婆は人間が生まれるべき瞬間、死ぬべき瞬間を決定する。(71)だが、最後の分離は最初に経験した分離に基づいている。だから、最後の分離は終わりではなく、そのあとに別の人生が続くことが暗黙のうちに示されているのである。

では、ふくれた足を持った三番目の女には、どういう意味があるのだろうか。フォン・ヴリスロツキは、reine pédauque――ガチョウの足をした三番目の女――だと考えている。(72)だとすると、これは男根的女性とも考えられるが、歌の文句は別の解釈を示唆している。ふくらんだ足は妊娠した母体で、ヒキガエルとヘビは、子どもと母親との仲を裂き、別れさせようと脅かすきょうだいたちなのである。

東アフリカのソマリ族は、男の子が生まれると、できるだけ臍の緒が長く残るように切り取り、切ったあとも臍の緒を伸ばそうとする。臍の緒が長ければ長いほど、子どものペニスも長くなるからだ。切り取った部分は結んで、母親が自分の袋にしまっておく。難産のときは、この臍の緒を火にかざし、産婦に煙をかがせる。(73) フランスでは、臍の緒は、女児のときは短く切られるが、男児の場合は「出生時の小さな男性器の長さに合わせて」切られる。また、臍の緒を保管しておくのは、たいてい男児の場合に限られる。(74)

さて、こうして命の糸が切られた。その結果、立ちはだかるのは去勢の影だ。対象喪失と性器の喪失とが互いに渾然一体となっているのである。

人が過去をしのび、過ぎし日々に思いを馳せるのは、もう一度生き直したいからだ。今までの歩みをたどって、母親のもとに戻りたいからなのだ——。

境なき境に坐《ましま》し、
永遠に孤独に、しかし相集《つど》い在《お》わす母たちよ、
おんみらの名において私は今、事を執り行なう。
おんみらの頭の周囲には生命なき生命の像が活発に漂い動いている。
かつて光耀と仮象のうちに在ったものが

そこには動いている。なぜならそれは永遠に存在しようと欲するからだ。
全能なる諸々の力よ、おんみらはそれを分けて、
昼の天空に、夜々の蒼穹に送る。(75)

(ゲーテ『ファウスト』第二部、高橋義孝訳)

人が宇宙そのものを、自分自身の記憶や子ども時代の全能の母親の意のままにしようと思うのは、虫のいい願いである。そこに、過去を生き返らせようとする試みがあることは否定できない。それどころか、明白すぎるくらいだ。最後の一摑みの小麦を刈り取る人に向かって、「臍の緒を切った」(76)と声をかけるポーランドの習慣は、分離の意識的ないし寓意的な象徴である。本論で紹介したデータは、切断された糸と臍の緒の関連性を示すものだ。しかし、これは本当にこの神話の潜在的な、抑圧された意味なのだろうか。いいかえれば、この神話は臍の緒の切断というトラウマを起源としているのだろうか。そうではあるまい。この臍の緒の象徴は意識的(寓意的)なものか、前意識的なものだ。臍の緒の切断は、われわれがすっかり克服した「トラウマ」なのである。これまでみてきた儀式や神話においては、それは頭上に吊されたダモクレスの剣――常に脅かし続ける去勢不安――の前意識的な置き換えにすぎないのだ。願望とは、不安をはらんだエディプス的欲望である。だが、この神話は、そのエディプス的欲望を単に臍の緒の切断として表わし、終わりを始まりに変換させているのである。

第8章　呪われた水車小屋の熊

この章でローハイムは、標準的な民話の分析をふたたび行なっている。今回の物語は、アールネ＝トムソンの話型〔以下、ATと略す〕八五一Aの「トゥランドット」と、AT一五一の「男が熊たちにバイオリンの弾き方を教える」の組合せから成っているようだ。前者は、王女が求婚者たちに、解けなければ殺すという条件で謎を出すという話で、後者は、熊がだまされ、前足の爪を木の割れ目に挾まれてしまう話である。類似した話型のAT一一五九、「鬼がバイオリンを弾くことを習う」では、AT一五一の犠牲者である熊の代わりに、鬼が登場する。また、この話の二つ目のエピソードは、主人公の妻が両脚を開いて逆立ちした格好を見て、間抜けな鬼がまた挾まれると思ってあわてふためくものだ。これが何を象徴するかは一目瞭然だが、私の知るかぎりでは、ローハイム以前にこのことを指摘した者はいない。

分析を進めながらローハイムは、ホメーロス『オデュッセイア』のポリュペーモス〔一眼の人食い巨人〕のエピソードにおける去勢象徴の可能性についても論じている。このエピソードは、伝統的な民話、すなわち、AT一一三七の「目の見えなくなった鬼」(ポリュペーモス)にもなっている。またローハイムは『夢の門』*のなかでも、ポリュペーモスの話に考察を加えている。ローハイムやその他の学者によるポリュペーモスの精神分析的解釈についての論評は、ジャスティン・グレンの『ポリュペーモスの神話――その起源と解釈』を参照されたい。[**] グレンは、ポリュペーモスの内容の解読を試みたローハイムの努力は買っている――「精神分析学的評論家のなかでゲザ・ローハイムだけが、真剣に神話に取り組む努力を（とうてい成功したとは言いがたいが）重ねてきたように見受けられる」――ものの、ローハイムの解釈を、「強引でまったく根拠のない推測を積み重ねたもの」として、「ローハイムの救いようがないほど支離滅裂でそっけない神話の扱い方」にも言及している。これをみても、ローハイムの精神分析的文学批評が民俗学者だけでなく、古典学者のあいだでも歓迎されていなかったことがはっきりうかがわれる。

* *The Gates of the Dream* (New York: International Universities Press, 1953), pp.361-66.
** Justin Glenn, "The Polyphemus Myth: Its Origin and Interpretation," *Greece and Rome* 25 (1978): 141-55.

昔、高慢ちきな王女さまがいました。王女さまは求婚者に「わたしの髪は何色か」という謎をかけ、謎を解くことのできないものはみんな追い返してしまいました（「スフィンクスの謎」ないしは「トゥランドット姫」のモチーフ）。おしまいにちびの仕立屋がやってきて、王女さまの髪の毛の色を言い当てました。それは金と銀でした（明らかに、王女の頭は何かで覆われていたはずだが、物語はそのことには触れていない）。こうして、王女さまは仕立屋と結婚しなければならなくなったのですが、また別の条件を出しました。すなわち、馬小屋の熊のそばで一晩あかさなければならないというのです。仕立屋は少しもひるまずに、その試練を受けることにしました。(1) 仕立屋がバイオリンを奏ではじめると、熊は踊りだしました。しばらく踊ると、熊はバイオリンの弾き方を教えてほしいと言いました。「おやすいご用さ」と、仕立屋は答えました。「ただし、おまえさんの爪は長すぎる。少し切らなくっちゃな」。熊は、バイオリンをうまく弾くために払う代償にしては大げさすぎるのではという疑いも抱かずに、仕立屋が用意してきた万力の上に両手を置きました。仕立屋は熊の両手を万力でぎゅっと締めつけました。あんまり痛いので熊がうなると、仕立屋は言いました、「大きな鋏を持ってくるから、それまで泣き叫んでいろ」。事はうまくはかどり、仕立屋は眠り込んでしまい、熊は仕立屋が眠っているあいだ、ずっとうなっていました。

翌日になって、王女さまが馬小屋にやってきました。王女さまは熊がうなっているのを聞くと、仕立屋を食べたので満足してうなっているのだと思いました。けれども、仕立屋が王女さまの難問を解決してしまったことがわかると、王女さまはもう結婚するよりほかありませんでした。王女さまと仕立屋は、王さまの馬車に乗って教会に向かいました。ところが、ほかの二人の仕立屋がねたましく思って熊を万力から離してやったので、熊は全速力で馬車のあとを追いかけました。でも、仕立屋はどうすればいいかをちゃんと心得ていました。彼は逆立ちをすると、両脚を馬車の窓から外に突き出し、「この万力が見えるか」と言いました。もうそれで十分でした。熊はあわてふためいて逃げ出し、仕立屋は王女さまと結婚しました。(2)

この「メルヒェン」(民話)は、実は二つの要素から成り立っている。一つは「求婚者と謎」という民話本来のもの。もう一つは「呪われた城と熊」というザーゲのモチーフである。ドイツ語の「ザーゲ」にぴったりあてはまる英語はない。このことばが意味するのは、（民話とは違って）真実だと信じられている物語で、そのなかでは、人間は超自然の存在に敵対するものとして描かれている。一方、神話においては、すべての登場人物が超自然の存在とされているか、あるいは、少なくとも現在の世界に先立つ世界で事が起こるのである。[3]

しかし今は、先ほどのグリム版の物語に戻るとしよう。主人公は一晩を熊と、一晩（新婚初夜）を王女とともに過ごす。主人公が眠っているあいだ、熊はうなり、うめきつづける。熊に対する主人公の勝利の鍵は、バイオリンと万力とが握っている。万力が意味するものは、純然たる「ザーゲ」の背景をもつ別の類話を見るとよくわかる。

ドイツのオーバープファルツのエドマットに、呪われた水車小屋がありました。水車小屋で働く若者たちが夜に粉を挽こうとすると、幽霊が出てきて追いはらわれるのです。あるとき、一人の若者がバイオリンを携えてやってきました。その若者がとても強かったので、粉屋は彼にここにいてくれと頼みました。やがて、緑の猟師が水車小屋に現われ、若者をにらみつけました。若者はバイオリンを弾きはじめましたが、猟師はじっと見ているだけで、その手は固くこわばっていました。そこで若者は万力を取り出し、猟師の指をそのなかに挟みこんだのです。猟師はあまりの痛さに大声を上げました。若者は、猟師が二度と水車小屋に現われないと約束したので、指をはずしてやりました。若者は褒美として、粉屋の美しい娘を与えられました。結婚後しばらくして、二人は湖で舟に乗っていました。すると水が逆巻きはじめ、緑の猟師、すなわち水の精が現われて、ふたたび二人を追いかけはじめました。若者は妻の体を支えて舟の上で逆立ちをさせ、水の精に向かって叫びました。さあ万力だぞ！　たちまち、水は穏やかになりました。(4)

オルデンブルクでは、出没する動物は猫になっている。若者は猫の爪を切る道具を持っていたので、猫にもう水車小屋に現われないと約束させたあげく、やっと放してやる。ところが猫の悪霊がふたたび現われて、最初に生まれた子どもをよこせと言う。だが若者の妻がスカートをたくし上げると、悪霊たちはあわてふためき、いっせいに逃げ出した。(5)

もうこれまでに、今までの話に出てきた万力や割れ目がワギナであることは十分明らかになったことと思う。コスカン〔一八四一～一九二一。フランスの民話研究家。ヨーロッパの民話は歴史時代にインドから伝わったと主張した〕は、少し違ったロレーヌの類話を報告している。除隊になった一人の兵士が、ある城でライオンとトランプの勝負をする。だが、兵士が勝ちつづけるので、ライオンはかっかしてきた。ライオンが今にも飛びかかってきそうなのを見て、兵士はシーソーをやろうともちかける。ライオンは興味を惹かれ、兵士に両手を差し出してシーソーに縛り付けられてしまう。兵士はライオンを乗せたシーソーを天井まで跳ね上げ、そのままライオンを置き去りにする。そのあと、兵士は狼の片手を割れ目に挾み、狐に棒を押し込んで、みんなそのままの格好で置き去りにしてしまう。

兵士はあてもなく歩いているうちに一人の娘と出会うが、ふと見ると、三匹の動物が追いかけてくる。「お嬢さん、やつらはぼくたちを食おうとしてるんです！」と彼は言った。

「シーソーをしましょう」と兵士は言った。娘は同意した。二人が遊んでいるところへ、ライオンが他の仲間たちよりも早くやってきて、言った、「なんてこった、また同じ遊びだ。さあ逃げよう！」　それから兵士は木を割り始めた。そこへ狼がやってきて言った、「やや、また同じだ！」そして狼は大あわてで逃げていった。次いで、狐も逃げ出した。そして、娘をこの危機から救った兵士は、彼女と結婚した。[6]

割れ目がワギナだとすれば、ほかの二つのエピソードの意味を推測するのは、さほど難しいことではないだろう。兵士と娘のシーソーは性交であり、狐の尻に押し込まれた棒はペニスを指している。

このモチーフには、さまざまな亜種がある。その一つの形が、柱に打ち込まれた斧や釘である。柱は人間であり、その人間に斧や釘を打ち込むのは、幽霊猟師〔北欧伝説に出てくる幽霊の狩猟の首領。狩猟のときは、夜中に狩人の叫び声と犬のほえ声が聞こえるという〕ないしはその女性版だ。[7] また、このモチーフは逆の形をとることもある。人間が超自然の存在の馬車の釘をなくして、代わりに指をさしこまなければならなくなるのだ。[8]

同類のモチーフに、部屋の中に突き入れられる悪霊の長い鼻がある。スアブの話では、鍛冶屋の弟子がみごとな錠をつくった褒美に、男爵の娘と、鍛冶場にも使える小さな城を手に入れる。彼がその城で仕事をしていると、悪霊が窓から長い鼻を突っこみ、じっと彼をにらみつけた。夜になると、その同じ悪霊が若い夫婦の寝室に現われて邪魔をする。ついに彼は、悪霊の長い鼻を万力に挟んで締めつけ、二度と城に現われないことを条件に放してやった。ところがある日、彼が妻と一緒に森の中を散歩していると、またもや長い鼻が現われた。彼はすぐさま、妻に両脚をぴんと伸ばして逆立ちをするよう言いつけた。悪霊は悲鳴を上げた。「あのいまいましい万力をまた出しやがったな」。そう言うと、今度こそ永遠に逃げていった。(9)

割れ目や万力に挟まれた前足や長い鼻の男根的意味は、これですっかり明らかになった。これは、長い鼻の持ち主が女性であっても同じことである。

日曜日か休日の前夜に仕事をしていた靴職人が、恐ろしい幻を見た。大きな鼻が窓の外から突っ込まれたのだ。「どうだい、大きな鼻だろう」という声が聞こえた。靴職人は靴型をかざして言い返した、「じゃあ、こんな太いやつをこれまで見たことあるかい」(シレジア)。(10)同じテーマの類話には、むきだしの、あるいは血だらけの腕が窓から差し入れられるというものがある。(11)また反対に、もし窓から頭を突き出して幽霊猟師とその主人を見ると、見た人の頭がふくれて窓から抜けなくなるとか、幽霊猟師がその人の頭に鹿の角を乗せるとかいうのもある。(12)

レストナーは、神話一般を夢、もっと具体的にいうと、悪夢に基づくものだという大胆な解釈を試みている。(13)彼は悪夢ということばを昔ながらの意味で用いている。すなわち、窒息感をともなう不安夢や、眠っている人の胸に重石がのしかかるような、圧迫感をともなう不安夢を指しているのである。ちなみに、熊と水の精がひんぱんに出現することも、これで説明がつくだろう。水の精が現われるのは、水中で人が溺れるからであり、熊は人間を抱え込んで殺すとされているからだ。(14)だがもちろん、これですべての説明がつくわけではない。すなわち、熊に勝った主人公がしばしば粉屋の娘や王女を手に入れるのはどうしてか。悪霊はなぜバイオリンを習いたいというのか。そして悪霊が最後にワギナに負けてしまうのはどうしてなのかは、これではわからない。

主人公が眠り込んでしまうことは、時おり、かなりあからさまに描かれているが、このことと相まって、呪われた城や水車、夜の幻は、これらの物語が夢から派生したものだというわれわれの考えが正しいことを物語っている。しかし今日では、レストナーも知りえなかったようなことが夢についてわかっている。もちろん、願望と不安を二人の異なった人々や行動によって象徴するという手法もよく知られている。この二人の人間やその行動はどちらも同じルーツから出ている。それで主人公は娘を手に入れ、熊はワギナを怖がり、万力に締めつけられてあわてて逃げ出すのである。

万力が出てくる同じような物語で、リューベツァールについて語ったものがある。リューベツァールというのは、リーゼンゲビルゲの山中に住む悪霊である。彼は畑で働いていた農夫を驚かして、「おまえの家で今生まれたもの」をよこせと要求する。農夫はそれを悪霊に与えることを約束した。家に帰ってみると、妻がたった今、男の赤ん坊を生んだところだった。悪霊が約束のものを取りにくると、農夫は悪霊がうっかり片手を万力に突っこむのを待って、思い切り締めつけた。そして、赤ん坊の要求を取り下げるという条件でリューベツァールを放してやった。ところが、リューベツァールがまた現われたので、農夫は妻に逆立ちをするよう命じた。「この万力が見えるか」、彼はリューベツァールに言った。「また、おまえを挟んでやるからな」[15]。リューベツァールは魔法の杖で水面を打ち、湖の中に消えた[16]。同じタイプの別の類話では、リューベツァールはドイツ語のヴァッサーマン（水の精）と文字通りに同一視されている[17]。「快楽の園」の主人は、このヴァッサーマンである[18]。

このエピソードに対する解釈を強く裏付けているのが、リューベツァールという悪霊の名前である。「ツァール」(Zahl)はペニスを表わすドイツ語で、リューベツァールは人参のペニスという意味である。誰かがリューベツァールの名前を口に出すと、彼はかんかんに怒る(19)。

次にあげるハンガリーの話は、起きた状況もまるで違うし、今まで論じてきた悪霊の話と歴史的な関連性はほとんどないが、これを見ることで全体像がはっきり把握できるだろう。

昔、貧しい農夫がいました。彼は、雄牛を二頭と小さな農場を持っていました。あるとき、農夫が畑を耕していると、一頭の熊がやってきて、彼をじっとみつめました。「怖がらなくてもいいよ」と熊は言いました。「おまえを食ったりはしないから。どうして、この牛たちはこんなに太っているんだい?」

「それは去勢しているからさ」と農夫は答えました。すると熊は、こう言いました。「それなら、今日、おまえが俺を去勢して、明日、俺がおまえを去勢すれば、俺たちは二人とも太ってりっぱになれるってわけだ」。

農夫は同意して、熊を去勢すると、家に戻りました。農夫の妻は、夫がすっかり元気をなくして、もう畑を耕しにいこうともしないのに気がつきました。畑での出来事を夫が打ち明けると、妻は「そんなの、たやすいことよ」と言いました。「わたしがなんとかしてあげるから」。そして妻は、夫の服を着こんで畑を耕しはじめました。熊がやってくると、彼女は仰向けに寝ころびました。熊は言いました、「森に行って、傷を治す薬草を採ってこなくちゃ。こんなに傷口がぱっくり開いてたんじゃ、どうしようもないよ!」

熊は急いで駆けていく途中で、一匹の狐に会いました。熊は狐に言いました、「行って、あのかわいそうな男の傷口を、その大きなふさふさのしっぽであおいでやってくれよ。すぐに薬草を探して戻ってくるから」。

狐は、農夫の妻のワギナをしっぽであおぎはじめました。妻はだんだんむずむずしてきて、大きなおならをしてしまいました。狐はびっくりして、逃げ出しました。「あいつ、鉄砲で俺を撃ちやがった」と狐は熊に言いました。それで熊も怖くなって、農夫とその妻には二度と近づかなくなりましたとさ。[20]

妻が男根的（鉄砲）になる結末は、ここでは取り上げない。だが物語の前半は、フロイトのあげる去勢不安の発生因を表わしている。すなわち、フロイトによれば、去勢不安はワギナを見て、実際に去勢された証拠と受け取ることから生じるのだ。周知のように、これらの物語は新婚初夜の話であることが多い。すなわち、主人公のワギナに対する不安を、熊に投影して表わしているのである。また、恐怖を学ぼうとする男を主人公とした別の民話と合わさることもある（AT三二六）。

主人公は恐怖について話には聞いていたが、それがどんなものかわからなかった。主人公は、話に聞くいろいろの恐ろしいことを実際に経験してみようとして旅に出る。教会で悪魔とカルタ遊びをする、幽霊の衣を盗む、絞首台の下で夜を明かす、次の夜は墓場で過ごす、化物屋敷に泊り、死人の肢が煙突から落ちてくるのを見る、化物猫と戦って勝つ、バラバラになった屍体がくっついて生き返った死人と九柱戯（九本の柱を立てて球で倒す遊戯）を遊ぶ、悪魔の手の爪を切る、最後に悪魔の床屋に剃ってもらう。あらゆることをしてみるが恐いものがない。結婚して眠っている間に冷たい水をふりかけられると、またはうなぎを背の中へすべり込ませられると、はじめて恐いと思う。(21)〔S・トンプソン『民間説話――理論と展開』荒木博之・石原綏代訳、現代教養文庫〕

主人公はどんな父親の代理（幽霊その他）からも怖がることを教わらなかったが、妻とともに床についたときに、恐怖を知る。どうやって？　ウナギはペニスであり、水は精液である。彼は女性の役割を与えられる。すなわち、去勢不安に悩むのである。(22)この物語（夢）の潜在内容は、次のように述べられるだろう。「夢を見ているわたしは、去勢不安に悩んでなどいない。わたしは粉屋の娘ないしは王女を得る。ワギナを怖がっているのは、わたしにとりついている父親（熊、水の精）なのだ」。

レストナーが示しているように、このテーマはさらに修正される。その一つの例では、二人の悪霊、つまり父親の象徴同士の闘いがあり、水の精が熊に打ち負かされる。水の精はふたたび現われるが、「大猫」が七匹の子猫を生んだと言われ、あわてて逃げ出す。(23)

ベオウルフ〔八世紀初期の英国の叙事詩の主人公。半獣半人の怪物グレンデルを退治する〕の叙事詩は民話に基づいており、叙事詩と民話のどちらにおいても、主人公は冥界におりていく前に二人の仲間と小屋でしばらく暮らしている。長いあごひげ（ペニスの象徴。二つのハンガリーの類話における小人の名前を参照）の小人は、きっかり正午（demon meridianus〔正午の悪霊、つまりレストナーがあげた悪夢〕が出現する瞬間）に現われ、主人公の仲間の食べ物を取ったり汚したりするだけでなく、彼らのお腹の上に坐ったりもする。だが主人公は、小人の腕をむしり取ったり、あるいは長いあごひげを割れ目に挾みこんでしまう。叙事詩では、怪物グレンデルがデンマーク王の城に毎晩出没し、眠っている人々の首をしめ、その血をすする。これで、このエピソードが、レストナーの言うように悪夢から生まれたものだということがはっきりわかる。(25)

リース・カーペンターによれば、『オデュッセイア』もまたこれと同じ民話に基づいた叙事詩であり、オデュッセウスは、実は熊の息子（民話の主人公）であるという。(26) カーペンターの論考が、そうした大胆な仮説を裏付けるに足るものかどうかは疑問だが、『オデュッセイア』のなかにはこのテーマに関連があると思われるエピソードが一つある。それはポリュペーモスについてのエピソードだ。(27) ポリュペーモスはポセイドンの息子、つまり水の精である。ポリュペーモスの名はおそらく「遠くに呼ばわるもの」を意味すると思われるが、(28) 民話の「うなり声をあげる熊」に相当する。オデュッセウスはポリュペーモスに葡萄酒を飲ませてぐっすり眠らせ、この人食いの巨人が眠り込んでいるあいだに、一つしかない目に真っ赤に焼いた棒を突き刺して、盲目にしてしまう。(29) こうして、眠っている人の「去勢不安」（失明）は、ここでは父親像に投影されているという結論に達するのである。

北アフリカのカバイル族版は、物語のモチーフがどのようにして主人公から人食い鬼に、あるいはその逆に置き換えられるかを示している。ティエト・デ・クオロ（キュクロープスの首領の目）は、カバイル族版のオデュッセウスとその仲間を自分の洞窟に閉じこめる。だが、この話では、一人また一人と真っ赤に燃えた棒を突き刺していき、そのあとで食べてしまうのは、巨人の方なのである。

最後に残った主人公は、人食い鬼に言う、「何か物語を聞かせてやろう」。人食い鬼はうなずいて言った、「よし、もし俺が先に眠ったら、おまえは俺に何でも好きなことをしていい。そしておまえが先に眠ったら、俺がおまえに好きなことをするからな」[30]。

トランシルヴァニアに住むハンガリー人の話では、巨人の洞窟を訪れる人間たちは父親たちの羊の番をしていた。姿を現わした巨人は言った、「おいで、息子たちよ。今度わしの羊の番をしておくれ」。面白いのは、去勢はここでは、投影された父親像にではなく、夢を見ている人に起こる出来事として象徴されていることだ。目をつぶされた巨人は、主人公に指輪を渡す。指輪は大声を上げ、追いかけてくる巨人に場所を知らせる。主人公は指輪をはずすことができないので、自分の指を切り落とし、指輪ごと湖に投げ込む。必死で追いかけてきた巨人は溺れ死んでしまう[31]。

幽霊猟師を見た人は、視力を失うこともあると言われている。悪霊が窓にくさびを打ち込むやいなや、人間は視力を失うのだ[32]。ポリュペーモスのエピソードでもう一つの意味深いモチーフは、オデュッセウスがポリュペーモスに告げた「ウーティス」という名前である。これは「誰でもない」という意味だが、一部の類話では「わたし自身」を指している。ドイツのカリンシアの話は、半人半馬の怪物が出現する様子を語っている。怪物は一人の農夫のもとを訪れ、かゆいところをかかせる。農夫が疲れて倒れるまでかかせるのだ。ついに司祭が農夫に助言をする。怪物に、自分の名前は「ゼルベルタン」（自分自身でやった）だと言っておいて、熱した斧でこすってやれというのである。怪物はうなり声を上げて逃げだした。ところが、（オデュッセイア同様に）誰にやられたのかと仲間に聞かれても、「自分自身でやった」としか言えなかったので、仲間たちも手の貸しようがなかった。[33] チロル地方にはファンガという、ポリュペーモスに似た女の怪物がいるが、農夫の策略にひっかかって割れ目に手を挟まれてしまう。この農夫もまた、自分の名前を「ザルトトン」（自分自身でやった）と教えている。[34]

この夢の潜在願望は性交である。だが、すべての女性は母親を象徴しているので、主人公は熊や巨人、すなわち父親と闘わなくてはならないのだ。

トゥル・アブディンで採話したアラム語（紀元前七世紀頃から紀元後三世紀頃までのアジア南西部の共通語）版では、領主の息子が盲目の巨人のところに山羊の番に行く。彼は巨人をピンで刺し、巨人の股のあいだをくぐって洞窟を抜け出る（出生不安）。ところが、彼がじつは巨人の息子であることがわかり、彼は巨人の目を元どおりにしてやる。盗んだ雌熊から巨人の両眼を取り戻してやるのである。[35]

初めてワギナをかいま見たことが、少年の去勢不安を引き起こす。この夢は父親像にその去勢不安を投影することで、これを処理しようとしているのだ。だが同時に、夢を見ている人は自慰をしている。すなわち、勃起したペニスに手を添えて「バイオリンを弾いている」のである。ここでもまた彼は、父親（熊）を不安げな生徒にすることで、状況を和らげようとしている。つまり、父親に自慰の仕方を教えているのである。[36]「自分でやった」ということばと「体を掻いてやること」は、夢内容のこの様相を反映している。この解釈は、オデュッセウスの性格には、より当てはまる。このずるがしこい主人公オデュッセウスに相当するのは、ヘラクレス的な「熊の息子」ではなく、「かしこいちびの仕立屋」の抜け目ない仕立屋なのだ。熊の幽霊や水の精が水車小屋に出没する、すなわち小麦を挽くのを邪魔することは、水車の有名な性的象徴性を考えてみれば、たやすく理解できる。トランシルヴァニアに住むセーケイ（ハンガリー）人の歌やバラッドは、この象徴性をはっきりと表わしている――

ククエロエ川[37]の岸辺の水車は
騒がしい音をたてる。
ゴットンゴットンやかましい音をたてる。
それというのも、粉屋がならずものだから。
ククエロエ川は、すっかり凍りついている。
粉屋は氷の上を渡っていった。
帰ってきて、わたしの愛しい人。
だって、水車は愛を生み出すのだから。[38]

あるバラッドのなかで、恋煩いの若者が床につき、死にかけている。「イロナ・ゴエロエクが恋しくてたまらないんだ」と彼は言う。彼の母親は魔法の水車小屋をやると約束する。「水車が粉を挽くと、真珠や絹や金貨が出てくるんだよ。そうすると、娘たちがこぞって見にくる。おまえの好きな娘もきっと来るよ」。合唱隊の首席歌手は歌う、「行っちゃいけない、イロナ。網は広げられた。捕まってしまうよ」。それから母親は、息子に不思議な尖塔をやると約束する。「ドナウ川からでも見えるから、あの娘もきっと見にくるよ」。ついに、娘が彼そのものを見にやってくる。まるで死人のようになっていた彼は、奇跡的に跳ね起き、二人は愛によって一体となるのである。(39)

粉の代わりに塩を挽くことで海の塩を生みだす水車、(40)そして何より、悪魔によってもたらされた水車が、(41)ワギナであることは明らかだ。水車小屋が呪われるのは、(42)粉を挽くことの無意識的意味のゆえである。

ハンガリーのクスティ近郊の小さな村には、悪魔と盟約を結んだ粉屋の息子の話がたくさんある。悪魔は踊りたがらない女性たちを踊らせたり、水車を止めたりする。(43)ドイツの話の一部では、粉屋の女房が粉屋の弟子を一人残らず絞め殺そうとし、そのあげく、弟子の一人に腕を切り落とされる。(44)つまりこれは、夢の願望を悪夢に変えるエディプス的要素と超自我の要素を表わすとともに、地元の英雄としての粉屋の弟子が「父親に勝利した息子」だということを明らかにしているのである。

第9章　北米神話における文化英雄とトリックスター

この論文は、一九四九年九月にニューヨーク市で開催された第二九回アメリカ・インディアン研究家国際会議で発表されたものである。聴衆に合わせて、ローハイムは実例を全世界から引用するのではなく、データの基礎をアメリカ・インディアンの神話と民話に限定した。ローハイムはアメリカ・インディアンのトリックスター像〔多くの原始民族の民間伝承や神話に登場する人物や動物で、通例、文化英雄と重なることも多い。さまざまな装いで出現し、いたずらや悪さを行なって、それまであった秩序を一時的に破壊する〕についての論考をはじめるにあたって、一九三一年にみずから採話したユマ族の省略テクストを使っているが、このテクストは、トリックスターが実の娘と結婚するというアメリカ・インディアンの典型的な話形の一つと言えるだろう（この近親相姦を扱った物語の研究については、ヘンリエッタ・シュマーラーの「トリックスターが娘と結婚する」*を参照されたい）。トリックスター像は「イド」（エス）であるというローハイムの示唆は、一読に値するが、こんな短い論考では納得のいかない読者もおられるだろう。

北米やその他の地域のトリックスター像については多くの研究が重ねられているが、その入門書は注に掲げる。**

* Henrietta Schmerler, "Trickstar Marries His Daughter," *Journal of American Folkore* 44 (1931) :196-207.

** Robert H. Lowie, "The Hero-Trickster Discussion," *Journal of American Folkore* 22 (1909) :431-33; Mac Linscott Ricketts, "The North American Indian Trickster," *History of Religions* 5 (1965) :327-50; Laura Makarius, "Le Mythe du 'Trickster'," *Revue de l'histoire des religions* 175 (1969) :17-46; Philip Frick McKean, "The Mouse-deer (kantjil) in Malayo-Indonesian Folklore: Alternative Analyses and the Significance of a Trickster Figure in South-East Asia," *Asian Folkore Studies* 30-31 (1971) :71-84; and Robert D. Pelton, *The Trickster in West Africa: A Study of Mythic Irony and Sacred Delight* (Berkeley: University of California Press, 1980).

文化英雄〔ある民族に生存の手段を与えたとされる神話・伝説上の人物〕とトリックスターとの結合ないし敵対は、北米神話の特色である。このトリックスター的英雄のなかで、もっとも広く知られているのがコヨーテである。

一九三一年に私は、ココマットとコヨーテが登場するユマ族の長い神話を記録した。それは次のような話である。創造神ココマットは、実の娘に心を奪われ、死にかけていた（近親相姦のモチーフ）。火葬は、死の翌日に行なわれることになった。ココマットの息子コヨーテには、翌日が火葬だということを人々に伝える役目が与えられた。コヨーテは生前父親に言われたことを考えていた――「わしが死んだら、わしの心臓を取り、幸せになれ」。この「心臓を取れ」というのは、「わしのやり方を踏襲しろ」という意味だった。だが人々は、コヨーテがそれを文字通りに受け取ったことを知っていた。

この神話にはほかにも重要な点がいくつかあるが、それにはふれずに、この「誤解されたメッセージ」だけを取り上げることにする。

コヨーテに課せられていたのは、超自我を獲得し、父親のようになることだった。ところが、彼は父のことばを文字通りに受け取ってしまった。というより、原初的な、あるいは幻想的なレベルで受け取ったと言ったほうがいいかもしれない。

精神分裂病者は、誰かを食べたとか、誰かが自分の中にいるといったことをよく言う。だが彼らは、自分の父親の生き方を受け継ぐことはできない。フロイトは超自我の形成のメカニズムを、取り込み、すなわち、呑み込むこと、食べること、内に取りこむことだと解き明かしている(Freud 1922:382-83)。

この場合、攻撃性の一部は内に向けられ、一部は同一化ないしは模倣として昇華されなければならない。コヨーテをはじめとするトリックスターのヒーローにはそれができない。彼らは超自我をもたない存在だからだ。コヨーテは、自分をもてなしてくれる主人を模倣しようとして失敗する。この模倣はしばしば、客にご馳走をふるまう、つまり、子どもたちを扶養することに結びつけられる。コヨーテやワタリガラスに欠けているのはこの点である(1)。

「ナナブシュは、まずその錐《きり》を手に取った。彼はテント小屋の柱につかまって登ろうとしたが、うまく登れなかった。しばらくたって、彼はようやく横木の上に乗った。そして自分の両方の睾丸をつかむと、錐をしっかりと握りしめ、「もうだめだ!」と言った。彼は自分の睾丸にねらいを定め、錐で突き刺すと、どさっと音をたてて炎の真ん中に落ちた。この転落が彼の命を奪った」(Jones 1917-1919:347)。

フロイトによると、去勢不安は超自我の形成をもたらすという。ナナブシュの話には超自我の形成の失敗と、自己去勢や死への退行的なステップが見られる。

しかし、この否定的な定義は、ほんの手始めにすぎない。周知のように、コヨーテや同様の神話的登場人物には超自我の欠如が特徴づけられているからである。

グラディス・ライハルトによれば、コヨーテにはは彼の行動を予言できる複数の助力者がいた。コヨーテは窮地に陥ると、彼らを呼び出した。「私の情報提供者は一人として、この助力者たちがいったい誰だったのかを正確に語ることができなかった(あるいは語ろうとしなかったのかもしれない)。いつ聞いても、「それはコヨーテのことばだ」と言うばかりだった。トムソン族やほかのセイリッシ語族のあいだでは、コヨーテの排泄物には特別な力があると信じられている。言語学的にみて、四つの力とは排泄物、両睾丸、ペニスではないか、と私は考えている」(Reichard 1947:98-103)。

チリカフア・アパッチ族にはこんな話が伝わっている。「コヨーテは、自分のペニスの上に馬乗りになった少女と性交をした。彼女は石を拾うと、それでコヨーテのペニスを打った。包皮がむけるのはこのためである」(Opler 1942:53-54)。

アイダホ州のサモン川をつくったのは、男根英雄である。彼は赤ん坊になって、ある女の養子となった。その女は堰を所有する女たちのうちの一人だった。男根英雄にまつわる物語のなかには、彼は単に堰に穴を開け、水といっしょに鮭を流しただけだというものもある。またほかの話では、彼はその堰の持ち主にも同じことをしたという。要するに、性交をしたのである。クールダレーヌ族の神話では、コヨーテは川で泳いでいて、人々が鮭が食べられなくなったと嘆いているのを耳にする。堰がせきとめられ、人食いの娘四人が鮭の通るのを邪魔していたからだ。

ライハルトは同じような話をたくさんあげている。鮭の解放、幼児への変身、堰の持ち主である娘たちとの性交や、川を渡っての性交など、いくつものモチーフが複合している（Reichard 1947:98-103）。

堰が開かれ、鮭が泳ぎ出ることが、誕生を表わしていることは言うまでもない。また、女性の抵抗や堰（抑制）を打ち破り、この世のありとあらゆる良いものを人類にもたらしたのは、紛れもなく男根英雄だったのだ！

だが、この文化英雄は子どもでもある。こんな話がある。強大な力をもった族長は、昼の光と太陽、月を箱に入れ、その箱を家にしまっていた。ワタリガラス〔北太平洋沿岸の北米インディアンの文化英雄。神霊でもあり、またトリックスターともされる〕は光を解放してやろうと思った。彼は水を汲みにきた族長の娘と結婚しようとするが、はねつけられてしまう。

そこで、ワタリガラスは松の葉に姿を変え、水の中に身を投げた。娘は松葉ごと、その水を飲んだ。ワタリガラスは娘の体の中に入って赤ん坊になり、息子として生まれた。子どもはみるみる成長し、祖父はその子どもをとてもかわいがった。子どもは屋根に吊り下げられていた例の箱を見たいと言った。祖父はなかなか許さなかったが、最後に根負けして、子どもに箱の中をのぞかせてやった。すると、箱はどんどん広がっていき、ついに子どもはワタリガラスの姿に戻ると、箱を携えて飛び去ってしまった（Boas 1895:173, 208, 211, 246, 272, 291)。

だが、もし昼の光が幼い子どもによってこの世にもたらされ、しかもその子どものヒーローが箱を開け、家を出たときにそれが起きたのだとすれば、この神話は次のような意味だと解釈してもいいだろう。すなわち、すべての子どもは、生まれたときに彼自身の世界に光をもたらすということだ。ワタリガラスは光をもたらし、子どもは光を目にする。ワタリガラス（および他の神話の英雄たち）はさまざまな場所に名前を付けてまわる──子どもは場所の名前を覚える。神話の英雄は、ものごとのやり方の手本である。「ワタリガラスはこうやった」というのが、さまざまな問題にぶつかったときのトリンギット族（アラスカ）の対処法である（Krause 1885:253-54)。この観点からすると、文化英雄はずばり、成長の過程を意味する。人は誰でも自分自身の文化の英雄である。すなわち、成長して自分が所属する集団の文化を取り込むのである。

文化英雄の神話を自伝的なものとみなすと、「成長の物語」は三つの重要なモチーフを中心に展開していることに気づく。それは、(1) 父親との闘い、(2) 近親相姦、(3) 去勢不安、である。

スペリオル湖地方に住むオジブウェー族の神話では、野ウサギのマナボジョ（米国の詩人ロングフェローが書いた物語詩『ハイアワサの歌』の主人公ハイアワサ」は、祖母から、母親がマナボジョのお産で死んだのは、父親の西風、ムジェケーウィスが呪い殺したからだと聞かされる。このあとに有名な闘いの場面が続く。ムジェケーウィスは黒石の攻撃に弱かった。マナボジョも葦に弱いと伝えられていたが、これは油断させるための策略で、彼は父親の西風を世界の果てに追いつめ、黒石でしたたかに打ちのめした。

「待て」と父親は叫んだ。「息子よ。おまえはわたしの力を知っているはずだ。わたしを殺せないこともわかっているだろう。思いとどまれば、おまえの兄弟たちにやる力を全部合わせただけの力をおまえにやろう」(Schoolcraft 1839:135, 1856:18-19)。

父親と息子が闘いあう神話の数は多くないという意見には、反対する向きもあるだろう。ギリシア神話には、息子オイディプスに殺されたライオスの話しかないが、同じテーマをヴェールに包んで表現したものはいくつもある。北米版では、ほんの形だけヴェールで覆ったというものが多く、近親相姦欲望や敵対が、祖父およびその代用品と、母親の代用品であるその妻、つまり祖母との滑稽な関係によってあからさまに描かれていることもある。

野ウサギの神話のアイオワ・インディアン版では、放浪していた野ウサギはウヨ(この世の女性器)を見つける。彼は家に帰り、あれは何かと祖母に訊ねた。祖母は言った、「あれは、おまえのおばあさんたちの一人だよ。そばに寄るんじゃないよ」。野ウサギは祖母の言うことをきかず、その悪い祖母に呑み込まれてしまう。だが、良い祖母が彼を助け出し、彼は祖母と同衾する。これが月経の起源である(Radin 1948:37, 39, 105, 162)。

野ウサギは祖母たちと関係をもっているので、敵はすべて彼の祖父たちということになる。彼は祖父の一人をタバコを独り占めしたかどで殺し、やはり祖父である「熊」も殺した(Radin 1948:

96-97)。ウィスコンシン州のウィネベーゴ族の神話では、ふたごがこの世から危険な怪物を追い出しているあいだに、彼らの父親は恐怖に襲われ、逃げ出している(2)。

北米にきわめて多くみられるもう一つの「モチーフ」は、「歯のあるワギナ」(性に対する男性の恐怖の古典的なシンボル)である。かつて女性たちのワギナには歯があったが、英雄がその歯を折り、性行為ができるようにしてやったのである。

カナダのフレーザー川周辺には、クエールルズについてのこんな物語がある。彼らがある場所に来ると、そこにはワギナに歯のある老女が住んでいて、彼女と性交するものを一人残らず殺していた。「晴天」の息子たちは、ハンマーでその歯を折った。もし彼らが歯を折ってやらなかったら、女たちのワギナには今でも歯があっただろう(Boas 1895)。

文化英雄の生涯の物語は全人類の人生の物語である。人は誰しも成長し、エディプス・コンプレックスの葛藤と去勢不安を克服していくのである。

では、これらの物語の主人公は、男根やリビドー、イドの擬人化としての明確な特徴をどんなふうに示しているのだろうか。口唇期つまり母子関係の不安を克服するには、何よりも性器的リビドーが役立つので、成熟化の過程は男根によって象徴される。同時に、これを取り巻く世界を克服することも、成長することや、攻撃性を表わす力を増大させることで達成される。男根は武器であり、トリックスター的英雄は最初から破壊的なのである。かくして、驚くべき結論に到達する。すなわち、文化英雄は、イド(エス)、つまり命の根源なのだ。文化は一般に社会への適応の過程とみなされているが、そうした見方で文化をとらえると、超自我がこの文化英雄の役割を担っていると思いがちだ。だが、次のことを思い起こせば問題はもっと簡単になる。要するに、「文化英雄」とは単にことばだけのものにすぎず、また、なんとなく文化の起源を明らかにするように見えるが、実はなにも関わりがないかもしれないのである。これらの神話上の存在は、個人の成長過程を象徴している。ある人の「幼児期から成人までの」移行をめぐる、精神分析による特徴づけは、これらの神話的存在にも間違いなく有効である。それでもまだ次の疑問が残る――では、今まで見てきたことについて、北米の特徴はどうなのか。

なぜコヨーテは、あんなに人気のある英雄なのだろうか。なぜ猥雑なものや許容されないもの、あるいは他の反社会的な要素が彼らのなかにあるのだろうか。そして、これらの物語を聞いて、自分が体験しているかのように楽しくなるのはどうしてなのか。

答えはこうだ。北米のインディアンはきわめて強い超自我をもっており、英雄としてのイド象徴が社会的抑圧との釣合いをとっているのである。

ここで「強い超自我」という表現を用いるとき、相対的な意味で使っていることは言うまでもない。オーストラリア人やメラネシア人、ソマリ族と比べると、北米インディアンは、抑圧や抑制の度合いが強いが、おそらくニューイングランドの罪悪感を基準にすれば、それほど強いとはいえない。

北米インディアンの両親の子どもに対する態度は、私が知っているどの未開民族とも違う。厳格な超自我の育成法とでも言うべき慣習には、次のものがある。(a)クレードルボード〔北米インディアンの女性が幼児をおんぶするための木製の枠〕、(b)訓練といわれるもの、(c)訓辞。

クレードルボードについては最近、この慣習が見直されてきている。米国の人類学者クラックホーンとレイトンは、どちらかというとクレードルボードを気に入っているようだが、こう報告している。「しかし、だいたい生後六カ月くらいになると、乳児は閉じこめられることに明らかに欲求不満を感じはじめ、自由にして欲しいと泣きわめくようになる」(1947:26)。

また、クレードルボードがお仕置きや大人の都合のためにも使われるのは間違いない。グリネルによれば、西部平原地帯に住むシャイアン族の母親は、赤ん坊が泣きやまないときは、クレードルボードにくくりつけて藪の中に吊るしておくという。カナダ西部のクワキウトル族の赤ん坊は、乱暴で落ち着きのない子にならないようにクレードルボードにくくりつけられると言われていたが、一年ほどしてクレードルボードから解放されたときには、子どもたちは生後一カ月の赤ん坊と変わらないくらい、自分一人ではなにもできなかったという(Petitt 1946:12)。

こうした事実をふまえると、クレードルボードに押し込められた子ども＝放浪者としての主人公、という図式が浮かんでくる。

私がここで「訓練」と呼んでいるものは、ほかの未開民族における穏やかで寛大な、というよりも、のんびりとしたやり方とはまるで違う。ワシントン州のラミ族の例を挙げてみよう――

男の子の成長における教育の最初の目標は、自然の脅威に立ち向かい、勇気と自信を少年の内に育むことである。少年は、真っ暗闇のしかも嵐の夜に、遠方に住む老人のもとに使いに出される。また、ピュージェット湾の凍りそうに冷たい水で毎朝水浴しなければならず、罰として夕方にもう一度水浴びをさせられることもしばしばだ。少年は手荒く扱われ、冷遇される。まとまな食べ物は食べさせてもらえず、鮭のしっぽとアヒルの背骨がかろうじて栄養をとるために与えられる。父親は、我が子の内に不屈の精神を鍛え上げたいあまり、息子が厳格な規律をわずかでも破ると、烈火のごとく怒り狂う。息子の忍耐力をためすためには、鋭い石でからだを傷つけたりもするのである。

少年はピュージェット湾の凍りつくような水の中に飛び込んだあと、胸を触るとヒリヒリするまで、ときには血が滲むまで砂でこする。それから、乳首を石ではさんで押しつぶし、乳首をちぎり取る（Stern 1934）。

ナヴァホ族の赤ん坊は、ごく幼いうちに雪の中に放り出される。おそらく、この風習をもっているのは、ナヴァホ族以外にもあるだろう。これは筆者が発見したことだが、ユマ族には、子どもにどんな人間になるべきかを訓辞する習慣がある。子どもたちがその習慣を気に入っているとは、筆者には思えないけれども。ハロウェルが語ったところによると、北東部の部族たちは、心配性で内向的であり、強い抑制力をもつことが理想なのだという。(Hallowell 1946)

こういうわけで、彼らの神話の真の主人公がイドであることはなんの不思議もない。といっても、自我の統一性を保つために、彼らは自分たちの英雄を嘲笑うふりをしているのである。

第10章　トム・ティット・トット

ヨーロッパでもっともよく知られた民話の一つに、謎の援助者の名前を当てるものがある。ドイツ語の名前はルンペルシュティルツヒェンだが、英語ではトム・ティット・トットと呼ばれることが多い。これはAT五〇〇の「援助者の名前」で、これまで少なからぬ学術的論議をかもしてきた。現代の代表的な学術論文としては、マックス・リューティ、ルッツ・レーリヒ、ハワード・ワイト・マーシャルのものがあげられる。* リューティもレーリヒも、この物語の心理学的解釈に言及しているが、ローハイムの論文にはまったくふれていない。

また、この物語を扱った精神分析的論文も数多くある。** だが、これらの分析家の誰一人として、ローハイムの論文に言及するものはいない。これはローハイムの仕事が民俗学者同様、精神分析家にも無視されていたことを示すものである。

---

* Max Lüthi, "Rumpelstilzchen," *Antaios* 12 (1971) :419-36; Lutz Röhrich, "Rumpelstilzchen. Vom Methodenpluralismus in der Erzahlforschung," *Festschrift für Robert Wildhaber* (Basel, 1973), pp. 567-96; Howard Wight Marshall, "'Tom Tit Tot': A comparative Essay on Aarne-Thompson Type 500—The Name of the Helper," *Folklore* 84 (1973) : 51-57.

** C. J. Schuurman, "The Psychoanalytical and the Psychosophical Interpretation of Fairy-Tales," *Folia*

Psychiatrica 53 (1950) :509-18; Julis. L. Rowley, "Rumpelstilzkin in the Analytical Situation," *International Journal of Psycho-Analysis* 32 (1951) :190-95; Edmund Bergler, "The Clinical Importance of 'Rumpelstiltskin' As Anti-Male Manifesto," *American Imago* 18 (1961) :65-70; Leo Katz, "Rumpelstiltskin Complex," *Contemporary Psychoanalysis* 10 (1974) :116-24; Donald B. Rinsley and Elizabeth Bergmann, "Enchantment and Alchemy: The Story of Rumpelstiltskin," *Bulletin of the Menninger Clinic* 47 (1983) :1-14; and Martin Miller, "Poor Rumpelstiltskin," *Psychoanalytic Quarterly* 54 (1985) :73-76.

あるところに、娘を持った女がいました。女は娘がいっぺんにパイを五つも食べてしまったのを見つけて、こんな歌を歌いました——

うちの娘っ子が五つ食べた。今日、五つのパイを。
うちの娘っ子が五つ食べた。今日、五つのパイを。

けれども、女はそれを恥ずかしく思っていたので、王さまが通りかかったときは、歌詞を変えて歌ったのでした。

うちの娘っ子が五かせ紡いだ。今日、五かせの糸を。
うちの娘っ子が五かせ紡いだ。今日、五かせの糸を。

これを聞いた王さまは、そんなすばらしい娘がいるなら結婚したいと思いました。そして、娘は一年のうち十一カ月はなにもしなくてもいいけれど、十二カ月めには、一日に五かせの糸を紡ぐことになりました。もしそれだけ紡げなかったら、王さまは彼女を殺してしまうというのです。娘は紡ぎ方を知らなかったので途方にくれてしまいました。ところが、そこに黒い小さなものが現われて、娘の代わりにすっかり糸を紡いでくれました。けれども、その黒い小さなものは、月の終わりまでにおれの名前を当てられなければ、おれのものになれ、と娘に言ったのです。ある日、夫となった王さまが娘のもとにきて言いました。

今日、わたしは狩りに行って、これまで見たこともない森の中に足を踏み入れた。すると、黒い小さなものがしっぽをくるくる回しながら、ものすごい早さで糸を紡いでいた。そして糸を紡ぎながら、こんな歌を歌っていた――

ニミー・ニミー・ノット、
おれさまの名はトム・ティット・トット。

こうして名前がわかったので、娘はトム・ティット・トットが連れにきたとき、やすやすと追い

払うことができましたとさ。(1)

昔、美しい娘を持った粉屋の女がいました。女は王さまに売り込むために、うちの娘は藁《わら》を紡いで金にすると自慢しました。娘が途方にくれていると、一人の小人が現われて、代わりに仕事をやってくれました。娘はお礼に、最初はネックレス、次は指輪を小人に与えました。けれども、三度目には上げるものがなくなってしまったので、王さまと結婚して生まれた最初の子どもを上げると約束しました。そして、小人がその子どもを引き取りにきました。三日のうちに小人の名前を当てられなかったら、子どもを渡さなければならないのです。ところが、后になった娘の使いが、森の中で片足ではねながら、こう叫んでいる小人を見かけました――

今日はパンを焼き、明日は酒をつくる。
あさっては、后の子どもをもらいにいく。
なんてすてきなんだろう、誰も知らないなんて。
このおれさまの名が、
ルンペルシュティルツヒェンだということを！

后が名前を告げると、小人は鋭い悲鳴を上げ、かっとなって右足で地面を強く踏みつけたので、腰まで土の中に埋まってしまいました。それから左足を手でつかんで、腹立ち紛れに自分のからだ

をまっぷたつに引き裂いてしまったのです。(2)

一人の貧しい女が錘をもって、なまけものの娘を追いかけていました（トランシルヴァニア）。そこにたまたま、王子さまが通りかかったので、女は娘がなまけものだとは言えず、別の理由をでっちあげました。つまり、娘が何でも紡いでしまって困っている。手に入るものなら屋根だって紡いでしまう、と説明したのです。そこで王子さまは、娘を亜麻でいっぱいにした納屋に閉じこめて言いました。もしひと月のうちにこれを全部紡ぐことができたら、おまえと結婚しよう、と。そこに一人の小人が姿を現わしました。小人の背丈は半エルほどしかないのに、あごひげは一エル半もの長さがありました。小人は娘の代わりに仕事をしてやろうと言いました。けれども、仕事が終わったあと、娘が小人の名前を当てられなかったら、娘は彼のものにならなければならないと言うのです。ところが、召使の一人が、森の中の「暗い溝」の中で半エルの背丈に一エル半のあごひげの小人を見かけたと報告してきました。小人は木の枝から木の枝に飛び移りながら糸を紡ぎ、こう歌っていたのです――

おれさまの名は、「踊るヴァルガルシュカ」。
おれさまの妻になるのは、糸紡ぎのうまいススカ。

娘がそのあと、まんまと小人を撃退したことは言うまでもない。だが問題は、娘にはもう二度とそんなにすごい速さで紡ぐことはできないということだった。さて、娘は王子と無事に結婚することになり、その婚礼の祝宴に三人の老女がやってきた。一人は両方のまぶたが顔全体をおおうほどたれさがり、もう一人の唇は膝までたれている。三人めの老女のお尻は完全にぺっちゃんこだった。三人の老女が、糸紡ぎをやりすぎてこうなったのです、と言うのを聞いて、王は美しい妻に、今後いっさい糸紡ぎをしてはならないと言い渡した。(3)

ポメラニア版には、カエルの名前をもった三人の魔女の助力者が登場する。リーダー格は黒い魔女である。(4)「三人の糸紡ぎ女」型と「小人」型の話は分かれているのがふつうだが、ときには両者が一つの話に混合していることもある。ギリシア版では、三人の女の一人は足もとまで届く鼻をしていて、名前は「鼻」という。二人目はやはり足もとまで届く唇で、名前は「唇」。三人目は巨大なお尻で、名前は「臀部」。最初の女の鼻がそんなに大きくなったのは、機織りをしていたときにいつも鼻を右から左に動かしては戻していたからだ。二人目の唇が大きくなったのは、唇を指で引っぱっては、糸を唇でしめらせていたから。そして三人目のお尻が大きくなったのは、年がら年じゅう坐りっぱなしで糸紡ぎをしていたからである。(5) 女の助力者が一人である話は、「三人の糸紡ぎ女」型から「小人」型への移行とみなすこともできるだろう。(6)

これらの民話には、(7) ヨーロッパの悪魔物語でおなじみのモチーフ(ザーゲ、悪魔物語)が見いだせる。人間がぐっすり眠っているあいだに悪魔(しばしば小人)が部屋に現われ、人間のやり残した仕事をするというものだ。これについては、先の論文〔第五章「聖アガタと火曜日の女」〕で取り上げた――。

もし女性が火曜日の晩に糸紡ぎをすると、「火曜日の女」に無理やり糸紡ぎをつづけさせられる。「火曜日の女」は機織り機のかせをもつれさせたり、糸巻きを首に巻き付けたり、その女性が精魂つきはてるまで働かせたりする。(8)

チロルでは、松ぼっくりほどの大きさの小人が、夜、粉屋の眠っているあいだにすっかり仕事をやってしまう。これら「ノエルグライン」はびっくりしてこう言うこともある——

おれは丸く小高い野原を想う。
牧草地を三度、野原を三度。

この叫びは常に驚愕と小人の年齢を表わしている。(9) レストナーはこの特徴を「後仕事」(後でやる仕事)と呼んでいる。(10) 悪魔は、夢の誘因となるやり残した仕事や日中残滓と関係がある。(11) さらには、先ほどのチロルのノエルグラインが叫んだことは、トム・ティット・トットの民話でも繰り返されている。(12)

すでにレストナーは、この物語が夢の物語であることを、次のような理由をあげて主張してきた。ヘッセン版では、小人は自分のことを「ベルレヴィットヘン」と呼んでいるが、これはビルヴィッス、すなわち、悪夢的存在の別名である。同じことがリトアニア版のロウムにも言える。すなわち、小人の名前を告げるのは、悪夢から目覚める瞬間である。城を築く巨人の伝説群では、巨人に与えられる約束の人間、太陽、月は、巨人の名前を当てるか、夜明けが巨人の仕事を中断さ

せる（夢を見ている人が目覚める）かのどちらかによって救出される。(14)

この夢の潜在内容を解き明かそうとすると、二つのことに気がつく。困難に陥っている人、つまり夢を見ている人は、小人に助けられる少女である。話のテーマは糸紡ぎで、母親は本心とは裏腹に、糸紡ぎを罰するふりをしている。おそらく、このパラドックス的な特徴に、この夢を理解する手がかりが含まれていると思われる。たれ下がった長い唇と鼻を持った醜い老女たちは、同じ一つの行為を象徴している。だからこそ、王は妻に糸紡ぎ、すなわち「自慰」を厳禁するのである。三人の老女の顔は、上部の器官に置き換えられた外陰部である。自慰をつづけたために、外陰部は長い鼻（クリトリス）と長い唇（陰唇）になってしまったのである。

東プロイセン版では、一人目の糸紡ぎ女は分厚い唇をしている。紡ぎ糸をなめるために厚くなったもので、部屋の真ん中から窓の外まではみ出ている。二人目は糸を引っぱるために一本の指がとびぬけて太くなり、三人目は糸車のペダルを踏むために片方の足がすごく大きくなったのだ。(15) ロシア版では、唇は胸まで垂れ下がり、片足はヘビのごとく、片手は（指がなくて）拳《こぶし》のごとくに変形している。(16) 意味深いのは、これら自慰を象徴するものたちが最後に結婚式に現われることである。

ギリシア版の物語では、一人目の女性は「唇」、二人目は「鼻」、三人目は「臀部」と呼ばれている。

ではここで、大胆な推測をして、物語の后のように小人の名前を当ててみよう。それはペニスだ。ドイツ語のハーネンキケルレ(17)（鬨《とき》をつくるオンドリ）や「箒の柄」という小人の名が、そのことを示唆している。(18) 小人は森の暗い穴の中で片足ではねて踊りながら、猛烈な早さで糸を紡いでいるのを目撃されている。

ハンガリー版の小人は、背丈は二インチほどしかないのに、二ヤードの口ひげと一ヤードのあごひげを持ち、美しい后を自分の花嫁だと思いこんでいる。小人は森の中で火の上を跳びはねながら、おれさまはパンツィマンツィだ、明日は花嫁を家に連れてくるんだ、と叫んでいるところを目撃される。[19] スロヴァキア版の小人は、赤い帽子をかぶり、金の上着を着て、テーブルのまわりを狂ったように駆けまわりながら、こう叫んでいる――


夕食にはご馳走を九皿、用意しよう。

彼女を絹のベッドに寝かせよう。


ペニスの代わりとなるものは、小人か子どもである。小人はクリトリス、つまり「女性のペニス幻想」であり、物語全体の核心は自慰の夢だと推測される。[20] その夢の中で少女は、自分の「小人」がはねたり踊ったり、糸を紡いでいるのを見ているのである。

シレジア版では、小人は「クニルフィッカー」と呼ばれている。ドイツ語の「フィッケン」は、英語の「ファック」に相当する。「クニル」は「クニルプス」（小人、若者）ではないだろうか。「チストル・イム・コエルベル、プルッツィンゲレ、シュピッツバルテレ」も、このグループの名前である。[21] フランスの類話のなかには、小人が少女に魔法の杖を与え、その杖が糸紡ぎをするものがある。[22]

この夢は不安夢でもある。自分がそっくり「小人」のものにされてしまうのではないかという少女の不安である。うまく小人を追い払うことができれば、少女は子どもを取られずにすむ。つまり、この子どもは想像上の「女性のペニス」の代用品として、物語に登場するのである。

第11章　龍の中の燃える火

この論文の題名は「龍の中の燃える火」だが、内容は龍にはあまり関係がない。むしろ、怪物に呑み込まれる主人公のほうに焦点があてられている。ローハイムは、民話における「呑み込む怪物」は「呑み込む親」を表わしていると考える。たとえば、子どもが反抗や攻撃性の現われとして乳房にしようと思っていること、すなわち、噛んだり呑み込んだりすることを、子どもに行なおうとする母親のことである。

かつて普及していた、「呑み込む怪物」に対する太陽神話論的解釈に言及するとき、ローハイムは驚くほど好意的だ。太陽神話論者は、大切な太陽が雲や夜の闇に呑み込まれてしまうという解釈をとっていた。これについては、ドーソンの論文*を参照されたい。ローハイムが太陽神話論に寛大なのは、精神分析と出会うまえに彼自身、太陽および月神話に関心をもっていたせいもあるだろう。いずれにしても、太陽神話論者の日没と日の出の神話に対する傾倒ぶりは、勃起と萎縮への飽くなき関心を象徴的に昇華したものなのかもしれない。

この論文でローハイムは、ヨーロッパやオーストラリアよりもポリネシアの神話に重きを置いている。これは彼の神話に関するめざましい知識が広く世界に及んでいることを証明するものだ。

* Richard M. Dorson, "The Eclipse of Solar Mythology," *Journal of American Folkore* 68 (1955):393-416, reprinted in Alan Dundes, ed., *The Study of Folkore* (Englewood Cliffs: Prentice-Hall, 1965), pp. 57-83〔アラン・ダンデスほか著『フォークロアの理論――歴史地理的方法を越えて』荒木博之編訳、法政大学出版局〕

主人公は、魚もしくは水に関係する怪物に呑み込まれたあと、体の中からその怪物の心臓を切り取ったり食べたりする。私は以前に発表した論文でこのことを「身体破壊幻想」（メラニー・クライン）として取り上げ、主人公は子ども、龍は母親であるという解釈を加えた。(1)

この解釈は確かに正しいのだが、これだけでは完全ではないので、ここで詳しく見ていくことにしよう。

北米インディアンのウィネベーゴ族の神話には、野ウサギが火打ち石の鏃《やじり》を集め、丘の上に登って歌う様子が描かれている――

おまえならこれを呑み込めるだろう。
俺を捕まえると言われているおまえなら。
俺を呑み込め、これを呑み込め！

そう彼は歌った。すると、炎が燃え上がるよりすばやく、その超自然的存在が彼に襲いかかってきた。(2)

物語の後半は典型的な「呑み込まれた英雄」神話になっている。ここで興味深いのは炎である。炎はまさしく英雄の属性の一つであり、「呑み込む怪物」の属性ではない。

ユマ族のココマットの物語では、創造の神は死んで火葬されなければならなかった。人々はコヨーテに火を取りにいかせる。彼らはコヨーテが「ココマットの心臓」を食べたがっているのを知っていたので、彼のいないあいだに創造神を火葬しようと考えたのだ。彼らは「火起こし錐《きり》」で火を起こした。だが、コヨーテは自分の尾で太陽の火を受け、ココマットの心臓をむさぼり食うのに間に合うように戻ってきたのである。(3) フロベニウスは、次の二つの特徴を強調している。すなわち、呑み込まれた英雄は怪物の心臓を切り取るか食べる、あるいは龍の体内で燃やした火で殺すかしているのだ。(4)

カナダのチムシアン族の神話では、ヘラジカが川をまたぎ、人々を呑み込んで殺す。カヌーはヘラジカの体を通り抜けたが、乗組員はつかまり、殺された。リーサはいかだで川を下った。彼はヘラジカのお腹の中で火を焚き、心臓を握りつぶした。彼が心臓を切り取ると、ヘラジカは死んだ。(5)

金の目（ミソサザイ）は火起こし錐を持って「風」の腹の中に入り込み、火を起こした。(6)

同様のエピソードは、北西部のいくつかの部族とエスキモー族〔イヌイット〕の神話にも見られるが、フランツ・ボアズ〔一八五八～一九四二。ドイツ生まれの米国の人類学者〕は次のように要約している――。

ワタリガラスはナイフと火を起こす道具を持って、鯨の腹の中に入った。鯨の口蓋垂は老婆の姿に見えた。鯨は目を覚ました。食べ物が次々に中に押し寄せてくる。ワタリガラスはそれを料理して食べた。別の類話では、ワタリガラスとミンクは一緒に呑み込まれる。ワタリガラスはミンクをつねって泣かせる。鯨はワタリガラスに、自分の肉の一部を切りとってもいいが、心臓だけは切ってはならないと警告する。これを聞くなり、ワタリガラスは鯨の心臓を切りとってしまう。(7)

鯨が自分の体内にいる旅人たちに母親のような気遣いを見せることもだが、鯨の口蓋垂が老婆に似ているというくだりも意味深いものがある。

ある類話では、ミンクは自分の祖母の外陰部を切り取って餌にする。そして鯨に呑み込まれる。(8)また、エスキモー版の主人公は仲間の警告を無視したために、氷に覆われた熊に出くわす。彼はナイフを一本しか持っていなかった。即座に彼は熊の大きく開けた口の中に身をおどらせた。熊はよろめき、どさっと倒れると息絶えた。(9)主人公は熊の体をナイフで切り裂いて出てきたが、髪の毛が頭皮もろともすっかりなくなってしまった。オクラホマ州に住むチェロキー族の神話では、魚の体内は蒸し暑く、主人公は魚の胃液のために火傷を負い、髪がすっかり抜け落ちて丸坊主になってしまう。(10)アリゾナ州のホピ族の軍神たちは、怪物に呑み込まれる。怪物の腹の中で彼らは、草木や岩のある新しい世界を発見する。彼らは自分たちの矢で怪物の心臓を射抜く。(11)

ロシアのコリヤーク族の神話は、創造神に妻のミティが仕掛けたいたずらを語っている。彼女は地面に寝ると、両脚を上げ、大きく広げた。彼女は頭を雪の中につっこみ、どんどん大きくなって、夫の道をふさぐほどになった。創造神は妻の肛門の中に、まるで家の中に入るみたいに、そのまま入っていった。そして妻の肛門の中で、創造神はハゲ頭になってしまった[12]。

ヤスベルのカマカジュは、サワラの体を切り開いて出てきた。彼が「ここはどこだ」と言ったそのとき、太陽が東から昇り、カマカジュに告げた。「わたしの邪魔するな。さもないと、火傷をするぞ」と。カマカジュは太陽に従って空に昇り、太陽の子どもたちに食べ物を調理して食べることを教えた[13]。オレゴン州のタケルマ族版では、熊に呑み込まれたコヨーテが、その心臓を切り取る[14]。コヨーテと太陽、コヨーテと火の結びつきは広範に及んでいる[15]。

そのことを考慮に入れると、この物語を最初に太陽神話だと考えた神話学者たちの解釈も、まったくの間違いではなかったわけだ[16]。

魚や鯨や龍の、母性ないしは女性的な意味はきわめて明白である。キリスト教神話では、龍の腹や冥界は聖母マリアの胎内にたとえられる[17]。では、主人公が丸坊主になってしまうのはどうしてか。これは明らかに、生まれたばかりの赤ん坊だからだ。中から出てくるのは赤ん坊だが、中に入るのは男根である。今後発表する予定の、北米の文化英雄に関する論文のなかで、私は文化英雄、とくにコヨーテが、男根の象徴であることを示している。魚の体内で火を燃やすことは性交にほかならない。これらの神話は、生まれ落ちたときに主人公が母親を殺すというモチーフに類するもので[18]、性交の攻撃的要素を強調するものでもある。フェレンツィによれば、ペニスは体を象徴するものとして思い描かれ、性交は子宮回帰の幻想をともなうという[19]。

では、「呑み込む」エピソードの解明に役立つと思われる一連のエピソードを、次にあげよう。

これは、チルコティンとカナダのシュスワップ族が伝える「小犬」の神話である。

小犬は、そっちの方角に行ってはいけないという妻の警告に従わなかったので、水の真ん中に立っていたヘラジカに呑み込まれてしまう。小犬がヘラジカの体内で火を焚き、心臓を切り取って食べたので、ヘラジカは死ぬ。その後、小犬は子どもたちと一緒に大きな石の扉のある家に行く。家の中では、一人の女が籠を編んでいた。石の扉は閉じたり開いたりしていた。小犬は魔法の棒をはさんで、扉が閉まらないようにした。子どもたちはそのすきまをすり抜け、小犬もあとに続いた。彼が魔法の棒を引き抜いたとき、小指が扉に挾まれ、ちぎりとられてしまった。次の場面には、歯のあるワギナを持った女が登場する。小犬は魔法の棒を女のワギナに挿入し、歯を折ってやる。それから彼と男の子全員は、その女と性交する。[20] 最初のエピソードでは、性交は女の中にすっぽり入って殺すこととして表わされている。二番目のエピソードでは、家は女を象徴し、噛みつく扉は歯のあるワギナであり、去勢不安は小指を失うことによって表わされている。最後のエピソードについては、改めて説明するまでもないだろう。

ヒンドゥー教の神話では、カーマ（愛の神）はシヴァ神に殺されたが、クリシュナの息子として生まれ変わった。生後わずか六日で、赤ん坊は悪魔に連れ去られ、海に投げ込まれてしまう。赤ん坊は魚に呑み込まれる。その魚が捕らえられ、腹を裂かれると、中から美しい子どもの姿をしたカーマ（エロス）が現われる。[21]

ポリネシアの英雄神話は、マウイの偉業を中心に展開する。彼はあちこち旅をしたが、そのうち二回は、互いに対応するところがある。つまり、火を求めての旅と、永遠の命を得るための旅である。

マウイ、すなわちティイティは、父親タランガの後をつけて冥界に行く。火の神マフイエはタランガの友人だった。マウイは父親の声をまねて言う――

「岩よ、開け。
わたしはタランガだ。
マフイエに与えられた
わたしの国に用事があって
やってきたのだ。」

岩が開くと、冥界には彼の父親のタランガがいた。タランガという名前は、おそらく類話のなかでマウイに殺されるタンガロアと同じ人物を指すのであろう。タランガはマウイに、マフイエのところに行く道を教えた。マフイエはマウイに襲いかかってきたが、マウイはその片腕をもぎ取り、残った腕をひねり上げた。マフイエは、腕を放してくれたら百人の妻を与えようと言った。最後に彼は、木片同士をこすり合わせて火を起こすやり方をマウイに教えた。それでマウイは先祖の腕を自由にしてやった。[22] 南太平洋のトケラウ諸島の人々にとって、マウイの父親としても知られるタランガは、冥界の盲目の老婆マフィカから火を獲得した火の英雄である。[23]

マウイの系図は次のとおりである――[24]

命の水の男性的根源（男）――聖なる入口（女）
彼らの娘たちは汚物にまみれ、女の恥丘の末裔。

彼女たちの息子は「性器」と呼ばれている。長女にはアタラガ（翻訳名はない）という夫がおり、この二人には次の子どもたちがいる。

マウイ・ムア（最初の驚異の働き手）、マウイ＝ロト（中間の驚異の働き手）、マウイ・ムリ（あとの驚異の働き手）、マウイタカ（驚異の働き手、萎んだ者）、マウイティキティキ＝アタラガ（驚異の働き手、アタラガの膨らんだ息子）[25]。

マウイ誕生の歌は、火をもたらした者の神話が性交の物語であることをはっきりと示している。もっとも、火の番人はときとして男のこともあるのだが。どのことばにも深遠な象徴的意味がこめられている――。

おとめたちの情熱の歌

最初の声：
困難な入口、秘められた門

第二の声：
襲われ、嵐のように乱れる。
コーラス：
侵入者は欲望の核（中心）に突き進む。
ここにおとめが一人。その下には裂けた入口。
おそらく、それは「長い刀身のトゥ」だったのだろう、
彼女を地面の上にうつぶせに投げ出したのは――。
指の爪で広げられた網が開いている。
網の中には取っ手が一つ。
網はきつく引き寄せられる。きつく引き絞られる。
ああ、めくるめく歓びを呼び覚ます小さきものよ。
ああ、ぬめぬめした傷口を探る性の狩人よ。
情熱の泉がほとばしる。
刀身がさかんに抜き差しし、
やがて、内なる門に激しく突き立てる。
突然、奔流が溢れ出る。
恋人たちは激しくからみあい、一つとなる。
その抱き合う音が聞こえるほどに激しく――。(26)

ほかの細かいところは省いて、マウイが生み出されるくだりを引用してみよう——

それで、ファ・ヘガ（女の恥丘の子）はもうためらわずに地面の上に横たわった。すると、アタラガは彼女の片脚をつかんで、後ろに曲げた。次にもう一本の脚をつかむと、同じように後ろに曲げたので、赤ん坊は完全に出てきて、ファ・ヘガの膝のところまで出てきたとき、母親から完全に分離した。(27)

マウイは洗礼を受けることになった。本来ならマフ＝イカが儀式を行なわなければならないのだが、彼が拒んだので、トガ（性器）が代わりをつとめることになった。(28) ここでも重要なのはやはり、火の神と性器とが取り替え可能だということだ。また、これはマウイが火の神を殺すことの正当化とも考えられる。マウイの母親は生まれた我が子を祝福し、この子が先祖の女たちの境界を越えるので死は人間になんの力も及ぼさなくなるだろう、と予言した。だが彼の父親は、洗礼の加持祈禱の細かい部分をとばしてしまった。父親は、このために神々が死をもってマウイを罰することを知っていたのである。(29) さて、太陽が日々のコースをあまりにも急いで回るため、マウイの母親はちゃんと料理をする暇がなかった。マウイは母親の髪でつくった縄で太陽を捕まえることにした。「そこで、マウイはファ・ヘガの髪の毛を切り取って編み、縄をつくった。最初の縄は「暁の曙光」と呼ばれ、ファ・ヘガの額に生えている聖なる髪でつくられた。それから頭頂の髪でできた「太陽の魅惑」、右側頭部の毛を編んだ「原初の縄」と、左側頭部の毛を編んだ「光を絡め取るもの」などがつくられた」。

ほかの男根英雄と同じく、マウイも太陽なのである。太陽が地平線に姿を消すとき、マウイの生涯も終わるのだ。

「おまえは、地平線が天と交わる場所で、「ヒネ・ヌイ・テ・ポオ」（偉大な母なる夜）が、まるで開いたり閉じたりしているかのように瞬いているのを見るだろう。おまえがその向こうに見るのはまぶしいばかりに赤く輝く彼女の目、黒曜石のように鋭く固い彼女の歯だ。彼女の髪の毛はもつれた海草のようで、彼女の口はバラクーダ（獰猛な食用魚）の口のようだ」。ある類話には、何人ものマウイが登場する。その一人はヒネのところに行くが、彼女は「マウイを自分の腿のあいだにはさんできつくしめたので、マウイは死んでしまった」。これがこの世における最初の死である。小さなマウイは仕返しに、ヒネ・ヌイ・テ・ポオから火を盗むが、自分が燃え上がらせた火にまかれて死んでしまう[31]。

マウイの母親の髪の房は、実は恥毛であり、それにからめとられるのはマウイ自身ではないかと思われる。「彼は日の入りの道を通ってラロトンガから去り、また日の出の道を通って帰ってきた」[32]。また、幼児の浄め（洗礼）に使われる加持祈禱のテクストも次のように語っている——

神官らによって

タマ・テ＝カプア（聖なる父）によって

わたしによって、この弟子によって
この息子が生者の世界に
光の世界に現われ出づるように。(33)

トゥアマトゥ版によれば、マウイは、

テ・ラ・トゥ・ヌクの深淵に、
地の上を航海する太陽のもとに、

行くように運命づけられている。死の場所に……。龍巻のごとく荒れ狂う風の中で、天空をよぎる太陽の光、その何ものをも焼き尽くす光によってもたらされる死の場所に……。

マウイの敵対者は、マウイが妻を盗んだウナギ（男根）のテ・トゥナである。またしても根本的には男根的争いである。最後に、怒りに駆られたテ・トゥナは訊ねる、「このマウイというのはどんな人間なのか？」

「やつはほんとに小さな男です」と彼らは答えた。「やつの男根の先端は、すっかり曲がっています」。「それなら、わしの汚れた褌《ふんどし》の切れ端を目にしただけで、すっとんで逃げ出すだろう(34)」とテ・トゥナは答えた。

この完璧に男根的な叙事詩においても、口唇的つまり身体破壊的な特徴を見いだすことができる。

マウイは母親の白髪に気づいて訊ねた、「どうすれば、人は永遠に生きつづけられるの?」「ロリ・マタポポコ(深くくぼんだ目のウミウシ)の胃を手に入れることができたら、おまえは絶対に死なずにすむんだよ」。

マウイがその胃に食らいついて、ほとんど食べ尽くしたところに、彼より年長の人間が大きな叫び声をあげたので、彼はまた吐き出してしまった。妻が身ごもると、マウイは娘たちが永遠に生きられるようにという願いをこめて、長女にはロリ=イ=タウ(濡れた男根)、次女にはテ・ヴァリネ・フイ=ロリ(男根をつかむ女)と名付けた。(35)

ここで読者は、この神話の解釈としては、はたしてどちらが正しいのかという疑問を抱かれるかもしれない——口唇的攻撃(メラニー・クラインの身体破壊幻想)か、それとも性交か。

もし身体破壊幻想をメラニー・クラインが論じたとおりに受け取るなら、(36)これらの幻想は身体的機能、つまり、吸うことの機能に基づいているという結論に否応なく達するだろう(ここで、神経症患者の臨床データ、さらに精神病患者の臨床データはとくに、これらの幻想の存在を裏付けていることを付け加えておく)。吸うことはリビドーによるものではないか。これを否定することは難しいだろう。それだから、主に欲求不満への反応として攻撃の形で臨床分析に出現するこれらの幻想は、すべて同じようにリビドーの核をもっているはずだ。これは対象愛ではなく、快感に対するリビドーである。一方、性器性欲にはリビドーだけでなく、攻撃性も含まれている。男性の性衝動には常に強要やレイプの要素が含まれている。われわれが分けているこれらの実体(一方では口唇的と性器的、他方では攻撃とリビドー)は、現実においてはほとんどの場合、融合していると考えられる。

このほか、次のような考え方もある。これらの物語の主人公がいわゆる文化英雄でもあるかぎり、彼は不安状況を乗り越える手段を象徴していると考えられる。となると、この神話はもとの不安状況と、その状況から抜け出る手段の両方を象徴しているわけだ。この場合の不安状況は、「噛みつく、食べる子ども」の逆の形、すなわち「呑み込む母親」である。「リビドーの発達によって加虐性と不安は徐々に克服される」[37]。そして、このリビドーこそ、火と太陽、生の本能たる男根英雄なのである。

第12章　アーネムランドの神話

ローハイムは、オーストラリアの神話に生涯にわたって関心をもちつづけた。最初は熱心に文献を漁ってこのテーマを探究していたが、ついに一九二九年から一九三〇年にかけてオーストラリアでフィールドワークを行ない、じかにそうした神話との遭遇をはたした。オーストラリアの「原始」美術に関する一九五〇年の研究書に触発されたこの論文で、ローハイムはアボリジニーのもっとも重要な神話サイクルに短い考察を加えている。ローハイムのそうしたデータの詳細な分析については、彼の死後出版された『砂漠の子どもたち――中央オーストラリアの西の部族』および『砂漠の子どもたち　第二部――中央オーストラリアに生きるアボリジニーの神話と夢』を参照のこと。* オーストラリアの神話の構造的分析の例としては、ハイアットの本を参照されたい。**

* *Children of the Desert: the Western Tribes of Central Australia*, ed. Werner Muensterberger (New York: Basic Books, 1974), and *Children of the Desert II: Myths and Dreams of the Aborigines of Central Australia*, ed. John Morton and Werner Muensterberger (Sydney: Oceania Publications, 1988).

** L. R. Hiatt, ed., *Australian Aboriginal Mythology* (Canberra: Australrian Institute of Aboriginal Studies, 1975).

Ａ・Ｐ・エルキン教授と、キャサリーンとロナルド・バーント夫妻の共同執筆による、大変に興味を惹かれる著書が最近出版された。[1] 近々、同じ著者たちの共著が続いて出版されることと思うが、この本に収められたデータは実に興味深いものなので、ぜひとも解釈したくなり、こうして筆をとった次第である。

アーネムランド〔ノーザンテリトリー州北部の地域。アボリジニーの自治領〕には三つの重要な神話サイクルがある。最初はジャンガウル神話である。これは二人の男と二人の女が「夢の時代」〔神話に語られる太古の時代〕において、死者の島から北東アーネムランドに放浪の旅をする話である。指導者の名前はジャンガウル。そして彼の姉と妹、従者の四人だ。一行は、ンガインマラと呼ばれる円錐形に編んだ筵《むしろ》と、命を与える棒——イグアナの尾を表わしたランガという品[2]——を、カヌーに積んで携行していた。筵は子宮を象徴しており、ペニスのシンボルであるランガは儀式に用いないときは筵に隠してあった。しかし、一部のランガはイグアナの尾ではなく、木とみなされていた。イグアナの尾のランガは動物の種族を増やすために使われ、ほかのランガは大地にまっすぐに突き立てられて木になった。

ジャンガウルはとくに聖なるランガを持っていたが、それを大地のところどころに突き刺した。ランガを引き抜くと水がほとばしり出て、泉や池になった。また、ジャンガウルは姉妹が男女の赤ん坊を次々に産み落とすのにも手を貸した。この子どもたちは今日の先住民の祖先となった。二人の姉妹が次々に妊娠することが、この神話サイクルの歌の主要な特徴である。姉妹の子宮から取り出された、つまり、生まれた人々がランガ、今日の先住民の祖先である。現代人の骨はこのランガにたとえられる。それは、これら太古のランガにさかのぼる何世代もの先祖を経て、両親から受け継がれたものなのである。

儀礼に用いる品々の保管は、最初はジャンガウルの姉妹だけが行なっていた。ところがある日、姉妹が貽貝《イガイ》を集めに出かけている隙に、男たちは聖なる品々を盗み、自分たちの野営地に持ってかえって、その品々にまつわる聖なる「踊り」をはじめた。ジャンガウルの姉妹は、帰ってきてランガがないのに気づいたが、遠くで男たちが歌っているのを聞いて、こう考えた。男たちがランガを持っていったのはいいことだ。男たちはわたしたちの代わりに儀礼を行なうことができるし、わたしたちも面倒なことがなくなる。あの人たちが儀礼を行なっているあいだに、子育てや食料集めに専心できるのだから、と。

ジャンガウルの儀礼では、聖なる土地で用いられる小屋も子宮とみなされ、そのなかにランガが保管されている。儀礼の最後に男たちが現われるのもこの小屋からだ。

さて、もう一方の半族〔一社会が外婚単位である二集団からなるときのそれぞれの集団。ここではイリチャとドゥワ〕の主な神話は、ずいぶん違う——。

「ラインジュングが死んだとき、息子のバナイチャは、父の宗教観を拡大し、実行に移そうとしたが、彼の努力は人々には受け入れられず、ついには彼を信じようとしない人々に殺されてしまう。だが、ラインジュングから聖なる計画とランガを与えられていた人々は、バナイチャの死後、ようやく自分たちのしたことを後悔した。そして、カエプテの木でバナイチャの似姿をつくり、籐でつくった骨組みに縛り付けた。この品は儀式を行なう地面をリズミカルに叩くために使われ、今では「イリチャ半族」の儀礼全般の大切な要素となっている」[3]。

三番目の重要な神話は、ワウワラック姉妹の話である。

姉は同じ半族の男と近親相姦を犯し、赤ん坊を生んだ。彼女はまだ後産が出きらないうちに旅をつづけた。大きな雌のニシキヘビのジュルングル〔別名「虹のヘビ」〕。創造主の両性具有性を象徴し、精霊の子どもたちを生み出す。奥深い岩場の水たまりや池に住み、呼び名も、後述のユルルンググルのほか、ウォロンビ、イェロ、タイパン、ミンディ、カリアなど地方によってさまざまである〕が血の匂いをかぎつけてやって来て、稲妻を光らせ、雨を降らせた。雨のために後産の血の一部が、姉妹の野営している聖なる泉、ムルウルに流れこんだ。ジュルングルは、姉妹が赤ん坊と一緒に坐っていた小屋に次第に近づいてくる。ヘビが迫りくるのを見て、姉はそれを阻止するために踊りはじめた。だが、血の匂いがヘビをひきつけてはなさなかったので、姉は妹を外に出して踊らせようとした。ところが、ヘビは戸口から頭をつっこんで、姉妹を赤ん坊もろとも呑み込んでしまった。ジュルングルはそのあと、自分の泉に戻ると、まっすぐに立ちあがって、ほかのヘビたちにこの話をした。北西のモンスーンによる雨が降りはじめ、まもなく全土は洪水に見舞われた。ようやく、ジュルングルは姉妹を吐き出した。二人は生き返り、聖なる泉で、霊となって今でも生きている。

別の儀礼で太鼓として用いられている中空の大きな丸太は、このジュルングルやワウワラック姉妹の姉の子宮を象徴している[4]。

以上の神話を分析するにあたって、最初にジャンガウルの神話から見ていこう。まず目を惹くのは、二またの棒、トーテム表象の意味である。

「その品は、ジャンガウルがポート・ブラッドショーに降り立ったのを最初に見たオオトカゲのジャンダの尾を秘義的に象徴している。それは秘義的にはジャンガウルの男性器なのだ。棒の上端には、オオトカゲの縞のような筋が彫られている。全体は先に行くほど細くなっているが、オオトカゲの背骨を象徴して、中心は峰のように小高く、両側は平べったくなっている。ジャンガウルは歩きながら、この棒を地面に突き刺した(5)」。

体の固い部分、つまり人の骨をトーテム表象や先祖のペニスと同一視することが興味深いのは、それが「遅延式」の埋葬を示唆しているからだ。このタイプの埋葬では、故人の骨しか残らないのである。

神話の祖先たちは、バドゥ島からやって来た。死者の霊魂はこの島に戻ると考えられている。遺体は、そのトーテム集団の聖なる紋章を描かれ、台の上に安置されたあと、埋葬され、そのあとで掘りおこされる。最後に遺骨が野営地に運ばれ、ユーカリの木の容器に収められる。容器の外側には、故人の半族の紋章が描かれている(6)。

おそらくは、故人が骨になって、ペニスと同じような物になってしまえば、(子宮への)回帰が容易になるというのだろう。

トカゲの男根象徴はよくあることで、私も、オーストラリア南部のオールデア地区でバーント夫妻が収集した例をいくつか引用したことがある(7)。

さて、ジャンガウルとはいったい何者なのだろうか。彼は、西アランダ語族と近隣のルリチャ語族の男根英雄であるマルプンガと同一視されている。(8)

ピチェンタラ族の歌のなかでは、マルプンガや、ほかの山猫トーテムの父親たちのペニスは、しばしばトナタンジャ〔先端を鳥の羽毛で飾った儀式用の柱ないしは槍〕にたとえられたり、象徴されたりする。ウルプクラの山猫儀礼に属する神話では、トゥナタンジャは鳥の綿毛と人間の毛髪に包まれた柱で、この儀礼に用いられている。「鳥の綿毛、はるか前方の大きなもの」と彼らは歌うが、鳥の綿毛ということばは儀礼用の柱を意味しており、儀礼用の柱は、実は父親のペニスを表わしているのである。その数行あとの「ヤムイモの棒」は、父親のペニスの秘義的な表現として使われている。別の歌では、トナタンジャはペニスの代わりに用いられているが、そのペニスとは、実は岩と岩のあいだを通り抜けたいときに、その隙間を叩く棒のことなのだ。ほかのいくつかの類話では、マルプンガのペニスは彼のチュルンガとなっている。ここでも彼は、自分のペニス柱を岩に挿入することで、大きな洞穴をつくっている（フィールドノートから）。

さて、このへんでアーネムランドのジャンガウル神話に話を戻そう。ジャンガウルは彼の姉妹が多くの子どもを生むときに手を貸しただけでなく、この子どもたち、つまり、ランガの父親でもあったとも推測できる。ただし、ランガたちは生まれるときに子宮から強制的に引き出されることもあったらしい。またランガは、ペニスの象徴（ペニス＝子ども）でもある。トーテム表象としてのランガは、こういうわけで、母親の体内から取り出された父親のペニスを意味するのである。

私はこれまで、よくあるトーテム的な決まり文句「女たちは男たちに取られるまではそれを持っていた」を、(ベルグラーとアイデルベルクの理論に従い)[9] 乳首からペニスへの移行を象徴しているものと解釈してきた。しかし、これは「女たちは以前それを持っていた(父親のペニス)が、今はそれをわれわれが彼女たちから取った(両親を引き離し、父親を去勢し、そしてわれわれは父親のペニスを持つ)」ことを意味するとも考えられる。

ラインジュングとバナイチャの神話は、二人の英雄を圧縮(夢、神話、精神分裂者の絵などにみられ、二つ以上の観念、記憶、感情などが一緒になって一語または一つの像として再現されること)すれば説明がつく。父親は、ある種の法律を設定しようとしたのである(おそらく近親相姦に関するものだろう)。人々は彼(父親)を殺したが、良心の呵責から彼の似姿をつくった。それは今でも儀礼に用いられている。

三番目の、ワウワラック姉妹の神話には、ロイド・ワーナーが採話したこんな類話がある――。

二人の姉妹の一人は身重で、もう一人にはすでに子どもがいた。姉妹は放浪し、超自然の存在と性交をしているうちに泉に行き当たった。この泉は岩ニシキヘビのものだった。姉妹は自分たちと子どものために料理をはじめたが、それぞれの動物を料理するたびに、その動物が炎の中から生きたまま飛び出し、岩穴に飛び込んだ。そして一頭残らず、半族のトーテム泉に飛び込んで姿を消した。姉妹の一人は生理中だったので、その血が「偉大な父」ユルルンググルの住んでいる泉に流れ込んだ。彼は血の匂いをかぐと、泉から姿を現わし、姉妹を呑み込もうとした。彼がそこに屹立して姉妹を睥睨すると、雲はみるみるうちに大きくなった。水が逆巻き大地を覆い、雨が激しく降り注いだ。姉妹は自分たちの小屋に逃げ込んで、眠りに落ちた。雨はなおも降りつづけ、姉妹を目覚めさせた。姉妹は雨がやむように、そしてヘビに呑み込まれないように、歌を歌った。だが、そのかいもなく、姉妹はヘビに呑み込まれ、大地は洪水でおおわれた。呑み込まれるとき、姉妹はヘビの魔力で急に深い眠りに落ちた。ヘビはますます高く屹立しながら、ほかのヘビたちに話しかけた。ついには洪水もおさまり、ヘビは呑み込んでいた姉妹たちを吐き出した。(10)

私はここで、現在執筆中の夢と神話に関する著作の結論をあげたいと思う(実はまだ、確証を得たわけではないのだが)。私は次のことを発見した。すなわち、神話の多くは、実際に誰かが見て繰り返し語られた夢に基づいているということだ。もし、誰か(登場人物の一人)が眠っているあいだに物語が進行しているのであれば、この夢起源の可能性はきわめて高くなる。さらには、入眠時幻想は夢の中でもつづく。この入眠時幻想は一般に、洞窟や湖などに落ちるもので、つまり子宮に戻るということだ。これはワウワラック姉妹の神話では、雌のヘビに呑み込まれることで象徴されている。このあと、正反対のもので表現する夢の置き換え作業が行なわれている。ヘビに呑み込まれる、つまり女性の体内に入っていくのは男性なのである。

アーネムランドの北東端に住むムルンギンの一人が、こんな夢を見た。「私は、一人の男の子が我が家にやってきた夢を見た。「お父さん！ お父さん！」とその子は言った。「お母さんはどこ？」」

「次の日、私は妻にこの夢のことを話した。そして、これは事実に違いないと思った。昨日、私は妻と小川に釣りにいった。ブリーム〔鯉科の淡水魚の総称〕が泳いできて、妻の釣り針に食いついた。それから魚は糸を振り切って、水の深みに戻っていった。妻は、自分の弟が生まれたとき、母親にも同じことが起きたと言った。「これでもう生理はこないわ。赤ちゃん魚があたしのお腹の中にいるんだもの[11]」。

「イニシエーションの儀式では、次のことが言い渡される。すなわち、そこに横たわった少年たちの体にかぶせた木や草の茂みを男たちが引き抜くのは、ヘビが彼らを吐き出すことを意味しているということだ。彼らは、今や精霊になったのである」(これは最初にニシキヘビが女たちを呑み込んだときに関連している[12])。

この神話の根底にある夢は、入眠時幻想から発展した男の夢である。すなわち、眠りに落ちることは、母親の子宮に入ること、あるいは母親との性交を意味する。また、その両方を意味することもある。ランクは、尿意刺激夢は無意識によって子宮内の夢、あるいは誕生や性交の夢に変形されることを示している[13]。

精神分析の臨床を行なっていて私は、生理の直前ないし生理中の女性は、出血の際にしばしば尿タイプの夢を見ることを発見した。このことを考え合わせてみると、次のような推測がなりたつ。すなわち、ワウワラック姉妹の物語を形成している基本的な素材は、男女一つずつの二つの夢、つまり夢の神話が結合したものだということである。ちなみに、この神話には原因論的な要素と儀礼的な要素の両方があることもわかっているが、ここでは触れないことにする。

さて、全体の状況を要約してみると、三つの神話のうち二つまでが、人の全生涯につきまとう無意識の葛藤を映し出していることに気づくだろう。最初の神話では、息子たちは今や母親から引き離された父親のペニスを得意げに誇示する。二番目の神話では、父親の死後、後悔の念に襲われる。

しかし、三番目の神話は違う。それは個人の夢をふたたび語りたい、行動に表わしたいという内なる欲求に基づいたものなのである。

第13章　おとぎ話と夢

この論文は、本書に収められた残りのすべての論文と同じく、ローハイムの死後に出版されたものである。ローハイムの著作目録をみれば、この論文が「近日刊行」としてあげられている他の論文のあとに書かれたことは一目瞭然だが、「おとぎ話と夢」をここに置くことに決めたのは、「夢の門」の要となっている夢起源説の核心を実に簡潔に表現しているからである。この理論は、ローハイムが人生の最後に試みた他のおとぎ話への分析すべての特徴となっている。

この論文でローハイムは、二つの異なるおとぎ話を考察している。最初は、AT三三三の「大食家（赤ずきん）」に対応する「赤ずきん」である。ローハイムは、幼児の側からの口唇的攻撃という視点から、この物語に精神分析的解釈を加えており、ブルーノ・ベッテルハイムが『昔話の魔力』で行なったエディプス・コンプレックス的解釈とは著しい対照をなしている。*
ちなみにベッテルハイムは、ローハイムが一九五三年に行なった「赤ずきん」の解釈だけでなく、『昔話の魔力』に収録されている他の物語に関するローハイムの分析についても、どれ一つとしてふれていない。これはいささか奇異な感じを受ける。というのも、明らかにベッテルハイムは、それ以前に発表されたローハイムの作品を、断り書きもなくかなり積極的に借用しているからだ。これについては、拙著「ブルーノ・ベッテルハイムの昔話の魔力と研究の濫用」

を参照されたい[**]。「赤ずきん」に関するローハイムとベッテルハイムの解釈の比較および、「赤ずきん」に対するほかの精神分析的解釈を論じたものとしては、拙著『「赤ずきん」の精神分析的解釈』」を参照されたい[***]。「赤ずきん」を精神分析的にとらえたものとしては、このほかにアイフェルマンの論文[†]がある。

さて、本論の二番目の民話は、AT三三六の「怖さを知りに出かけた若者」である。この物語を扱った研究書は、赤ずきんに関する入手可能な研究書よりずっと少ない。その代表的なものを注にあげる[††]。後者のマレの解釈は、精神分析的なものではあるが、それ以前のローハイムの研究にはまったくふれていない。精神分析家も民俗学者と同じく、ローハイムの著作を無視する傾向にあったのである。

---

* Bruno Bettelheim, *The Uses of Enchantment* (New York: Vintage, 1976), pp.166-83〔ベッテルハイム『昔話の魔力』波多野完治ほか訳、評論社〕

** Alan Dundes, "Bruno Bettelheim's Uses of Enchantment and Abuses of Scholarship," *Journal of American Folklore* 104 (1991):74-83.

*** Alan Dundes, "Interpreting 'Little Red Riding Hood' Psychoanalytically," in Dundes, ed., *Little Red Riding Hood: A Casebook*〔Madison: University of Wisconsin Press, 1989〕, pp.192-236〔ダンダス編『「赤ずきん」の秘密——民俗学的アプローチ』池上嘉彦ほか訳、紀伊國屋書店〕

† Rivka R. Eifermann, "Fairy Tales: A Royal Road to the Child Within the Adult," *Scandinavian Psychoanalytic Review* 10 (1987):51-77.

‡ H. Rölleke, "Märchen von einem auszog, das Fürchten zu lernen," *Fabula* 20（1979）:193-204; and Carl-Heinz Mallet, *Fairy Tales and Children: The Psychology of Children Revealed through Four of Grimm's Fairy Tales*（New York: Schocken Books, 1984）, pp. 128-75.

次にあげる二つのおとぎ話は、神話と民話の新しい見方という観点から分析を加えている。本論文の論考の主旨は、拙著『夢の門』（1952）をはじめ、多くの論文で筆者が広く論じているものである（Róheim, 1948; 1952-1952e）。この理論をかいつまんで説明すると、次のようになる。すなわち、夢と神話は単に似ているだけでなく、神話の大部分は、実際に夢から派生したものらしいということだ。いいかえれば、おとぎ話を分析するのに夢解釈の基本的なテクニックを適用できるだけでなく、物語と神話を夢から生まれたものだと考えることもできるのだ。つまり、誰かが見た夢を他人に語ったものが、また他の誰かに語り伝えられ、その人自身の夢と相まって練り上げられていったのではないかと考えられるのである。

「赤ずきん」

グリム版（二六）では、赤ずきんは、お菓子と葡萄酒を病気のおばあさんのところへ届けるよう母親に言いつけられる。お母さんは赤ずきんに、道草を食わないように注意し、まっすぐおばあさんのところに行って、ちゃんと「おはようございます」とお行儀よく挨拶するんですよ、と言い聞かす。赤ずきんは途中で狼と出会う。相手がどんなに悪いけだものだか知らない赤ずきんは、狼とおしゃべりを始める。狼は赤ずきんとおばあさんのことをいろいろ聞き出す。赤ずきんが花をつんでいるあいだに、狼はおばあさんの家に走っていって、おばあさんをガブリとひと呑みすると、その服を着込む。

狼はおばあさんのベッドに入り、赤ずきんが着くと、おばあさんになりすます。赤ずきんはベッドに近づいたが、「おはようございます」と言ってもなんの返事もないので、不思議に思う。「ねえ、おばあさん、どうしてそんなにお耳が大きいの？」と赤ずきんは訊ねる。

「おまえの言うことがよく聞こえるようにね」

「どうしてそんなに大きな目をしているの？」

「おまえの顔をよく見たいからだよ」

「どうしてそんなに大きなお口をしているの？」

「おまえを食べるためさ」

そう言うと、狼はベッドから飛び出して、赤ずきんをパクッと呑み込んでしまった。

お腹がいっぱいになると、狼はいびきをかいて眠り込んだ。一人の猟師がそのいびきを聞きつけた。猟師は、もしかしたらおばあさんは狼に食べられてしまったのかもしれないと思って、銃で撃つのはやめて、鋏で眠っている狼のお腹を切り開いた。ジョキジョキと何回か切ると真っ赤なずきんが見え、小さな女の子が飛び出してきた。もう何回か切ると、今度はおばあさんが出てきた。赤ずきんは狼のお腹に石を詰めた。「狼は目を覚ますと」逃げだそうとしたが、石が重かったのでばったり倒れて、そのまま死んでしまった。けれども、赤ずきんはこれにこりて、それからはお母さんの言いつけに従うようになった。

ジョキジョキお腹を切り開かれても眠りつづけているなんて、実にたいしたものである。いくら民話の狼だといっても、だ。このことは、狼とおばあさん、それに赤ずきんが根本的に同一人物だと仮定して、初めて腑に落ちることである。

グリム兄弟が採話したもう一つの話では、狼は赤ずきんとおばあさんのどちらも呑み込んだりはしない。赤ずきんのふりをして、おばあさんに、家の中に入れてくれと頼むだけだ。おばあさんは戸をあけようとしなかったので、狼は屋根の上に坐り込み、「暗くなってから」赤ずきんを食べようと待っていた。おばあさんはソーセージをゆでたお湯をおけに入れた。ソーセージの匂いが狼のところまでたちのぼったので、狼はくんくん匂いをかぎ、体をのばして下をのぞきこんだ。あんまりのぞきこんだので、屋根から煮立ったお湯の中にすべり落ち、溺れ死んでしまった。

別のドイツ版では、狼は医者だと名乗って、赤ずきんに、おばあさんのためにさまざまな薬草を摘んであげるように言う。薬草はどれも狼にちなんだ名前（Wolfswurz、Wolfsmilch〔ヴォルフスミルヒ――オオカミトウダイグサ〕など）がついていて、しかもすべて毒草なのだ（Bechstein, n.d.）[1]。

赤ずきんのようなあどけない少女を、狼と同類だと非難するのはあまりにも強引のようだが、フランスのヴァランセーの類話では（Melusine, VI, pp. 237-238; III, p. 397）、赤ずきんは祖母の乳房を食べ、血を飲んでいる。オートブルターニュ版では、赤い獣は次のように歌う――

おちびさん、おまえはおばあさんの血を飲んだ。
おまえはおばあさんの血を飲んだ。

もし、この物語の三人の主役が同一人物だとすれば、何よりも眠る狼に焦点を置かなければならない。赤ずきんは、彼女自身の「眠りの子宮」に呑み込まれる。これは同時に、彼女の母親の体内でもある。それだから、猟師は父親、すなわち母親の体内（ないしは乳房）をめぐるライバルと解釈して間違いないだろう（Lewin, 1952）。あるドイツ版（チロル南部）では、狼の頭を切り落とすのは父親となっている（Bolte and Polivka, 1913）。

ペロー版や、その他のフランスの類話を考慮に入れると、問題はますます複雑になってくる。ここでは、物語はハッピー・エンドにはならず、赤ずきんは狼に食べられてしまう（Lang, 1888）。オートブルターニュ（Melusine, III, p. 397）やヴァランセー（Melusine, VI, pp. 237-238）で語られている物語では、ペロー版と同じく、狼は赤ずきんを貪り食うのである。スウェーデンの物語詩では、赤ずきんはお通夜をするために出かけ、森の中で狼と出くわす。「狼さん、あたしを食べないで。あたしの絹のシャツを上げるから」と赤ずきんは懇願するが、狼がほしいのは彼女の血だった。赤ずきんは木に登って逃げ、狼が追いかける。赤ずきんは恐怖の悲鳴を上げ、それを聞きつけた恋人が駆けつける。だが、時すでに遅く、残ったのは血まみれになった彼女の片腕だけだった。(2)

ここで、しだいに焦点が変わってきて、狼がいわゆるアメリカでいう通俗的な意味の「狼」になってきていることに気がつくだろう。ペローが物語のあとに付けた「教訓《モラリテ》」を見ると、そのことがよくわかる。少女たち、とりわけ美しい娘たちは、知らない人間、つまり優しく礼儀正しいふりをした「狼」とは口を利《き》いてはいけないというのである。ヴァランセー版（Melusine, VI, pp.237-238）では、狼の代わりに悪魔が登場する。フランスのニエーヴル版では、男性の攻撃性と性衝動の典型的な象徴である人狼（ルー・ガルー）となっている（Melusine, III, p. 428-429）。この狼象徴の二重の意味が、悲劇で終わる物語の説明となっている。つまり、こうした物語は教育的な見地から書かれたものなのである。

フランスの類話の一つに、ヒロインが両性愛者だというものがある。トゥーランジェールで語られている物語がそれで、ヒロインはフィヨン・フィエット（Fillon-Fillette）と呼ばれている。つまり、半分少女で半分少年という意味だ。狼の代わりに、紐でつないだ雌豚を連れた醜男（あるいは悪魔）が登場する（Melusine, IX, pp.90-91）。筋書きにはヒロインの両性愛的な性格の説明はいっさいないので、この特徴は人食い鬼からヒロインに置き換えられたものではないかと推測するしかない。人食い鬼の場合には、本来の「呑み込むこと」や「眠りの子宮」があるので、それに攻撃者としての男や人狼が重ね合わされたのだろう。私の夢理論にしたがって、自分自身の体内にいる夢を見ている人（眠っている人）の観点から全体をとらえると、あどけない少女と恐ろしい狼が実は同一人物だということが理解できるだろう。

フランス版には、ヒロインが狼に、おしっこがしたいからちょっと表に出して、と言って逃げだす話がいくつかある（Melusine, III, pp.428-429; VI, pp.237-238）。ある話では、悪魔はジャネットを追いかけていて、川に落ちる。悪魔は自分が連れていた雌豚に川の水を飲み干すように命じるが、雌豚は失敗して悪魔もろとも溺れ死んでしまう（Melusine, IX, p.90）。グリム版の片方の話では、ソーセージの匂いに誘われた狼は、屋根から煮えたぎったお湯の中に落ちる。おそらく夢を見ている人は、喉の乾きや空腹、尿意などの身体的要求に迫られて目覚めるのだろう。眠っている狼が石を詰め込まれても眠りつづけることは、次のように考えないと理解できない。すなわち、眠っている人は、本当は排便しなければならないのだが（腸内の石）、これは、眠りつづけたいという欲望と衝突する。空腹や口唇的なモチーフについては、(a) 赤ずきんが祖母に持っていくことになっている食べ物で、(b) 赤ずきんが祖母を食べることで、(c) 狼が祖母と孫の両方を食べることで、十分に表現されている。

全体の物語は、ノルマンビー島の魔女のイニシエーションにどこか似たところがある。イニシエーションを受ける若い魔女、つまり魔女見習いは、年老いた魔女（自分の母親ないしは祖母）の口の中に姿を消し、ワギナから現われることになっている。この話の語り手たちは、それは本当は家のドアなのだと付け加えるが、若い魔女は口だと思っている。この話の説明として唯一考えられるのは、ドアが体の穴を象徴している夢だということである。

もしレヴィンの「口唇的三要素」の概念（1950）を、この物語にあてはめれば、何もかもすんなりいく。ここには「食べたい願望」（赤ずきんが祖母に届けるお菓子と葡萄酒）、眠り（狼の体内の祖母、狼の体内の赤ずきん）、そして、貪り食われたいという願望が三拍子そろっているからだ。それでも、この理論では説明できない重要な特徴が、この物語にはいくつかある。空腹や乾き（口唇愛)、あるいは排便の欲求によって引き起こされる目覚めを説明できないのだ。この物語には、眠り(体内あるいは子宮への回帰)を象徴する夢があると思われる。フェレンツィ(1924)によれば、口唇期における幼児の歯は、幼児が自分自身を子宮に戻すために使う道具なのだという。これは攻撃性が退行と合わさっていることを意味しており、「呑み込まれる」、「食べられる」という概念は、この攻撃性の同害報復的な側面となっている。人食いの子どもが人食いの母親をつくり出すのだ。これらの物語の大部分で見られるテーマも、これで説明がつく。グリム童話では、それは次のような会話で表わされている――


「ねえ、おばあさん。どうしてそんなにお耳が大きいの?」

「おまえの声がよく聞こえるようにね」

「おばあさん、どうしてそんなに大きな目をしてるの?」

「おまえの顔がよく見えるようにね」

「どうしてそんなに大きな手をしてるの?」

「おまえをつかまえるためだよ」

「どうしてそんなに大きな口をしてるの?」

「おまえを食べるためさ」


大きな目は、大きな口と同じことを意味している。耳や手などのほかの部分は、民話における付け足しにすぎない。幼児は乳房を食べる。幼児は口で食べ、目で見て、欲求を感じる。すなわち、本質的な攻撃者なのである（Bergler, 1949; Róheim, 1952a）。子どもの裏返しである鬼は、人食いであるだけでなく、大きな目をしていることが多いからだ。

父親像は、母親の体内をめぐるライバルとしてはっきり認識できる（Lewub, 1952）。言いかえれば、エディプス・コンプレックスが口唇期、子宮期という退行的段階に引き戻されるのである。

トランシルヴァニア地方のジプシーの物語では、年老いた祖父が孫たちと一緒に小屋に住んでいる。狼は子どもたちに、おじいさんに頼まれてお菓子を持ってきたと言い、子どもたちは戸を開ける。狼は中に飛び込んで、子どもたちを全員食べてしまう。ブランデーの大瓶も見つけて飲み干したあと、狼は寝込んで、いびきをかきはじめる。帰ってきた祖父が狼の腹をナイフ（ペニス）で切り開くと、子どもたちが飛び出してきた。祖父は子どもたちを隠してから、乾いた石灰を狼の腹に詰め込み、腹を元どおりに縫う。目をさました狼は、喉が乾いたので小川に駆けていき、水をしこたま飲む。すると、お腹の中の石灰が熱くなって、狼はお腹が破裂して死んでしまった（Wlislocki, 1886）。ここでは、物語全体が男に置き換えられている。祖父が「眠りの子宮」を切り開いて子どもたちを取り出す。狼は喉が乾いている。すなわち、眠っている人間は喉が乾いているか、お腹がすいているか、トイレに行きたいか、のどれかなのだ。身体的な欲求と父親像の幻想は、眠っている人に子宮を離れることを強要する。ある人々は一定の時刻になると、目覚まし時計がなくても目を覚ます。つまり、義務、超自我、父親像が彼らを眠りつづけさせないのだ。太陽神話論では、赤ずきんがかぶっているずきんの赤い色が太陽や日の出を象徴しているということがよく言われている（Frobenius, 1904）。だが、これを古くさい、陳腐だと言って、捨て去ってはいけない。なぜなら、光は、宇宙現象としてではなく、目覚めの瞬間として関与していることがわかっているのだから。

「怖いもの知らずのジョン」

民話を最初に整理分類した話型索引の三九話に、「怖いもの知らずのジョン」の話がある（Burne, 1914）。

(1) 若者は恐怖を知らない。若者は、男たち、死体、幽霊たちと接触させられる。
(2) 若者は幽霊屋敷で幽霊たちと三回冒険をし、幽霊から金を奪い取る。
(3) 若者はベッドで寝ていて、金魚の入ったバケツの水をかけられ、ぞっとすることがどんなことかを知る。

カトーナ（1904, p.22）は、彼が編纂したハンガリー民話の話型索引でこれを引用し、こう付け加えている。「若者は結婚するまえに恐怖を知りたいと思う」。グリム兄弟は、この物語を次のように語っている――。

ある父親に二人の息子がいました。次男は力持ちでしたが、隅っこに坐ったままでなにもしようとしませんでした。「おまえも何か習ったらどうだ」と父親は次男に言いました。「ぼくは、どうやったらぞっとできるかを習いたいんです」と、彼は答えました。それで、教会の堂守が次男をしこんでくれることになりました。堂守は、「これでお宅の息子も、すぐにぞっとすることがどんなことかわかるだろうよ」と言いました。

堂守は夜中に次男を起こし、尖塔に登って教会の鐘を鳴らすように言いつけました。それから白いシーツをかぶり、幽霊の格好をして次男を驚かそうとしました。ところがみごとに失敗し、次男に階段の下に突き落とされてしまいました。翌朝、堂守の妻が見つけたときは、堂守は片脚が折れていました。

次男は商売を学ぶまえにどうしてもぞっとすることを知りたい、と言い張りました。

それで次男は五〇ターラーをもらうと、放浪の旅に出ました。そしてようやく、五〇ターラーをくれれば喜んでぞっとすることを教えてやるという男に出会いました。男は次男に首吊り台を見せて言いました。「ごらん、あそこに木があるだろう。縛り首になったやつが七人いて、今は空を飛ぶ稽古をしている。あそこに坐って、夜になるまで待ってごらん。ぞっとすることがどんなものだかわかるよ」[3]。

寒い夜だったので、次男は首吊り台の下で火を焚きました。彼は上の方は凍えるほど寒いに違いないと思って、首を吊られたものたちがかわいそうになりました。そこで彼らを首吊り台からおろしてやると、火のそばに置いてやりました。ところが火が彼らの服に燃え移ったので、次男は言いました。「大変だ、このままじゃ、みんな焼け死んでしまうぞ。気をつけろ」。けれども死体はぴくとも動かなかったので、次男はまた首吊り台に戻してしまいました。それでもちっとも怖くありませんでした。

次のテストは呪われた城でした。誰でも三晩そこでがまんできたら、王さまの娘と結婚できるのです。猫たちが次男とトランプをやりたがったので、次男は猫たちの前足を万力に挟んで、殺してしまいました。すると、さらにたくさんの黒猫や黒犬が真っ赤に焼けた鎖を引きずって、次から次へと現われました。猫や犬たちは次男が点《とも》した火をもう少しで消しそうになったので、彼は猫や犬を追い払ったり、殺したりしました。ようやく次男が眠くなると、大きなベッドが見えました。こりゃあ、いい！　と彼は思いました。けれども、横になったとたん、ベッドはまるで六頭だての馬車のように階段を駆け上がったり下りたりし始めました。「もっとやれ！」と彼は言いました。ついにベッドは逆さまにひっくり返って、山みたいに次男の上に乗っかりました。「これじゃ眠れないよ」、彼はそう言うと、床の上で眠りました。二日目の夜も同じような具合でした。次男はしゃれこうべと骨で玉ころがしをしました。三日目の夜は、死体をベッドに入れてやりました。ところが、死体は次男を絞め殺そうとしたので、また棺桶に戻してしまいました。

最後に長い白いひげをはやした大男が現われましたが、次男は大男のひげを鉄床《かなとこ》の割れ目に挟んでしまいました。

次男は相変わらず少しも怖がらず、すべての試験に合格したので、王さまの娘と結婚しました。妻となった王女さまは、次男が眠っているあいだに、小魚がたくさん入った水を浴びせました。彼は目を覚まして言いました。「ああ、ぞっとする、ぞっとする、愛しい妻よ。ああ、これでやっとわかった。ぞっとするというのがどんなことか」（グリム童話四番）。

もう一つのグリム版（ヘッセン）では、主人公の若者は仕立屋の弟子、彼に水を浴びせるのは仕立屋の妻になっている。チロル版の主人公は、幽霊の床屋にあごひげの手入れをしてもらわなければばならない。別の類話（ドイツのパーダーボルン）では、幽霊は息子を脅かすように父親に命令されている。最後に、霊はネズミの穴から入ってくる。最初は小さなプードル、次には頭を脇の下に抱えた巨人になる。そしてついに、主人公はことばたくみに幽霊の指を錠につっこませ、情け容赦なく打ち据える（Bolte and Polivka, 1913）。

水の代わりに、鳥が主人公に飛びかかるのもある。ハンガリー版の一つ（Nagy, 1940, p.114）ではメンドリが、フランス版（Cosquin, 1887）ではパイの中からスズメが出てきて、飛びかかる。ロシアの話は、主人公が釣りにいって眠り込んでしまうものだ。小さな魚がはねて彼の顔にぶつかる。彼はびっくりして水の中に落ち、溺れてしまう。

まず最初に気づくことは、物語の終わりがしっくりこないことだ。主人公は怖がりもしないし、不安にもならない。ただぎょっとするだけだ。

だが、この恐れにしろ不安にしろ驚愕にしろ、一様に主人公の結婚と結びついており、彼をついに「ぎょっとさせる」人物は、彼の若き妻なのだ。小鳥は突然飛び立ち、水はいきなり浴びせられる。つまり、「驚愕」がこうした形で表わされるのである。ヴェンド族の話では、蓋をした二枚の皿が持ってこられる。主人公は興味を惹かれて、蓋を持ち上げた。鼻のところまで持ち上げると、中からスズメが彼の顔めがけて飛び出してきた。彼はぎょっとして皿を落としてしまう。蓋付きの料理は、今でも結婚式の披露宴に欠かせないものとなっている（Schulenburg, 1882）。

この物語が「新婚初夜」に何らかの関係があることは、顕在的テクストから明らかである。だが、結婚の条件としてはずいぶん変わっている。花婿は不安を学ばなければならないのだから。これはモチーフの置き換え、二次加工によるものではないかと考えられる。

ではここで、物語の全体を考えてみよう。呪われた城で過ごす一夜。ふつうだったら不安をかきたてるはずのありとあらゆる幽霊が出現し（Thompson, 1946, p.105）、情動の欠如が強調されている。すでにレストナー（1889, p.12）は、この物語を悪夢とみなしているが、まったくそのとおりである。顕在テクストには、情動は隠されていることが多いからだ。そういうわけで、これは不安夢だと言うことができる。首なし死体、首吊り台、ひっくり返って主人公の上にのしかかる（悪夢の重圧）空飛ぶベッド、猫――これらは悪夢に出現するおなじみのキャラクターである。不安の内容は、先の、傍点を付した文章のなかにある。「結婚と死」だ。もっと具体的には、「去勢不安」と言うべきか。鍵穴につっこんだ指、割れ目に挟まれた前足とあごひげなどである。同じテクニックは「呪われた水車小屋の熊」でも使われている。去勢不安は、恐怖を与える夢の表象に投影されているのである（Róheim, 1948a）。また、主人公に対する父親の敵意と、一部の類話では、父親が息子を怖がらせるお膳立てをしていることも注目に値する。

次の論題は、夢から派生したこの物語は一連の拒否を基盤にしたものだということである。主人公が商売を学び、結婚するまえに体験しなければならないのは不安ではない。彼が克服しなければならないのは去勢不安なのだ。では、彼はどうやってこの目標を達成するのだろうか。それは、成長することによって、とくに性交によってである。彼の小鳥は飛び立ち、彼の水は流れ出る。そして、もはや彼は恐れてはいない――彼は夫になったのだから。

不安を学びたいと望む主人公は、本当の目的を防衛機制によって隠している。フロイトによれば

（1926）、不安は、ある種のイド（エス）の要求に自我が応えるとき、警告のシグナルとして働くものだという。だから、主人公はこう言うのである、「ぼくは不安を味わえる状況に陥りたいんだ」。彼は逆の表現に置き換えたことばで語っているのである（Feldman, 1951）。

ある類話で、違う結末のものがある。主人公はうすのろだ。彼の父親は、息子が恐怖がどんなものだかわからないと言うのを聞いて怒りだす。最初に主人公を怖がらせようとしたのは母親で、白いシーツをかぶって門の上に坐っていた。彼はその下を通らなければならなかったのだが、少しも怖がらずに母親の頭に物を投げつけた。悪魔たちがあちこちから一勢に飛びかかっても、彼はなんとも感じない。ついに彼は死んでしまい、とうとう怖がることを学ぶことはできなかった（Nagy, 1940）。

一部の物語では、恐怖を学ぶことは商売や仕事を学ぶ前提条件になっている。この類話では、主人公は現実に適応することなく死んでしまう。だから、この物語は顕在テクストだけを見る分には、適切な意味は一つしかなく、もう一つの妥当な意味は隠されていると言うべきだろう。成長するためには、子どもは恐怖と性的行為を学ばなければならないのである。

民話に関する論評のなかで、ボルテとポリーフカ（1913, p.25）はガウェイン〔アーサー王の甥〕の「リ・メルヴェイユ」（不思議な寝台）のことを述べている。ドイツの詩人ウォルフラム・フォン・エッシェンバッハの叙事詩『パルツィバル』のなかで、ガウェインはベッドの上に身を躍らせる。ベッドは彼を乗せたまま、まるで城全体がバラバラになりそうなすさまじい音を立てて駆け上がったり下りたりする。彼は「眠らずに」、盾で我が身を守らなければならない。壁からは石のつぶてや矢が彼をめがけて飛んでくる。全身を魚の鱗で覆われた大男が現われては消える。ガウェインはライオンを殺すが、自分も息も絶え絶えになってライオンの死体の上に崩れ落ちる（Hertz, 1914）。危険なベッドは、不安夢を引き起こしたのである。

クレティアンの書いた話では、このベッドには四つの車輪が付いていて、触ると走りだす。渡し守はガウェインにベッドから降りるように言っても聞き入れないので、逃げ出してしまった。鐘が鳴り、広間は揺れだし、窓は開き、驚異的なことが起こり、魔法（夢）がはじまる。窓の外から矢が飛んできて、ガウェインの盾に五百本以上の矢が突き刺さる。ライオンが襲ってきたが、ガウェインは頭と脚を盾で押さえつけた。渡し守も戻り、驚異は終わる（Brown, 1943）。

では、ガウェインと先の民話の主人公とのあいだには本質的な結びつきがあるとする、その根拠はどこからくるのだろうか。

答えは、次にあげるガウェインと緑の騎士の物語を見ていただきたい――。

新年を迎えたキャメロットで、アーサー王はクリスマスから続けて祝宴を催していたが、そこに、一人の巨体の騎士がアーサー王の騎士たちに決闘を挑んできた。騎士は片手にヒイラギの枝、片手にデンマーク製の斧を持ち、身を包む服も、またがる馬も緑だった。闘いのルールは、最初に相手に打撃を与えても、翌年の元旦には緑のチャペルに行って、今度は相手の攻撃を受けなければならないというものだった。ガウェインは、緑の騎士の頭を体から叩き落とした。騎士は頭を脇に抱えて、広間から馬で去っていった。

ガウェインは馬で緑のチャペルを探しに出かけた。クリスマス・イヴに彼は、とある城に着いた。

城の主は毎晩互いに勝ち取ったものを交換するという条件で、ガウェインに城に泊まることを勧める。

女主人はガウェインを誘惑しようとしたが、キスしか叶わなかった。ガウェインはキスを彼女の夫に返した。二晩目も同じことが繰り返された。三日目にガウェインは、キスのほかに緑のレースを受け取った。これで体を包むとけがをしないのだという。ガウェインは、このレースは主人に渡さなかった。

ガウェインは翌朝、馬で緑の騎士に会いにいく。騎士は三度打ちかかってきた。最初はガウェインはひるんだが、二度目には身じろぎもしなかった。しかし、斧は彼にふれなかった。三度目には、ガウェインは首にかすり傷を負った（Weston, 1897）。

攻撃は一回のはずだったのに、騎士は三回打ち込んできた。城の主人と緑の騎士は同一人物で、三回の攻撃は、緑の騎士の妻と過ごした三晩に相当するというのである。

騎士の妻となにごともなかったのに、斧で三度も攻撃されたというからには、本当に何もなかったのかどうか、疑いたくなるかもしれない。しかし、物語全体を、主人公を誘惑する超自然ないしはタブーの女性に関する不安夢とみなして、そのために彼の「頭」が「巨人」に切り落とされるのだと考えれば理解できるだろう。カラドック版では、緑の騎士は主人公の父親となっている（Weston, 1897, p.89）。

けれどもどうして、愛の達人、貴婦人たちの騎士であるガウェインが、悪夢を見る人になりうるのだろうか。それは、不安なしにはいかなる英雄神話も成り立たないからである。

第14章　狼と七匹の子やぎ

有名な「狼と子やぎ」（AT一二三）の話は、フィンランドの民俗学者アンティ・アールネが一九一〇年に発表した最初の話型索引では動物説話に分類されている。話型一から二九九まではすべて動物説話である。アールネの民話分類法から生じた理論的な問題は、登場人物が動物か人間かによって、同じプロットに二つの異なった話型番号が与えられているということだ。そのため、AT九B「収穫物の分配――狐は穀粒を取り、熊は嵩の大きい藁を取る」は、AT一〇三〇の「収穫物の分配」と、登場人物が狐と熊から人間と鬼になるだけで、それ以外はまったく同じ話である。アールネ＝トムソンの話型索引には、ほかにも同じように重複した選定がたくさんある。この章のAT一二三「狼と子やぎたち」は、AT三三三の「大食漢」、つまり「赤ずきん」と基本の物語はほとんど同じである。注意していただきたいのは、グリム版はどちらの話でも、犠牲者が救出されたあとで「狼＝まぬけ」の腹に石が詰められていることだ。この物語の中国・日本・韓国版は、AT一二三とAT三三三の相互関係をはっきりと示している。*

「狼と七匹の子やぎ」が「赤ずきん」と基本的に同じ物語であることを、ローハイムが理解していたかどうかはわからない。だが興味深いのは、二つの物語に対する彼の分析がほとんど同じだということである。「赤ずきん」の論考で、ローハイムは次のように述べている。「これは、攻撃性が退行と合わさっていることを意味しており、呑み込まれる、食べられるという概念は、この攻撃性の同害報復的な側面となっている。人食いの子どもが、人食いの母親をつくり出すのだ」。「狼と七匹の子やぎ」の分析でも、彼は「母親に貪り食われるという幼児の幻想は、母親を貪り食いたいという願望に対する報復の恐れなのだ」と述べている。これを見ても、彼の分析が首尾一貫していることは明らかだ。

* Wolfram Eberhard, "The Story of Grandaunt Tiger," in Dundes, ed., *Little Red Riding Hood: A Casebook*〔Madison: University of Wisconsin Press, 1989〕, pp. 21-63〔ダンダス編『「赤ずきん」の秘密』池上嘉彦ほか訳、紀伊國屋書店〕

昔、一匹のお母さんやぎがおりました。このお母さんやぎには七匹の子やぎがいて、人間のお母さんが自分の子どもをかわいがるのと同じように、子やぎたちをかわいがっていました。ある日、お母さんやぎは子やぎたちを残して、森に草を取りにいくことにしました。そこで子やぎたちに、「玄関の戸を開けてはいけませんよ。狼が家に入ってきてみんな食べられてしまうから。狼は悪者だから、姿を変えて来るかもしれないからね」とよく言ってきかせました。それで、最初に狼がやって来たときは、子やぎたちは中に入れようとはしませんでした。狼はお店に行ってチョークを買い、それを食べて声をきれいにやさしくしました。それから、パン屋に行って前足にこねた粉をぬり、次に粉屋に行ってその上に粉を振りかけ、前足を白く柔らかにみせました。こうして姿を変えたので、子やぎたちは狼を中に入れてやりました。狼は子やぎを全員食べてしまいましたが、末っ子のやぎだけは、柱時計の中に隠れていて助かりました。狼はお腹がいっぱいになると、木の下で眠ってしまいました。お母さんやぎが家に戻ってくると、子やぎは一匹もいませんでした。お母さんやぎは、やっと末っ子の子やぎを時計の中に見つけました。狼が木の下で眠り込んでいるのを見つけたお母さんやぎは、狼のおなかを切り開きました。すると、一匹また一匹と子やぎの頭が出てきて、六匹全部を傷一つなく助け出すことができたのです。そのあと、狼のお腹には石が詰め込まれ、縫って閉じられました。狼は目が覚めると、水を飲みに井戸に行き、お腹の石の重みのために井戸に落ちて、溺れ死んでしまいました。[1]

　この物語のルーマニア版では、語り手は面白い言い間違いをしている。子どもたちのために食料の草を取りにお母さんやぎが出かける場面が、次のように述べられているのだ。「ある日、彼女は「略奪」をしにでかけました」[2]（enimal ging sie auf Raub aus...）。この文脈でRaub（略奪）というドイツ語を選択してしまったために、お母さんやぎは貪欲な猛獣になってしまった。猛獣はやぎではなく、狼のほうなのに……。このグループの民話では、狼が死に至る表現の違うものがほとんどだ。ロレーヌ版では、狼は煙突からミルクの煮え立った大釜の中に飛び込む[3]。別のフランス版でも、狼の描写にミルクが出てくるが、この場合は子やぎたちを誘うのに使われている。

私のちいさな子やぎたち、扉を開けておくれ。

私のお乳はミルクでぱんぱんになってるよ。(4)

ギリシア版では、狼は煮えたぎった大釜の中に落ちる。(5)

狼と子やぎの話は、ヨーロッパの民話としては比較的短いほうである。これは私見だが、そうした短さは、民話がサガ、つまり実際に起きたと信じられ、民間信仰の悪霊について語られたものに近いことを示しているのではないか。(6) ボルテとポリーフカは、悪鬼や人狼に子どもが呑み込まれるドイツの話を二話記録している。(7) また、ローマの詩人ホラティウスは次のように語っている――

楽しみのために考え出されたものは、できる限り真実に近いものでなくてはならぬ。作り話は信じられることが肝要であるから、でっちあげは許されぬ。朝食を済ませたラミアの腹から少年が生きたまま出てくるようなことがあってはならない。(8)

フィクションは信じられるものでなければいけないので、少年が生きたままラミア〔リビアの蛇女神のギリシア名。メドゥーサとも呼ばれる〕の腹から出てくるようなことはない。ラミアは広範に伝わったグループの一員で、スフィンクス、エピアルテース、エムプーサ、ゴルゴーンは彼女の近親で、その起源が悪夢にあることは否定できない。(9) ラミアはその巨大な乳房を使ってオーブンを掃除する。(10)「ラミアのようになる」という表現は、マケドニア人のあいだではとてつもない大食らいを指す。(11)

ルーウィンは、その病的恐怖症の症状と夢解釈に関するきわめて啓発的な研究において、閉所恐怖症と夢における閉所を、子宮ないしはそれに相当するもの、つまり母親の胎内と定義した。さらに彼は、狼と子やぎに関連がありそうな記述をしているので、引用してみよう――

というのも、「眠り」が母親や乳房との結びつきを表わすとき、「目覚めさせられること」は父親によって目覚めさせられる。すなわち、口唇的心理に従って、〔…〕口唇的嫉妬と飢えを抱いた父親によって目覚めさせられるのである。多くの夢や恐怖症において、噛みつく動物、貪欲な動物には次のような暗示的意味がある。それは子どもの感じ方と同じで、強欲で嫉妬深い父親であり、口唇的満足を自分も十分に味わいたいという要求をもって割り込んでくるのだ。[12]

これを「狼と七匹の子やぎ」に関連させていえば、当然、狼が父親（母親に変装している）となり、この物語が覚醒夢に由来するということになるだろう。子どもたちを守る家が母親の体内であることは間違いないが、狼が父親だというのは私は疑わしいと思う。というのも、この物語の母親像は良い母親と悪い母親に分裂しており、父親は「悪い」母親に取って替わるものだからだ。さらには、感情に動かされず、客観的に行動する「良い」母親は、子どものあくなき渇望を満足させることはないので、事実上、人食い女になるのである。母親に貪り食われるという幼児の幻想は、母親を貪り食いたいという願望に対する報復の恐れなのだ。

お母さんやぎが子やぎたちを置いていくということも重要な点である。子どもたちにとって、これは母親に見捨てられたことになり、投影によって母親を、自分たちが食べられてしまうという運命の執行者に変えてしまう。この物語は、空腹によって引き起こされる目覚めを連想させる。「狼みたいにお腹がぺこぺこ」という言い回しは、盛んな食欲を示す万国共通の表現だが、このケースにおいては、狼の飢えは子どものそれなのである。

ハンガリーの民話では、熊が少年を袋に入れ、ねぐらで食べるために連れて帰る。急に尿意を催した熊は袋を下におろし、行儀よく少し離れた溝にいく。少年は袋を切り開いて抜け出ると、石を詰めて逃げてしまう。[13] ギリシアの類話は、金貨を生むメンドリについての長い導入部分のあと、老人がミルクを飲み過ぎておならをし、やぎがびっくりして逃げ出してしまうという話である。[14]

そうなると、子どもの空腹のほかに腸の不調も眠りを妨げる原因に加えることができるかもしれない。重い石は子どもの腸内にある糞便の投影であり、狼の喉の乾きも子どもの口唇的渇望である。そして狼は、お腹がいっぱいになった子どものように眠り込んでしまうのである。

末っ子が難を逃れるのは、母親のもっとも近くにいられる赤ん坊の優遇された状況を表わしている。柱時計の中に隠れた赤ん坊は、あたかも母親の胎内にいるがごとくに安全なのだ。現実性と時の観念は排除されている。また、七番目の子どもは起きる必要がない。日曜日だから、ほかの日より長く眠っていられるのだ。

空腹やその他の満たされない渇望は、身体破壊幻想を起動させる。狼は、母親の体を破壊したいという子どもの口唇的幻想と、そうした幻想に対する同害報復的な罰が圧縮されたものなのである。

第15章　ヘンゼルとグレーテル

アールネ＝トムソンの話型AT三二七Aの「ヘンゼルとグレーテル」は、AT三二七「子どもと鬼」のサブタイプである。「ヘンゼルとグレーテル」は、実はヘンゼルではなくグレーテルの話なので、この題名は誤解を招くおそれがある。一般におとぎ話の敵対者は同性である。男の主人公は男の人食い鬼や龍をやっつけなければならないし、女性のヒロインは邪悪な継母や魔女に打ち勝たなければならない。これら一群の話には明らかにエディプス的理由がある。いずれにせよ、ヘンゼルとグレーテルは「悪い母親」像を出し抜く少女の物語なのである。

ローハイムは今やおなじみとなった彼の夢起源説を、メラニー・クラインの身体破壊幻想説とともに、この有名なおとぎ話に適用している。この物語の精神分析的考察については、ほかにローレンツなどの本を参照されたい。[*] この物語に対する考古学的アプローチの学術的パロディは、トラクスラーの本を参照。[**]

* Emil Lorenz, "Hänsel and Gretel," *Imago* 17 (1931) :119-25; Elliot P. Schuman, "A Psychoanalytic Study of Hansel and Gretel," *Journal of Contemporary Psychotherapy* 4 (1972) :121-25; Bruno Betteleheim, *The Uses of Enchantment* (New York: Vintage, 1976) , pp. 159-66〔ベッテルハイム『昔話の魔力』波多野完治ほか訳、評論社〕; Carl-Heinz Mallet, *Fairy Tales and Children* (New York:

Schocken Books, 1984), pp. 51-99.

** Hans Traxler, *Die Wahrheit über Hänsel und Gretel* (Reinbek bei Hamburg: Rowohlt Taschenbuch, 1983)

本稿は、次の仮説に基づく一連の論文の一つである。すなわち、一部の神話と民話は夢から直接派生したものであり、誰かがどこかで見た夢が何度もくりかえし語られているうちに、その元の夢の痕跡だけが残ったものなのだ。

昔、貧しい木こりが大きな森の近くに、妻と二人の子どもと一緒に住んでいました。子どもたちは、ヘンゼルとグレーテルという名前でした。[1] あるとき、この国に大飢饉が起きました。妻は夫に子どもたちをやっかい払いするべきだと訴えました。「少しばかりパンをあてがって森の中に連れ出せば、けものたちがすぐに食べてくれるでしょうよ」。

二人の子どもはとてもひもじくてベッドの中で寝つかれずにいたので、両親のこの話を聞いてしまいました。ヘンゼルは外に出て白い小石を集めました。翌朝、母親は子どもたちを起こすと、パンを一かたまり持たせて森にやりました。途中でヘンゼルが何度もうしろをふりかえるので、父親は何を探しているのかと訊ねました。ヘンゼルは「あそこにぼくの白猫がいて、ぼくにおはようを言いたがっているんだよ」と答えました。父親は言いました、「馬鹿なことを言うんじゃない。あれはお日さまがのぼってきたのさ」。実は、ヘンゼルは歩きながら、白い小石をポケットから落としていたのです。そのおかげで、子どもたちは家に帰る道を見つけることができました。二人は夜通し歩きつづけて、翌朝、家に帰り着きました。

それからしばらくして、両親はまたしても子どもたちをやっかい払いしようとしました。子どもたちは、今度はパンくずをまいて、家へ帰る目印にしようとしました。ところが、小鳥たちがみんなパンくずを食べてしまったのです。ヘンゼルとグレーテルはさまよい歩き、ようやく一軒の家を見つけました。その家はパンでできていて、屋根はお菓子で覆われていました。窓はお砂糖でした。二人が家を食べ始めると、ドアが開いて、杖をついたおばあさんが現われました。おばあさんは二人を中に招き入れると、ヘンゼルを納屋に閉じこめてしまいました。そして、ヘンゼルに食事をさせるように、グレーテルに言いつけました。グレーテルはひどく粗末な食べ物しかもらえませんでしたが、ヘンゼルにはとびきりのごちそうがあてがわれました。おばあさんはヘンゼルを太らせて食べるつもりだったのです。ときおり、おばあさんは、ヘンゼルに指を突き出してごらんと言いました。そうすればどのくらい太ったかわかるからです。けれどもヘンゼルは、いつも指の代わりに小さな骨を差し出していました。とうとう、おばあさんはしんぼうしきれなくなって、「太ろうが太るまいが、もうあいつを食べてしまおう」と言いました。グレーテルは自分の兄さんを焼くために、かまどに火をつけさせられました。「中にもぐりこんで、十分に熱くなったか確かめるんだよ」と魔女〔おばあさん〕は言いました。グレーテルはどうやったらいいかわからない、と答えました。そこで魔女がやってみせると、グレーテルはうしろからどんと一押ししてかまどの戸をしめたので、年老いた魔女は焼け死んでしまいました。
それから、子どもたちは魔女の家の中で宝物を見つけ、白いアヒルの背に乗って大きな川を渡りました。二人が家に着くと、すでに母親は死んでいました。二人は父親と一緒にずっと幸せに暮らしましたとさ。

ほかの類話

ヴェンド族版(2)では、年老いた魔女はパンを焼きがまに入れるよう少女に言いつけるが、やり方がよくわからないと言われて、自分自身がパン焼き用のシャベルに乗ってしまう。ヴォチャーク族の話(3)では、少年はまず魔女の娘をかまどに押し込む。その結果、魔女は少年だと思って自分の娘を食べるはめになる。次に少年は、魔女もかまどの中に押し込んでしまう。タタール人の話(4)でも同じように、七つ頭のジャルバガンが自分の娘の肝を食べる。ボルテとポリーフカによれば(5)、この話にはほかの民話が融合しているという。つまり、人間が魔女や人食い鬼の子どもと入れ替わり、魔女や鬼に実の子を食べさせる話である。

ロシア版(6)では、イヴァシュコが釣りにいく。彼は「カヌーよ、カヌー、もっと先に行け！ カヌーよ、カヌー、もっと先に行け！」と繰り返した。彼の母親と父親の声が、食べ物をあげるから帰っておいで、とさかんに呼ぶ。だがしばらくすると、その声は魔女の声になり、食べ物をあげるからおいで、と彼を岸に誘った。魔女は自分の娘のアレンカにイヴァシュコをかまどに入れて焼くように言いつける。イヴァシュコはアレンカをかまどに押し込む。魔女と客たちはイヴァシュコを食べていると思っていたが、実は彼らが食べていたのは魔女の娘だったのだ。イヴァシュコは樫の木の上に逃げる。魔女は樫の木をかじりはじめる。もう少しで樫の木が倒れそうになったとき、イヴァシュコは白鳥とガチョウが飛んできたのを見て、こう言う――

「ああ、ぼくの白鳥とガチョウたち。
ぼくをおまえたちの翼に乗せて、
ぼくの父親と母親のもとに連れていっておくれ。
ぼくの父親と母親の家に――。
そこで食べたり飲んだりして、心地よく暮らすために」

白鳥とガチョウたちは彼を家に連れて帰り、二階の部屋におろした。イヴァシュコの父親は「わたしは、白鳥とガチョウたちがわたしたちのイヴァシュコを乗せて、家に連れ帰ってくれた夢を見たよ」と母親に言った。年老いた魔女はパンケーキを焼きながら、何度もこうくりかえす、「一枚はあんたに、一枚はあたしに！」　イヴァシュコの両親の耳にこんな声が聞こえてきた、「ぼくの分はないの？」　こうして、彼らは息子が家に戻ってきたのを知ったのである。

父親はイヴァシュコが帰宅する夢を見たと言う。だから、この物語が夢から生まれたものだと考えれば、その夢の潜在内容を推測することもできるだろう。

グリム童話のテクストに戻ると、眠りにつくことと日の出で目覚めることが何度も出てくることに気づく。両親は、子どもたちは眠ってしまったものと思っているが、子どもたちは両親が自分たちに対して何かたくらんでいることを聞きつける。子どもたちは空腹のままベッドに入った。というより、お腹がすいて眠れなかったと言ったほうがいいかもしれない。お腹のすいた子どもは、母親を食べたいと思う。逆に、母親は子どもを食べたいと思う人食いである。その証拠に、この物語のなかで子どもたちはお菓子の家、すなわち、母親を食べはじめる。子どもの一人は籠の中に閉じこめられ、たっぷり食べ物を与えられる。もう一人の子どもは、ほとんど食物を与えられない。朝は空腹による覚醒夢をもたらし、身体破壊幻想が起動させられる。籠の中の子どもは、まだ生まれていないきょうだい、胎児なのである。

魔女はいかにして死ぬのか。彼女はパンのようにパン焼きがまに押し込まれる。自分が子どもを押し込もうとしたとおりにだ。パンは食物であり、空腹の子どもは母親を食べたいと願う。この母親は夢の中で人食い魔女として表現されている。だが、母親を食べるためには、子どもは目覚めなければならず、このまま眠りつづけたいというもう一つの願望――パン焼きがまに象徴される眠りの子宮の中に入りたいという願い――と矛盾する。子どもたちが家に帰ろうとしながら、反対の方向と思われる森の奥深くに入っていってしまうのも、同じ理由による。子どもたちを眠りの子宮（家）から追い出す、つまり、目覚めさせるのは（父親ではなく）悪い母親なのである。

家へ帰る道がわからなくなるのも、子どもたちが眠り（夢ないしは物語）を続けたいからだ。彼らがパンとお菓子と砂糖でできた魔女の家にたどりつくという夢は、幻覚によって願望充足をもたらす口唇的覚醒夢である。籠（子宮）の中でご馳走を与えられた兄は、二つの願望（眠りと食物）

が同時に満たされている。この夢は、魔女と母親の両方の死によって終わりを告げる。これは空腹という覚醒刺激にひそむ無意識の攻撃を表わしているのである。

第16章　鳥のことば

人が動物のことばを理解し、そのことを妻に知られないよう苦心する民話は広く普及しており、ＡＴ六七〇の「動物のことば」として取り上げられている。単に類話のリストを編纂するだけの旧態依然とした比較民俗学の研究と、この物語に対するローハイムの大胆な「原光景」的解釈との圧倒的な違いは、この論文と、ローハイム以前の研究論文を読み比べれば一目瞭然だろう。ジェームズ・ジョージ・フレーザーの「動物のことば」はめったに引用されない論文だが、アジアとヨーロッパのおびただしい類話をあげている。[*] 一方、アンティ・アールネは、この物語の類話をさらに系統的に網羅している。[**] フレーザーとアールネの論文はどちらも、この物語の初期の論考、すなわちテオドール・ベンファイのものより、格段の進歩を示している[***]（この物語のインド起源説を指示する論文は、このほかにもミルタのものがある）。[†] とはいえ、フレーザーにしてもアールネにしても、この民間伝承の象徴的意味の可能性についてはまったく考えが及んでいない。人間が実際に動物のことばを理解できるとでも信じないかぎり、この物語は文字通りにではなく、比喩的なものとして理解すべきだという結論を出さざるをえないのである。

＊ James George Frazer, "The Language of Animals," *The Archaeological Review* 1 (1888) :81-91, 161-

81.

** Antti Aarne, *Der Tiersprachenkundige Mann und seine neugierige Frau: Eine vergleichende Märchenstudie*, FF Communications No. 15 (Hamina: Suomalaisen Tiedeakatemian Kustantama, 1914).

*** Theodor Benfey, "Ein Märchen von der Tiersprache, Quelle und Verbreitung," *Orient und Occident* 2 (1864): 133-71.

† Kalipada Mitra, "The Bird and Serpent Myth," *The Quarterly Journal of the Mythic Society* 16 (1925-1926): 79-92, 180-200.

一人の貧しい羊飼いの若者が木の下で一夜を明かし、火を焚いて暖をとっていました。そこに小さなヘビが寄ってきて火の中に落ちたので、彼は助けてやりました。ヘビは若者を父親のヘビの王の家に連れていきました。ヘビの王は若者に息を吹きこんで、動物のことばがわかる力を授けてくれました。けれども、この秘密を誰かにもらすと若者は死ななければならないのです。若者は主人の娘と結婚しました。彼は不思議な力のおかげで、宝物を見つけ、次には雌馬が妊娠したことを言いあてました。ところが、ほかの人には聞こえないことを聞くたびに笑いだすので、人の知らないことを知っていることがばれてしまったのです。彼の妻は秘密を打ち明けるようしつこくせがみましたが、彼は、もし秘密をもらしたら自分は死なければならないのだと言いました。けれども、妻はそれでも言い張るので、彼は自分の棺をつくらせ、地面に置いて、その中に横たわりました。そこに一羽のオンドリがやってきて、言いました。「この男はなんて馬鹿なんだろう！　おれさまには大勢女房がいるが、みんなおれさまの言うことをきく。やつにはたった一人の女房しかいないのに、その一人さえ思いどおりにできないなんて！」

若者は起きあがると、妻を鞭で打ち始めました。「これでもまだ、まだおれを死なせたいのか？」彼はそう妻に詰めよりました。

それからというもの、妻は二度と彼に秘密を教えろと迫らなくなりました。[1]

ギリシアのレスボス島の主人公は、ちょっと間の抜けた若者だった。「行って海に施しものをしてこい」と人々は彼に言った。若者は毎日パンを買い、パンくずを海にまいて魚に食べさせてやった。ある日、彼が海岸を歩いていると、魚が見えたので彼は言った。「ごめんよ！　一文なしなので、おまえにパンを買ってやれないんだよ」。

「わたしはあなたに借りがあります」と魚は言った。「だから、あなたにいいものを上げましょう。わたしの口の中に指をつっこむと宝石があるので、それをひっぱり出してごらんなさい。その宝石を持っていると、動物の話すことがわかるようになります。でも、もし誰かにそのことをもらしたら、あなたは死ななければなりませんよ」。最初に若者は、カラスが子ガラスに話しているのを聞いて宝を見つける。次は、雌馬と自分の妻が同時に妊娠したのを知る。最後には、オンドリが先ほどの話と同じように彼を死から救う。[2]

ブルガリアの話では、火に落ちたヘビを羊飼いが助ける。ヘビは羊飼いの首に巻き付き、その格好で父親のヘビの王のところに羊飼いを連れていく。羊飼いは動物のことばを理解する力を与えられ、雌馬が妊娠したと言っているのを聞く。〔妻にせがまれて〕彼が死ぬつもりで秘密を明かそうとしたとき、オンドリの考えていることが聞こえてくる。オンドリは、「たった一人の妻も思いどおりにできないなんて。おれさまは何百という妻を従わせることができるというのに」と思っていたのだ。(3)

ローザンヌのバ・ロンガ版はちょっと違っている。「偉大なヘビ」は男を金持にするが、男の妻が生む最初の子どもをよこせ、と要求する。その日が来ると、夫婦はヘビのために、七つの水差しに入れたミルクを用意した。ヘビはミルクをたらふく飲むと、もう子どもを食べるとは言わなくなった。それどころか、ヘビは男に舌を突き出すように言い、舌になにか書き付けた。そのおかげで、若者は動物の話していることがわかるようになった。最後は、オンドリとメンドリの同じエピソードで締めくくられる。(4)

アールネは活字になった類話には一つ残らず論考を加え、印刷されていない原稿のままのものも多く採話している。(5)多くの類話においては、ヘビと鳥の闘いのエピソードから話がはじまる（一二）。これは、犬と他の動物（三）、二匹の大蛇（五）、ライオンとヘビ（五九）、二頭の龍（六〇）、二匹のヘビ同士（六一、六二）の闘いになることもある。主人公が学ぶのは、動物のことばないしは鳥のことばである。

同様の状況設定は民間伝承、つまり民間信仰にもある。スラヴォニア地方に住むハンガリー人は、春にカエルとヘビが闘っているところを見たら、棒でヘビを追い払わなければいけないと信じている。ルテニア人は、ヘビがカエルをつかまえたところを見つけたら、棒で引き離してやるという。スロヴァキア人は、聖ゲオルギウスの日（四月二十三日）にカエルを口にくわえたヘビを見たら、緑の小枝でヘビとカエルを叩く。そうすると、どんな訴訟にも勝つという。(6)

今まで述べてきた習慣を解釈するにあたって、私は次のように結論する。すなわち、目撃されたのは二匹の動物が闘っているところではなく、「原光景」なのだ、と。

その強力な裏付けとなるのが、この民話の最古の類話である。十四世紀初頭にさかのぼるペルシアの類話を収めた『トゥティ・ナメー』というヒンドゥーの説話集がある。次にあげるのは、その説話集のなかの話である。インドの皇帝が、雌ヘビがほかの種族の雄と同衾しているのを目にしたところから物語が始まる。皇帝は激怒して、雌ヘビの尾の一部を切り取ってしまう。

ヘビの夫はつれあいの傷に気がつき、どうしたのかと訊ねる。雌ヘビはこう答えた。「狩りにでかけた皇帝がわたしに目を留め、わたしをレイプしようとしたのです。わたしが抵抗したので、こんな姿にされてしまいました」。

雄ヘビは皇帝の部屋に忍び込んだ。皇帝に噛みつき、毒で殺してやろうと思ったのだ。だが雄ヘビは、皇帝が皇后に語った話を盗み聞きして、雌ヘビの不貞を知る。女はこの雌ヘビのようなものだから、今後いっさい女とは関わりをもたない、と皇帝は言い、皇后の誘いをはねつけたのである。そこで雄ヘビは皇帝に許しを乞い、どんな願いでもかなえてやると言う。こうして、皇帝は動物のことばがわかるようになった。ただし、この秘密を絶対に女に打ち明けてはならないという条件付きで。

皇帝は愛を交わす二羽の鳩の睦言を聞いて、思わず笑い出した。皇后は、なぜ笑ったのか教えてくれなければ自殺する、と言って皇帝を脅した。

皇帝は、もし本当の理由を明かせば、自分は死ななければならないのだ、と答えた。

皇帝が皇后と連れだって井戸のそばを通りかかると、雌羊が雄羊に話しているのが、皇帝の耳に聞こえてきた。「もしあんたが井戸の中に降りていって、あたしのためにあの草を取ってきてくれなけりゃ、あたしはあの井戸に飛びこんでしまうから」。雄羊が目をやると、命の危険を冒さないかぎり、その草は取れそうにもなかった。そこで雄羊は言った。「おれは女のために死のうとしている皇帝みたいな馬鹿じゃないさ。おまえが自分で死にたけりゃ、そうしろ。おれの知ったことじゃない」。

皇帝はこれを聞いて、秘密を明かすことを思いとどまった。(7)

この実に意味深いプロットは、インドのいくつかの物語に見いだすことができる。だがそうした事実はあるにしても、私は、この「メルヒェン」全体の源泉はギリシアではないかと考えている。アールネはベンファイに倣って、この話がインドに由来することを示した。(8) またアールネは、クリンガーがポーランドの雑誌『ルート』(XV, 1909)のなかで、この民話のギリシア派生説を支持したことをあげている。(9)

『オデュッセイア』十一篇二九〇に対する傍注と、ヘシオドス〔紀元前八世紀頃のギリシアの詩人〕

の「テオゴニアー」〔『神統記』広川洋一訳、筑摩書房〕は、ともに予言者メラムプースについて言及している。全体の話はアポロドロス〔紀元後一世紀頃の神話学者〕の「ビブリオテーケー」〔『ギリシア神話』高津春繁訳、岩波文庫〕に載っている。

メラムプースは、子へビたちの死んだ母親の亡骸を埋葬あるいは火葬してやった。大人になったへビたちはメラムプースの耳を舌でなめて清め、彼に鳥や動物たちのことばを理解する力を与えた。メラムプースは、さらにアポロンとの出会いを通して予言者になる。だが、ヘロドトス〔紀元前四八四頃〜四二五年頃のギリシアの歴史家〕（II.49）は、酒の神ディオニュソス（バッカス）とその男根崇拝を、このメラムプースと結びつけて考えている。また、メラムプースの物語には、反女性的な態度がかいまみられる。メラムプースがピュラコスの雌牛を盗んで牢に囚われの身となったとき、男女一人ずつの牢番がついていた。男は親切だったが、女はメラムプースに敵意を抱いていた。動物のことばがわかるおかげで、メラムプースは牢が崩れ落ちるとき、彼女がその場にいて潰されるように謀った。

この件がきっかけでメラムプースは、ピュラコスの息子で、子どものできなかったイーピクロスを癒やしている。イーピクロスが子どものとき、父親のピュラコスは山羊を去勢しながら、いたずらなイーピクロスを小刀で脅したあと、小刀を樫の木に突き刺したままにしておいた。ハゲタカは治療法をメラムプースに明かした。その小刀の錆を削り落として葡萄酒に混ぜ、イーピクロスに十日のあいだ飲ませれば、子をもうける力が回復するだろう、と。

ある類話によると、メラムプースは子ども時代にへビに育てられたという。別の類話では、雌やぎとなっている。彼の名前の「黒足」（メラムプース）――オイディプス（腫れた足の意）との明らかな類似――の由来は、彼の幼年時代を描いた類話のなかで説明されている。それによると、母親が日陰の場所に彼を寝かせていたのだが、足だけが日焼けした。それで「黒足」になったのである[10]。

この物語の際だった特徴は、以下のとおりである。(a)ヘビと鳥のことば、(b)もしメラムプースが雌やぎの子どもだというなら、イーピクロスは、彼自身が去勢された子やぎ（子ども）だということ。これはディオニューソスとの関係にも通じるものがある。(c)オイディプス（エディプス）との類似。(d)男根的要素と女嫌いの特色。

テイレシアスは、トゥティ・ナメーの物語と同様の原光景から洞察力を得たもう一人の予言者である。

「テイレシアスと予言とは切っても切れない関係にある。当時、ローマやギリシアでは未来の予言は鳥を見ること、つまり、鳥占によって行なわれていた。テーバイの王ペンテウスは新興のディオニュソス信仰を嫌っており、それを支持しようとする旧来の僧テイレシアスに激怒して言った

――

「この仕事はテイレシアス、おまえが計画したことなのだから、
もう一つの祭壇をおまえが設けなければならない。
そしてわれわれのなかから、

新たな鳥たちを見るもう一人の人間を選ばなければならない」

テイレシアスのことで目を惹くのは、彼が予言者の原型であることと、性を変えられることである。この二つの属性は、どちらも次のエピソードに由来する。十字路で彼は、二匹のヘビが交尾しているのを見つけた。雌ヘビを殺したあと、彼は女性に姿を変えられてしまう。しばらくして、彼は同じ場所でまたもや交尾中のヘビを見かける。今度は雄ヘビを殺すと、彼はふたたび男性に戻った[11]」。

このヘビたちはテイレシアスの両親だと考えられる。テイレシアスは、雌ヘビを殺したときには陰のエディプス・コンプレックスを抱き、雄ヘビを殺したときは陽のエディプス・コンプレックスを抱いていたのである。このヘビたちが両親を表わしていることは、次にあげるゼウスとヘラの争いのエピソードが明らかにしている。

テイレシアスは両性の役割を経験した唯一の人間だったので、ゼウスとヘラの争いの判定者として選ばれた。彼はゼウスに好意的な判定をくだす。ヘラは罰としてテイレシアスの視力を奪ったが、ゼウスは超自然的な洞察力を償いとして与えた。ところが、ゼウスとヘラはどうも互いに相手のほうが肉欲が強いとなじりあっていて、それがヘラを怒らせたようだ。フルゲンティウスによれば、男には三オンスのリビドーがあるが、女には九オンスのリビドーがあるという。また、エウスタティウスによれば、女は十一の性の歓びのうち九つまでを得られるそうだ[12]。ヘシオドスは言う――。

「テイレシアスは、ゼウスとヘラに次のように言った。「男の快楽は十のうち、たった一つにすぎない。だが、女は十の歓びすべてを完全に楽しめる」。これを聞いて怒ったヘラはテイレシアスを盲目にしたが、ゼウスは彼に予言者の力を与えたのである」。[13]

　興味深いのは、テイレシアスが妊娠中の女性のリビドーを明らかにし、ヘラがそれを女性全般への攻撃とみなしたことである。本論の民話のなかで主人公が動物のことばで聞いた秘密の一つに妊娠がある。後述のテイレシアス物語の類話では、テイレシアスは窃視者だとして非難されている。すなわち、子宮の中で起きていることを、身体破壊幻想、つまり口唇的攻撃として見ていると非難されているのだ。[14]さらには、物語の反女性的な傾向もテイレシアス神話には暗示されている。テイレシアスはゼウス、父親に与《くみ》する予言者なのである。

　視力を失うことはエディプスと同じく、女性、つまり自分の母親の外陰部を見たことに対する罰である。別の類話では（アポロドロス、三、六、七、カリマコス、七、七八）、テイレシアスは図らずもアテナが水浴しているところを目にする。女神は彼の目を手でおおい、彼から視力を奪ってしまう。彼の母親カリクロはアテナの侍女の一人で、アテナのお気に入りだったので、息子の目を元通りにしてくれるように懇願した。だが、アテナはテイレシアスの目を元に戻すことができなかった。かわりに女神は、鳥のことばを理解する力とすぐれた洞察力、盲目の彼の支えとなる杖を与えた。[15]私は、カリクロは、実は別の形のアテナではないかと思う。というのは、カリクロ自身がゴルゴン――凝視し、石に変える目――に密接に関係しているからである。[16]予言者のイアモスは、ヘビの夫婦に蜂蜜で育てられ、父親のアポロンから鳥のことばを理解する力を得た。[17]ヘビの予言的性格、未来の予言者の耳をなめるヘビ、ヘビと鳥の組合せは、ギリシアではすっかりおなじみだ。[18]今日でもギリシア人は、特殊な才能や知恵をもった人々にしかわからない、不可解だが役に立つ警句のことを、「鳥のことば」と呼んでいる。[19]

この物語のいくつかの部分は、もともとギリシアで発生したものだと考えられるが、伝播の過程でこの核に新たな特徴が加わったことは明らかである。

メンドリとオンドリは、ヨーロッパでは男性と女性を表わす典型的なシンボルである。メンドリが鬨《とき》をつくるのは不吉とされている。それは男の役割を行なおうとする女、魔女だからだ。ウェールズでは、「口笛を吹く女と鬨をつくるメンドリは、悪魔とその住みかにしかふさわしくない」[20]と言われているし、ブルターニュその他のフランスの地方では、もしメンドリが鬨をつくる（chante le coq）と、まもなく飼い主の農夫が死ぬことを意味する。これを防ぐには、そのメンドリを殺すしかない。[21]ドイツのプファルツでは、女性は絶対に口笛を吹いてはいけないし、メンドリは鬨をつくってはいけない。もしそれに反すれば、聖母マリアがキリストの前で恥ずかしい思いをするからだ。[22]鬨をつくるメンドリは「メンドリにつつかれる夫」（恐妻家）あるいはラテン語の「妻が夫よりも勝っている」を象徴している。[23]ノルマンディでは、「鬨《とき》をつくるメンドリと口笛を吹く娘は家に災いをもたらす」、イングランドでは、「口笛を吹く娘と鬨をつくるメンドリは、神にも男にも嫌われる」と言われている。[24]また、こうした民間信仰は短い物語の形をとることもある——。

昔、妻に頭の上がらないあわれな男がいました。ある日、妻にさんざん文句を言われた男は、妻のもとを去り、ほかの国に行く決心をしました。こうして男は旅立ちましたが、いくらも行かないうちに、道ばたに立っている一軒の農家に行き当たりました。男が戸口を行き過ぎようとしたちょうどそのとき、オンドリが鬨をつくりました。男にはオンドリがこう言っているように思われました。「ここでは女たちがご主人さまだ!」もう少し行くと、また別の農家がありました。そばを通ると、ふたたびオンドリが鬨をつくりました。男にはオンドリが「そうさ、どこもかしこもだ」と言っているように思えました。そして、彼は言いました、「家に戻って女房と暮らすとするか。女どもが男の支配者だということがはっきりわかったからな[25]」。

この話はさっきとは逆の内容だが、これを見ると、複数のエピソードからいかにして民話が生まれるか、また、同じ潜在内容を基盤として、こうした本質的要素を結びつけることでいかに発展していくかがよくわかる。

「鳥のことば」の民話の主要部分は、ヘビのエピソードとオンドリのエピソードの二つから成っている。初めのエピソードでは、男は原光景を目撃し、次のエピソードでは原光景を耳にする。最初のエピソードより次のほうが強い抑圧を示している。だが、バランスはちゃんととれている。というのも、性生活は最初の場面(テイレシアス神話とインド版は除く)ではあからさまに述べられていないが、次の場面ではおおっぴらに語られているからである。「闘い」のモチーフをもたない類話も多い。

エストニア版では、ある男がどしゃぶりの中でヘビが木からはい出るのを助けてやる。あるいは、木の中にいるヘビを火事から助けてやるか、ただ単に木から降りるのを手伝ってやる[26]。これらの物語(エストニアとフィンランド版)には、このほかに二つの特徴、つまりモチーフがある。男が木の下で眠っているモチーフと、男が眠りにつこうとするときに胸の上にヘビの重みを感じるというモチーフだ。最初のケースには夢の、次のケースには悪夢の存在を推測できるだろう。男は、一本の木が自分の埋葬に立ち会ってくれと他の木に頼んでいるのを耳にする。その後、男は棺に横たわって死を待つのである。これを夢から派生したエピソードだと考えれば、どんなタイプの夢と関連しているかもわかるだろう。火と水は明らかに尿意による覚醒夢を示しており、助け出されたへビは、夢を見ていた人が目覚める瞬間のペニスを表わしている。また、民話が夢の形成要素であり[27]、夢がその民話の発達をさらに促してきたという考えも成り立つ。

では、鳥のことばによって明らかにされたことは何だったのか。それは、メンドリとオンドリの話のように、性生活のことだったり、妊娠や、土中の宝物（子宮内の胎児）のことだったりする。要するに、「スフィンクスの謎」を多少なりとも秘密めかしたものとでも言えばいいだろうか。

鳥のことばが出てくる民話は、これだけではない。グリム童話の一七番は、白へビの肉を食べた男が鳥のことばがわかる能力を授かる話だ。この力のおかげで、その召使は王女が出した課題をすべて果たし、めでたく王女の夫になる[28]。もう一つのグループには、次のような共通のプロットがある。あるところに、鳥のことばのわかる若者がいた。鳥たちは彼が王となり、彼の父親は息子につかえる召使になると予言する。父親に強要された若者は、この予言を打ち明け、父王は彼を殺してしまう。だが、若者は奇跡的によみがえり、鳥の予言は成就する[29]。

鳥が明るみに出したことは、もはや秘密でも何でもない。それはエディプス・コンプレックスなのだ。そうなると、鳥のことばはイドのことば、もっと具体的にいえば、男根のことばと考えていいのではないか。

「鳥のことば」の民話において、ヘビと鳥くらい典型的な男根象徴はほかには考えられないだろう。[30]では、次の物語を見ていただきたい。

ゼウスはヘラと結婚しようと考えていた。そこでゼウスは、ヘラに姿を見られないようにカッコウに変身して、山に隠れていた。その山は、最初はトロナックスと呼ばれていたが、今ではカッコウ山と呼ばれている。その日、ゼウスは激しい嵐を引き起こした。さて、ヘラは一人で歩いているうちにこの山に着き、腰をおろした。現在、その場所はヘラ・テレイアの聖所になっている。カッコウは嵐のために凍えそうになり、ぶるぶる震えながらヘラの膝の上に舞い降りて羽を休めた。ヘラはそれを見てかわいそうになり、カッコウを自分の上着で蔽ってやった。するとゼウスは、あっという間に元の姿に戻り、ヘラを抱きしめた。アルゴスの神殿にあるヘラの像は玉座に坐り、手に笏を持っているが、その笏にはカッコウがとまっている。

そして、J・E・ハリソンは、ヘラ・テレイアという名は「結婚したヘラ」という意味だと述べている。[31]

では、「鳥のことば」の民話の「潜在内容」はいったい何なのだろうか。

少年が原光景を目撃する。その場面を加虐的に解釈することで、去勢不安が起動される。女性は大敵であり、好奇心は大罪であり、少年は恐妻家である。少年がオンドリ、つまり原光景における力強い父親に同一化したとき、少年はこの状況を克服する。今や、少年は真に鳥のことばを理解できるようになったのだ。ドイツ語の vögeln（鳥に）は、性交を意味し、「鳥のくちばしで種を集める」は、ヴォグール語でも同じことを意味する。[32]

鳥はもっとも際だった凶兆である。「オルニス」と「オイオノス」は鳥と凶兆一般を意味するが、重要な鳥は猛禽類で、空高く飛翔するので、神々と人間たちの使者とみなされる。[33] 空を飛ぶことが強調されているという事実は、今はやりの乳房解釈を退け、飛行、つまり勃起の夢を想起させる。

白頭のキャリオン鷹は、吉凶を告げる主要な鳥であり、ケニアの部族の主神である「至上者」の次の位についている。もし、鷹が彼らの行くのと同じ方向に飛んでいくなら吉兆だが、向かって飛んでくるようなら、それは大変な凶兆なのだ。もし彼らが闘いに出ようとしたときに鷹が鋭く鳴いたら、それは年長者の誰かが闘いで死ぬことを意味する。女たちは、鷹に公式に伺いを立てているときに同席をすることは許されないが、病気から守ってもらうために戸棚に木製の鷹の像をしまっている。[34] ボルネオのダヤク族は、吉凶を告げる鳥は自分たちを見守ってくれている祖先だと信じている。昔、とてつもなく勇敢な男がいたが、敵と闘っていて腰布を切り落とされ、死んで尾のない鳥となった。[35] こういうわけで、鳥のことばを信じる、すなわち鳥のお告げを実行する人々は、「性器性欲の原型的な性格」を肯定していると言っていいだろう。性なしには、未来はありえないからである。

第17章　ホレおばさん——夢と民話

ゲザ・ローハイムが本書最後のこの論文を執筆していたころ、民俗学者のウォレン・ロバーツは、インディアナ大学でスティス・トムソン教授の指導のもとに、民俗学に関する最初の博士論文の仕上げにかかっていた。ロバーツの博士論文のテーマは、ＡＴ四八〇の「泉のそばで糸を紡ぐ女たち、親切な少女と不親切な少女」だった。彼の研究はこの話型の千近い類話に基づいており、今でも、いわゆる歴史地理的方法論、つまりフィンランド学派の方法論の模範の一つとなっている。ロバーツの論文が発表されたのは一九五八年になってからなので、ローハイムはついに目にすることはできなかった。もしローハイムが生きていたら、この大変人気のある民話のさまざまな類話について、いったいどんな感想を抱いただろうかと思わずにはいられない。

ロバーツの比較研究が明らかにした事実の一つは、良いヒロインが「金の雨」の褒美を得、悪いヒロインが「ヤニの雨」でこらしめられるというモチーフは、「ドイツ特有の発展」とされ、インドからアイルランドまで伝えられる非ドイツ版には見あたらないということだ。詳しくは、ウォレン・ロバーツの『親切な少女と不親切な少女の物語』を参照されたい。* この「ドイツ的」モチーフをドイツ的肛門愛との関連性から解釈したのは、拙書である。** 予想されるように、ロバーツは、ローハイムが一九五三年に行なったこの物語の解釈にはまったくふれていない。共通の関心をもつテーマを扱ったものだというのに、ここでもまた、民俗学者たちがローハイムの著書を読むことさえしなかったことが裏付けられたのである。

この物語を扱った研究例は、他にも多くある。***

* Warren E. Roberts, *The Tale of the Kind and the Unkind Girls: Aa-Th 480 and Related Tales* (Berlin: Walter de Gruyter, 1958), p.125.

** Alan Dundes, *Life is Like Chicken Coop Ladder: A Study of German National Character Through Folklore* (Detroit: Wayne State University Press, 1989), p.82〔ダンデス『鳥屋の梯子と人生はそも短くて糞まみれ――ドイツ民衆文化再考』新井皓士訳、平凡社〕

*** Reinhard Wagner, "Einige vorder- und hinterindische Fassungen des Märchens von der Frau Holle (Goldmarie und Pechmarie)," *Zeitschrift für Volkskunde* 43 (1932):163-78; Warren Roberts, "The Special Forms of Aarne-Thompson Type 480 and Their Distribution," *Fabula* 1 (1958):85-102; Ralph Troger, *A Comparative Study of a Bengal Folktale: Underworld Beliefs and Underworld Helpers: An Analysis of the Bengal Folktale Type: The Pursuit of Blowing Cotton-AT 480* (Calcutta: Indian Publications, 1966); Geneviève Calame-Griaule, "The Father's Bowl: Analysis of a Dogon Version of AT 480," *Research in African Literatures* 15 (1984):168-84; Steven Swann Jones, "Structural and Thematic Applications of the Comparative Method: A Case Study of 'The Kind and Unkind Girls,'" *Journal of Folklore Research* 23 (1986):143-61; Heda Jason, *Whom Does God Favor: The Wicked or the Right-*

eous? The Reward-and-Punishment Fairy Tale, FF Communications No. 240 (Helsinki: Academia Scientiarum Fennica, 1988).

ある未亡人に二人の娘がおりました。一人は美しくて働き者、もう一人は醜くて怠け者でした。未亡人は働き者の娘を嫌い、怠け者の娘をかわいがっていました。働き者の娘は、来る日も来る日も指先から血が出るまで井戸ばたで糸を紡がされました。糸巻きが血だらけになったので、娘が井戸で洗おうとすると、糸巻きは井戸の中にストンと落ちてしまいました。継母は彼女に、井戸の中に飛び込んで拾ってこいと言いつけました。娘は言われたとおりに井戸に飛び込みましたが、気を失ってしまいました。娘が目をさますと、そこは美しい草原で、お日さまが輝き、たくさんの花が咲きみだれていました。ふと見ると、パンがいっぱい詰まった焼きがまがあって、パンが叫んでいます、「ここから引っぱり出しておくれよ。じゃないと焦げちゃうよ」。そこで娘はパンを一つ残らず引っぱり出してやりました。次には一本の木が言いました、「どうか、ゆすぶっておくれ。わたしのリンゴの実は、どれもみんな熟してるんだよ」。娘は言われたとおりにしてやりました。しまいに娘は一軒の小さな家にたどり着きました。大きな歯をした小柄なおばあさんが外をのぞいていました。娘は怖くなりましたが、おばあさんはこう言いました。「あんたがちゃんと働いて言いつけを守るなら、何もかもうまくいくよ。とくに毎朝、寝床を整えて羽根布団をよくふるってくれればね。そうすると羽根が飛びちって、大地に雪がふるんだよ。わたしはホレおばさんだよ」。

娘はしばらくホレおばさんに仕えていましたが、だんだんさびしくなってきて、家に帰りたくなりました。ホレおばさんはそのことをほめてくれて、上の世界に連れて帰ってくれました。二人は大きな門の前に着きました。娘が門の下に立つと、金の雨が全身に降り注ぎました。「これはごほうびだよ。あんたはとてもよく働いてくれたからね」。ホレおばさんはそう言うと、糸巻きを返してくれました。門が閉まると、娘は母親の家のすぐ近くに戻っていました。娘が家に戻ると、オンドリが鬨をつくりました。「コケコッコー、うちの金の娘っ子がお帰りだ」。

――物語の後半では、母親のお気に入りの娘が働き者の娘よりたくさんの金をもって帰るように井戸のところに行かされる。娘は焼きがまとリンゴの木の頼みをはねつけ、ホレおばさんの言いつけもきかない。そして、門から出たとたんに煤《すす》を浴びせられる。

オンドリは鳴く。「コケコッコー、うちの汚い娘っ子がお帰りだ」。

ドイツのシュワルムで採話された類話では、主人公の娘は梨の木のそばを通りかかる。だが、ここでは娘のほうから「自分でゆらしてごらん」と言って、梨の実を手に入れる。それから子牛に背中に乗れるようにひざまずくように言い、焼きがまにパンを焼いてくれと頼む。娘はパンケーキでできた家にたどり着く(ヘンゼルとグレーテルのモチーフ)。娘はお腹がすいていたので、家を食べ始める。かじって開けた穴から、家の中にいる赤い老婆が見えた。老婆は言った、「ああ、風よ、天から来た子よ。入ってわたしのシラミを取っておくれ」。娘がシラミを取っているうちに、老婆は眠り込んでしまう。そこで、娘が一つの部屋のドアを開けると、そこは金でいっぱいだった。娘は金のドレスを着ると家を出た。娘が金の門を通り抜けると、ちょうど夜が明け、オンドリが鳴いた。「うちの金の娘っ子のお帰りだ」。さて、（シュワルム版でも）、醜い娘も金のドレスを取りにやられるが、金も子牛もパン焼きがまも娘の望むようにはしてくれない。家に帰りつくまえに、老婆は娘に追いついて、娘の金のドレスを汚してしまう。夜明けに娘が家に戻るとオンドリが鳴いた。「うちのばっちい娘っ子のお帰りだ」。

ドイツのパーダーボルン版には、子牛の代わりに乳をしぼってもらいたがっている雌牛が登場する。ヘッセン版では、スープは煮えたぎり、焼き肉は焦げる寸前、ケーキは焼きすぎになるところに、娘が通りかかって助ける。娘は空腹だったが、食べ物には手をつけない。ケーキから落ちたかけらを少しばかり呑み込んだだけだ。そんな娘の前に水の精（Nixe）が現われる。水の精はもう一年も櫛を入れていないぼさぼさの長い髪をしていた。水の精は髪を一本も抜かずに梳《す》けと、娘に命じる。水の精は娘を自分のそばに置きたいと思ったが、できなかった。娘がケーキのかけらを食べていたからである。(1)

ドイツのニーダーザクセン版では、リンゴの木が言う、「わたしの実をもいでおくれ。重くて重くてしょうがない」。それから、娘はパンを焼きがまから引っぱり出してやり、黒こげになるところを助けてやる。雌牛の乳もしぼってやる。娘は煤《すす》の門を選ぶが、金の門を通らされる。オンドリはこう鬨をつくる。「コケコッコー、ちっちゃな金のメンドリのお帰りだ」。悪い娘が戻って来ると、オンドリは、「コケコッコー、ちっちゃな汚いメンドリのお帰りだ」と鳴く。(2)

別の類話では、悪い娘は、ロバの耳に毛むくじゃらの顔で帰ってくる。オートブルターニュ版は断片だけだが、ホレおばさんが妖精マルゴに代わっている。(3)ハンガリーのバラーニャ版には、バソル・ババ（鉄の鼻の産婆）が登場する。[4] 焼きがまは娘にケーキを食べてくれるように頼み、小川は汚れた水を飲んでくれと言う。帰り道は「魔法の逃走」のモチーフで、小川も焼きがまも娘を隠してやる。[5] ルーマニア版では、井戸がこう言う。「いい子だから、水を飲むまえにまずわたしを掃除しておくれ」。そこで、娘は井戸からヒキガエルとトカゲをすっかり追い出して、きれいにしてやる。それから聖日曜日（聖母マリア）に仕え、世界中の鳥を熱すぎも冷たすぎもしない水で水浴びをさせてやる。[6] ボルテとポリーフカが引用しているスラブ版は、ヒロインが聖母の召使であるものが多い。[7] あるロシア版では、ヒロインは雪の精霊「凍らせるイワン」のために働き、その寝床を整えて、羽布団をふるっている。[8] この話はさらにドイツ版に近く、ここでもオンドリが「コケコッコー」と鬨をつくる。主人が巨人だったり、老人だったりする類話もある。[9] ロレーヌ版には、聖母マリアと黒の門、白の門が登場する。良い娘の口からは褒美として真珠とダイアモンドがこぼれ落ち、悪い娘の口からは罰としてヘビが這い出る。[10] スイス版では、錘がネズミの穴に落ち、良い娘が追いかけていく。穴は娘が通れるようにしだいに大きくなり、娘は美しい城の中にいる。城の中には、娘が空腹なのを知っている「不思議な子どもたち」がいた。[11] ボルテとポリーフカがあげたあるドイツ版は、ヒロインが自分のベッドで「目をさます」と、もらった藁が金に変わっているというものだ。[12] チェコスロヴァキアのモラヴィア版のヒロインは、糸巻きのあとを追うべしという「夢を見る」。[13] あるイングランド版では、金の頭が井戸からにゅっと出てきて、こう歌う――

わたしを洗って、櫛けずっておくれ。（編者注1）

そして、そっとおろしておくれ。
それから川辺に寝かして乾かしておくれ。
誰かがそばを通りかかったときに、
わたしがきれいに見えるように。(14)

この歌では、眠りにつく準備という感じがさらに強まっている。

ところで、ボルテとポリーフカが引用するスラブ版には、別の「モチーフ」を付け加えたものがある。良い娘は呪われた水車小屋で一晩過ごし、人狼や悪魔を入らせないように、亜麻づくりやパン焼きの話を明け方までえんえんと話しつづける。そのかいあって悪魔は退散する。(15)

この最後のエピソードは、よく知られた悪夢のモチーフである。(16) 実際、「ホレおばさん」の物語には夢から生まれた物語であることを示唆する面がいくつかある。井戸に落ちるのは、眠り＝子宮に落ちる過程であり、一般的な夢である。最初の類話でヒロインは意識を失い、「目を覚ます」。つまり、眠りに落ちて夢を見るのである。彼女は明け方に戻る、すなわち目覚める。別のグリム版では、ヒロインは「眠りこんだ」老婆のシラミをとってやる。また、「夢の国の門」が登場する。その一つは金でできていて、もう一つは煤でできている。あるドイツ版では、物語はヒロインの目覚めとともに終わる。もしかしたら、この民話はドイツが起源なのかもしれない。いずれにしても、次にあげるドイツの民間伝承には、「ホレおばさん」のほかの特徴との関連がきわめて明白だ。

ドイツのブラウンシュヴァイクでは、産婆が井戸から子どもたちを連れてくる。同じくドイツのシュレスヴィヒ＝ホルシュタインには、二つの赤ん坊の井戸がある。これらの井戸を管理している女は、大鎌で赤ん坊の眠りをさます。ケルンのクニベルトの井戸は赤ん坊を授けてくれる。ヘッセンでは、コウノトリが赤ん坊を井戸から運んでくる。ブラウンシュヴァイクでは、赤ん坊はゴーデの井戸からやってくる。[17] まだ生まれない子どもたちは「ウサギの池」や「子どもの井戸」に住んでいる。[18] 子どもたちは、産婆がホレおばさんの井戸から赤ん坊を連れてくると聞かされている。[19] 子どもたちはホレおばさんの井戸からやってくるのだが、彼女は子どもを井戸に引き戻す不思議な力も持っているのだ。[20] これらの井戸は、「子どもの井戸」や「乳の井戸」と呼ばれている。[21] ヘッセンのある地方では、子どもたちはホレおばさんの湖からやってくる。シレジアには、スピルラホレ（ホレおばさんの糸巻き）の井戸の話が伝えられている。[22] 彼女は一種の鬼で、子どもの姿を消してしまう。[23] 井戸から子どもたちが連れてこられる話は広範に及んでいる。それらの話に登場する超自然的存在は、「偉大な水の女」とか「子どもの母親」とか呼ばれることもある。[24] チロルでは、魔女が子どもたちを井戸から連れてくる。[25] ケルンでは、子どもたちはクニベルトの井戸で聖母マリアを取り巻いて坐っている。[26] ホレおばさん、ペルヒタ（ゲルマン神話の死と多産の女神。ときにホレおばさんと同一視される）などは北欧伝説の幽霊猟師（夜中に狩人の叫び声と犬の吠え声が聞こえるという幽霊の狩猟の長）の女性版で、洗礼を受けなかった子どもたちの魂は、ホレおばさんのあとをついて空を飛んでいくと言われている。[27] ホレおばさんとこれまで見てきた「メルヒェン」をつなぐもう一つの特徴は、糸を紡ぐものの守護霊としての彼女の役割である。[28]

悪夢に起源をもつ物語のグループでは、ホレおばさんをはじめとする超自然的な女たちが休日の前夜に糸紡ぎをするものを罰する。[29] ホレおばさんはザリーク・フロイラインの女王で、人間に亜麻を用いることを教えたのも彼女である。[30]

パピステンバッハ（1600）によれば、ホレおばさんはクリスマスに巡回を始めるという。娘たちは糸巻きに一本だけ糸を紡ぎ、一晩じゅうそのままにしておく。ホレおばさんはそれを見て、こう言う。「髪の数だけ良い年がくるよ」。十二夜に、ホレおばさんは ホルセルベルクへの帰路に着く。もし亜麻糸がまだ糸巻きに残っていると、彼女はこう言う。「髪の数だけ悪い年がくる」。[31]

ホレおばさんやペルヒタといった超自然的な女たちは、クリスマスに捧げものを受け取る。オーストリアのスティリアでは、クリスマスのテーブルに残ったものはペルヒタのものだ。それが、ファイシュトリッツでは四季の斎日〔年四回定められた週の水、金、土曜日で、断食、祈禱を行なう〕、同じくオーストリアのチロルとニーダーエステライヒでは顕現日〔東方の三博士が幼児のイエスを訪ねたことを記念する教会暦の祝日の一つ。一月六日。十二日節ともいう〕、バイエルンではクリスマスとなっている。[32] ハンガリー北部に住むドイツ人は、ケシの実入りのクリスマス・ケーキを「ホレおばさんの分け前」[33] と呼び、そのケーキを食べるときに「ホレおばさんもわたしたちと一緒に食べてるんだよ」と言う。[34] これに対応するハンガリーの習慣は、粉をこねて小さな人形をつくり、それを天火に入れて「お食べ、美女たち」と言うものだ。[35] 私は、この「美女たち」は魔女の婉曲語であることをすでに明らかにしている。[36] ホレおばさんはまた、超自然的な女たちのグループの代表であり、ドイツ語で hold（優しく美しい）ときもあれば、unhold（不親切な／悪意・敵意を抱いている）ときもある。unhold は魔女の別名でもある。ドイツのチューリンゲン地方では、「住民はホレおばさんについて良いことしか言わない。もし何か悪いことを言いたいときは、内緒話をする」と言われている。彼女は、十二月二十五日から一月六日までの十二夜のあいだに糸紡ぎをするものを罰し、雌牛に乳の代わりに血を出させる。[37] もし若者たちが、糸紡ぎ部屋でホレおばさんのことを物笑いの種にしようものなら、たいてい年配の女性があわてて彼らの口を手でふさいでこう言う。「神さま、もしホレおばさんが今の話を聞いてたときはわたしたちをお救いください」。十二夜のあいだに糸紡ぎをしようとする不心得者がいると、「ハレおばさん」は糸紡ぎ用の椅子に排便する。[38]

また、魔女や「白い婦人たち」、「死んだ貴婦人たち」と、ホレおばさんはすべて同一人物の形を変えた表現であることは明らかだ。ドイツのヴュルツブルクでは、ホレおばさんはクリスマス・イヴに、ゆるやかに垂れた白い衣をまとい、白い馬に乗って現われる。[39] 白い婦人は城にとり憑いた先祖であることが多く、城に出現したり、バンシー〔アイルランド・スコットランド民話の泣き叫ぶ女の姿をした妖精。家族に姿を見せたり、泣き声を聞かせたりして、その家に死人が出ることを予告する〕のように一族の誰かが死ぬことを告げ知らせる。[40] ジプシーはウルメ（運命の女神たち）を「三人の白い婦人たち」と呼んでいる。[41] フランスのランシャーンでは、白い婦人はホレおばさんのように糸紡ぎをする。[42] ロワー・ノルマンディには、どの平野にもそれぞれ白い婦人や妖女がいる。騎士は、美しい娘の声が「わたし、今夜はどこに寝るのかしら」と訊ねるのを聞いた。彼は「私と」と答えた。すると、娘は彼の背に飛び乗り（悪夢）、彼がキスしようとすると、長い歯をむき出しにする。

このほかにも、ホレおばさんに関連する特徴を二つあげておかなければならない。スティリアでは、クリスマスに家がきれいに片づいていないと、ペルヒタはものぐさな娘のお腹を切り開き、中にゴミを詰めると言われている。[43]スラブ族のカリンチアでは、ペルヒタ・バーバは大食らいの子どもたちのお腹を裂いて、腸を取り出してしまう。彼女は獣の皮をかぶって、雌牛用の鈴を背中につけている。[44]スペルテには食べ物を捧げなければならない。さもないと、彼女は人間のお腹を割いて臓物を柵に吊るすからだ。[45]スラブ族版のペラタは、クリスマス・イヴに断食をしない者の腹を割く。[46]かと思うと、クリスマス・イヴにお腹いっぱいになるまで食べないと、ホレおばさんが腹を鋤で切り開いて食物を詰め、鎖でもう一度縫い合わせる。[47]スティリアでは、ペルヒタは美しい娘か老婆の姿で現われ、人々を八つ裂きにして、藁を詰める。それから、鋤と鉄の鎖で傷をふさぐ。[48]ブルハルト・フォン・ボルムスは、これを魔女の行状だと考えている。[49]

興味深いもう一つの特徴は、この民話がホレおばさんのベッドと雪を結びつけている点だ。雪が降りだすのは、ホレおばさんが枕をふるうからだ。バイエルンでは、聖母マリアがホレおばさんに置き換えられているので、「マリアの雪」となっている。[50]フランスにも同様の民話があり、やはり聖母マリアがホレおばさんの代わりとなっている。[51]ドイツでは、二月に降る雪は、老婆たちが枕をふるっているのだと言われている。[52]

ドイツのザームラントでは、天使が枕をふるっている。[53]ドイツのオルデンブルグでは、ホレおばさんか悪魔の祖母が寝床を整えている。[54]やはりドイツのナッサウではホレおばさんになっている。フランスのアルザスでは、小さな天使たちがベッドをゆすると、羽毛が飛び散って雪が舞う。[55]

母親、つまり夢の母親の柔らかな枕は、夜の季節である冬の大地をおおう白い雪になぞらえられる。ホレおばさん、ペルヒタ、そして同様の超自然の存在は、過去のヨーロッパの百姓女の典型的な仕事であった糸紡ぎを監督している。「ホレおばさん」の話には、二人の娘と一人の母親が登場する。母親は意地悪で、その母親がかわいがっている娘も意地が悪い。いじめられていた娘は夢の井戸に落ち、夢の中で良い母親と出会う。娘は三つの仕事――パンを焼きがまから取り出し、リンゴの実を木から落とし、雌牛の乳をしぼる、または子牛を雌牛から離乳させる――を課せられる。娘はそれをすべてやりとげて、夜明けに戻る。この「メルヒェン」は、実際に信じられている次の物語に類似している。それは、産婆が水中の世界の超自然的な住人のお産の手伝いに呼ばれる話である。[56]シレジアでは、お産のことを「焼きがまがぺっちゃんこになった」と言っている。[57]残りの二つの仕事、すなわちリンゴの木から実を、母牛から子牛を離す仕事は、離乳の部類に入るだろう。そういうわけで、これは潜在的な敵意(「彼女はずっと虐げられてきた」)に満ちた少女の夢であると考えるべきだろう。彼女の夢はこの敵意をそっくり否定するものなのだ。彼女を目覚めさせるのは単なる空腹にすぎない。だが、それは攻撃性をもたない口唇愛である。彼女が家に戻ったとき、その口からは宝石やバラの花が現われる。口唇期のレベルにおける離乳、つまり分離はきわめてスムーズに行なわれる。母親(リンゴの木、焼きがま、雌牛)はヒロインに願いを聞いてくれるように頼み、彼女は言われたとおりにしてやる。だが、これはどことなく胡散臭いところがある。パンは焦げる寸前のところで焼きがまから引き出されている。もう少し遅ければパンは黒こげになり、リンゴは腐ってしまっていただろう。これはヒロインが自分の妹を母親の子宮から引き出すことを暗示しているのかもしれない。だが同時に、妹は飲み食いしてしまえるもの(パン、ミルク、水)でも象徴されている。母親の体に対する口唇的攻撃(身体破壊幻想)は、親切な行為として偽装され、夢の中に出現しているのである。目覚めはふたたび口唇的なものとなる。良い娘が泣くと、真珠がその目からこぼれ落ちる。彼女が笑うと、バラの花が口に咲きこぼれる。あるいは彼女がほほえむと、バラと真珠が口からあふれる。また、ことばの一つ一つが香しいバラの花に変わる。彼女の笑い声は真珠となり、口は金貨を生み出す。彼女の敵役《かたき》の口からは、ヘビとヒキガエルがぞろぞろ出てくる。ソイモッシは、このモチーフが「ホレおばさん型」以外の民話にも見られることを明らかにしており、おそらくは東方（インド）の起源であろうと考えている。[58]そこで次のような疑問が頭をもたげてくる。この夢の「メルヒェン」は、ほかの民話の影響を受けているのだろうか。それとも、民話とはくりかえし夢に見られてきたものなのだろうか。[59]ボルテとポリーフカは、ホレおばさんの東方版をいくつか採話している。

カシミール地方の話には、性格がきつくてけんかっぱやいベンシーという姉と優しい妹ペシーが登場する。ペシーは父親のもとに訪ねていく。彼女はスモモの木のとげを除いてやり、次には火に頼まれて、暖炉をきれいにしてやる。インド菩提樹の折れた枝を結わえてやって、木の命を救ってもやる。また、小川の砂をさらって、ふたたび流れるようにしてやる。最後に父親からたくさんの贈り物をもらって、彼女は家に戻る。帰り道で、彼女は小川やインド菩提樹の木などからお礼をもらう。妹の真似をして出かけた悪い姉は、頼まれたことをすべてはねつけ、お腹をすかし、体じゅう傷だらけになって戻ってくる。ペシーは姉をベッドに寝かして、オートミールのお粥と熱いミルク酒を与える。[60]ビルマ版では、ヒロインのバケツが小川に落ち、追いかけているうちに男女の人食い鬼の家にたどり着く。[61]アルジェ版は、ヒロインが女の鬼の乳を飲み、彼女の子どもになる話である。[62]

さてここで、この民話の夢起源に対する反論を考察することにしよう。また、この民話のドイツ起源への反論もあわせてみていこう。

反論の根拠は、まったく同じモチーフ――焼きがま、木、雌牛、（川）――を三重に繰り返すことは、夢特有のテクニックとはいえないということだ。夢が複数の夢の場面で潜在内容を繰り返すとしたら、その強調点や力点にはなんらかの違いがなければならないというわけだ。だが、この点は不問に付することができる。誕生の象徴、離乳の象徴、母親への攻撃を識別することができるからで、その結果、ほかのいくつかの場面の説明もつく。しかし、三重の繰り返しがこの民話の特徴であることは間違いないのである。

次の疑問は、地理と伝播に関するものである。民話においては、西から東への道をたどったというより、東から西へというほうが一般的だ。だが、東方版はドイツ版に比べるとあまり夢らしくない。さらに、ヒロインが訪ねていく相手は父親像であることが多い。

それなら二カ所の起源をもつと仮定したら、これらの事実は説明がつくか考えてみよう。ドイツの話は夢に基づいている。[63] ヒロインは自分の糸巻き（ペニス）を追いかけて、眠り―母親―井戸に落ちる。これが基本の夢だ。彼女は攻撃性と不安が合わさったもののために目をさます。不安は夢の中で十分に克服され、攻撃性は親切として出現する。この夢が物語となるとき、語り手は母親を憎む悪い娘という潜在的意味を付け加えることで、無意識に民話を発展させているのである。だが、これはどれも巧妙に偽装されている。悪い娘は母親のお気に入りで、良い娘は虐げられている。そこに登場するのが、二つの「夢の門」だ。それは金と煤でそれぞれできている。良い娘は口唇的覚醒刺激によって戻るが、悪い娘が戻るのは肛門的覚醒刺激である。悪い娘はベッドを汚し、ワギナからではなく、直腸（黒い門）から戻ってくる。この夢から派生した民話は、ヨーロッパを東に進んでいったものに違いない。というのも、ロシア版にはオンドリの鬨の声と雪のモチーフが含まれているからである。(編者注2)

この夢起源の物語は、元来はホレおばさん自身に関連した仕事を一つだけやりとげるようになっていたのだろう。つまり、ホレおばさんの羽布団をふるって、羽毛を舞わせ、大地を雪（眠り）で包むのである。

錘《つむ》が井戸に落ちる――ヴィンターシュタイン(64)によれば、これは、ヨーロッパ民話に見られる少女の成人儀礼の名残りではないかという。糸紡ぎ部屋は、ヨーロッパの農民の暮らしでは若い男女の出会いの場であった。この章で論じてきた「メルヒェン」あるいは、この「メルヒェン」の根源と考えられる夢の中には、その痕跡はまったく見られない。それでも、この夢そのものが母親の中に戻ること、そして分離（枕から羽毛が離れる）を象徴しているのだから、無意識にこのことを暗示しているのかもしれない。このドイツの民間信仰と同じものがハンガリーにもあるが、そのハンガリー版がこれを裏付けている。セグレドとベシェニョテルケに住むハンガリー人は、雪の降るのを「花嫁の枕が引き裂かれた」と言う。(65)これは花嫁のベッドを実家から新居に移す儀式に関連している。人間や動物以外のものに親切にするというモチーフは、ヨーロッパ的というより東洋的なものに見える。東洋の民話の心理学的な起源がどんなものであろうと、東洋と西洋の二つの物語が、伝播の過程でヨーロッパのどこかで出会い、共通の無意識的内容を持っていたために、一つに溶け合ったのである。(編者注3)

編者注

(1) 実際は「シラミを取っておくれ」。
(2) レヴィン博士の解釈では、夢を見ている人を眠り＝子宮から引き離す父親。
(3) 国際大学出版局のミス・ロッティ・モーリーは、このグリムの民話は私の基本的な夢理論に似ていると指摘してくださった。それがきっかけで私は、この民話についての考察を始めたのである。

訳者あとがき

ローハイムについて、あるいは神話、昔話、民俗学などについて多少ともご存じの読者は、本書を目にして、まず、「なぜいまごろ、ローハイムを?」と首を傾げられることだろう。ここに収録された論文はどれも数十年前に書かれたものである。その意味では「古い」。だがあえて本書を出すのは、現在、昔話研究、神話研究、民俗学、人類学、そして文学研究において、精神分析学の成果が不当に軽視あるいは無視されているのではないかという思いからである。ダンデスが力説しているように、ローハイム自身、人類学者からも、民俗学者からも、はたまた精神分析家たちからも、ほとんど無視されている。これは不当としかいいようがない。

神話や昔話の起源については、明快な「答え」はいまだにないが、それらが人間の深層心理と深く関わっているということについては、誰しも否定できないだろう。だが、かつて流行した通俗的な精神分析批評への反動から、精神分析はいまだに胡散臭いものとして見られている。

なるほど、どの章を読んでも、ローハイムの結論はかなり強引であり、思わず首を傾げたくなる。だが、ダンデスが指摘するように、精神分析による昔話研究の金字塔と称されるベッテルハイムの『昔話の魔力』ですら(ローハイムの名は出さずに)ローハイムに多くを負っているのである。その意味で、本書は、神話や昔話に関心がある者にとっては、貴重なヒントにみちていると信じるしだいである。

著者ローハイムについては、本書の「はじめに」において、編者アラン・ダンデスが詳しく紹介しているので、ここではポール・A・ロビンソン『フロイト左派　ライヒ　ローハイム　マルクーゼ』（平田武靖訳、せりか書房、一九八三年）の一節を引用することで、ダンデスの紹介文への補足としたい。

「精神分析のカテゴリーを文化研究に適用しようとしたのであるから、言葉の広い意味でならローハイムは革命家である。その証拠に人類学の専門家たちは、彼の柔軟性を欠いた解釈にしばしば口をそろえて遺憾の意をあらわしている」。

「彼はあらゆる機会をとらえて近代文明の抑圧的性格を告発しつづけてやまなかった。たとえいかなる衣裳をまとおうとも、既成の文化秩序を擁護せんとするいっさいのイデオロギー、いっさいの知的伝統を、彼は極度に軽蔑していたのだった」。

「ローハイムはいたって誠実な思想家だったので、ひとたび精神分析をうけいれると律儀なまでに正統派に帰属しつづけた」。

「相対的にみてローハイムの平穏無事な生涯は、その知的確信のかたさと対応しているようである。一言で要約するならば、彼は一個の学究であった」。

「その学殖は桁外れで、入り組んだ精神分析学説でも一家をなしていたのはもとより、人類学の基礎文献に精通し、あわせて古代史と神話学の研究者でもあった。古代ヨーロッパ語の口碑を広範にわたって渉猟し、聖書原典批評の領域でも博覧強記の愛好家で通っていた。三カ国語をよくし、野外調査の必要にせまられて数種の未開言語の素養もあった。三十冊の著作と数百編にもおよぶ学術論文は、ハンガリー語、ドイツ語、英語のいずれかで、だいたい平均して同じ分量ずつ書いている」。

「桁外れな学殖があるにもかかわらず、それをひけらかすような俗物ではなかった」。

「彼の著作はライヒの著作と同じくらいに読みづらい。文体の晦渋な点にかけては、まるで知識過剰な古物収集家の文章を読んでいるようなもので、かならずしも達意名文章とはいいがたい。その筆致は無尽蔵とも思われる神話、民間信仰、儀式などの詳細な記述にみちていて読む者を圧倒せずにはおかない」。

「そのうえ散文体や文章構成に技巧をこらして時間をつぶしたりする癖がないためか、ほとんど信じられないほどの速度で書きなぐった形跡がうかがわれる」。

「こうした出版の運びにいたるまでの寒心にたえないあらゆる条件をさっぴいてみても、著作の出来映えは見事としかいいようがなく、そのため帳尻は十分に合ってしまう」。

「彼には複雑な理論分析をぎりぎりまで追求する才があって、著作中に見受けられる論理の多くは綿密に組み立てられており、フロイトの著作に比べてみても遜色がない。このためゲザ・ローハイムが不当に黙殺された知識人であるという見解を〔…〕徹底的に証明したいと思う。彼は精神分析の歴史のうえでも最重要人物のひとりであるばかりでなく、おそらく二〇世紀精神史を見渡しても異彩を放つ巨人だったにちがいない」。
なお、ローハイムの著作は次の二点が邦訳されている。
『文化の起源と機能』平田武靖訳、三一書房、一九七二年
『精神分析と人類学』小田晋・黒田信一郎訳、思索社、一九八〇年

次に編者のアラン・ダンデスについて。彼はアメリカの英文学者・民俗学者・人類学者である。精神分析学者でもある。一九六〇年代からずっとカリフォルニア大学バークレー校の教授をつとめていたが、今頃はもう退職したのではないかと思う。
これまでに以下の著作が邦訳されている。
『民話の構造――アメリカ・インディアンの民話の形態論』池上嘉彦ほか訳、大修館書店、一九八〇年
『鳥屋の梯子と人生はそも短くて糞まみれ――ドイツ民衆文化再考』新井皓士訳、平凡社、一九八八年
『シンデレラ――九世紀の中国から現代のディズニーまで』池上嘉彦ほか訳、紀伊國屋書店、一九九一年
『フォークロアの理論――歴史地理的方法を越えて』荒木博之編訳、法政大学出版局、一九九四年
『「赤ずきん」の秘密――民俗学的アプローチ』池上嘉彦ほか訳、紀伊國屋書店、一九九四年

なお、名前の表記に関しては、これまで「ダンデス」という表記と「ダンダス」という表記が併存してきた。おそらく「ダンダス」のほうが実際の発音により忠実なのだろうが、本書では音よりも綴りに忠実に「ダンデス」とした。

翻訳にはひじょうに長い年月がかかってしまい、新曜社の渦岡謙一さんには本当にご迷惑をかけてしまった。この場を借りてお詫びするしだい。なお、本書には数多くの言語が出てくる。翻訳者の能力不足のために、間違いも多々あるにちがいない。ご指摘ご教示いただけたら幸いである。

二〇〇四年十二月

鈴木　晶

人名索引

ア　行

カ　行

サ　行

タ・ナ　行

原　注

はじめに

引用文献

Bak, Robert C. 1953 "Géza Róheim 1891-1953," *Journal of the American Psychoanalytic Association*, 1:758-59.

Balint, Michael 1954 "Géza Róheim 1891-1953," *International Journal of Psycho-Analysis*, 35:434-36.

Bettelheim, Bruno 1977 *The Uses of Enchantment*, New York: Vintage〔ブルーノ・ベッテルハイム『昔話の魔力』波多野完治・乾侑美子訳, 評論社, 1978 年〕。

Bock, Philip K. 1988 *Rethinking Psychological Anthropology*, New York: W. H. Freeman.

Calogeras, Roy C. 1971 "Géza Róheim: Psychoanalytic Anthropologist or Radical Freudian?," *American Imago*, 28:146-57.

Cocchiara, Giuseppe 1971 *The History of Folklore in Europe*, Philadelphia: Institute for the Study of Human Issues.

Dadoun, Roger 1971 *Géza Róheim et l'essor de l'anthropologie psychanalytique*, Paris: Payot.

Devereux, George 1953 "Géza Róheim 1891-1953," *American Anthropologist*, 55:420.

Dorson, Richard M. 1972 "Concepts of Folklore and Folklife Studies," in Richard M. Dorson, ed., *Folklore and Folklife: An Introduction*, pp.1-50, Chicago: University of Chicago Press.

Dundes, Alan 1987 "The Psychoanalytic Study of Folklore," in Alan Dundes, *Parsing Through Customs: Essays by a Freudian Folklorist*, pp.3-46, Madison: University of Wisconsin Press.

—— 1991 "Bruno Bettelheim's Uses of Enchantment and Abuses of Scholarship," *Journal of American Folklore*, 104:74-83.

Endleman, Robert 1981 *Psyche and Society: Explorations in Psychoanalytic Sociology*, New York: Columbia University Press.

Flugel, J. C. 1933 *A Hundred Years of Psychology 1833-1933*, London: Duckworth.

Freud, Sigmund 1959 *An Autobiographical Study*, Standard Edition of the Complete Psychological Works of Sigmund Freud, Vol.20 (1925-1926), pp.7-70, London: The Hogarth Press〔フロイト『自叙・精神分析』生松敬三訳, みすず書房, 1975 年;『自らを語る　フロイド選集第 17』懸田克躬訳, 日本教文社, 1974 年〕。

Harris, Marvin 1968 *The Rise of Anthropological Theory*, New York: Thomas Y. Crowell.

Ingham, John 1963 "Malinowski: Epistemology and Oedipus," *Papers of the Kroeber Anthropological Society*, 29:1-14.

Köhalmi, Béla 1937 *Az új könyvek könyve* [The New Book of Books], Budapest: Gergeley H. Publication.

La Barre, Weston 1958 "The Influence of Freud on Anthropology," *American Imago,* 15:275-328.

—— 1966 "Géza Róheim 1891-1953," *Psychoanalysis and Anthropology*, in Franz Alexander, Samuel Eisenstein, and Martin Grotjahn, eds., *Psychoanalytic Pioneers*, pp.272-81, New York: Basic Books.

Lorand, Sandor 1951 "Foreword," in George G. Wilbur and Werner Muensterberger, eds., *Psychoanalysis and Culture: Essays in Honor of Géza Róheim*, pp.xi-xii, New Yorlk: International Universities Press.

Malinowski, Bronislaw 1955 *Sex and Repression in Savage Society*, New York: Meridian Books〔マリノウスキー『未開社会における性と抑圧』阿部年晴・真崎義博訳, 社会思想社, 1972 年〕。

Mogk, Eugen 1914 "Die Geschichtliche und Territoriale Entwicklung der Deutschen Volkskunde," *Archiv für Kulturgeschichte*, 12:231-72.

Morales, Sarah Caldwell 1988 "Géza Róheim's Theory of the Dream Origin of Myth," *The Psychoanalytic Study of Society*, 13:7-28.

Morton, John 1988 "Introduction: Géza Róheim's Contribution to Australian Ethnography," in Géza Róheim, *Children of the Desert II, Myths and Dreams of the Aborigines of Central Australia*, John Morton and Werner Muensterberger, eds., pp.vii-xxx., Oceania Ethnographies 2, Sydney: University of Sydney.

Muensterberger, Werner 1970 *Man and His Culture: Psychoanalytic Anthropolgy after Totem and Taboo*, New York: Taplinger.

—— 1979 "In Search of Human Origins: Géza Róheim's Legacy," *Acta Ethnographica*, 28:5-15.

Muensterberger, Werner, and Bill Domhoff 1968 "Róheim, Géza," *International Encyclopedia of the Social Sciences*, 13:543-45, New York: Macmillan.

Muensterberger, Werner, and Christopher Nichols 1974 "Róheim and the Beginnings of Psychoanalytic Anthropology," in Géza Róheim, *The Riddle of the Sphinx*, pp.ix-xxvi, New York: Harper Torchbook.

Nichols, Christopher Brian 1975 "The History of Psychoanalytic Anthropology: From Freud to Róheim," *Unpublished doctoral dissertaiotn in sociology*, Brandeis University.

Ortutay, Gyula 1955 "The Science of Folklore between the Two World Wars and during the Period Subsequent to the Liberation," *Acta Ethnographica*, 4:5-89.

Peter, Prince of Greece and Denmark 1975 "Géza Róheim: Psychoanalytic Anthropologist," *Royal Anthropological Institute News*, 11 (November/December):1-5.

Robinson, Paul A. 1969 *The Freudian Left: Wilhelm Reich, Géza Róheim, Herbert Marcuse*, New York: Harper & Row.

Róheim, Géza 1922 "Collective Review: Ethnology and Folk-Psychology," *International Journal of Psycho-Analysis*, 3:189-222.

—— 1923 "Heiliges Geld in Melanesien," *Internationale Zeitschrift für Psychoanalyse*, 9:384-401.

—— 1927 "Mondmythologie und Mondreligion," *Imago*, 13:442-537.

—— 1940a "The Dragon and the Hero (Part One)," *American Imago*, 1 (2):

40-69.

—— 1940b "The Dragon and the Hero (Part Two)," *American Imago*, 1 (3): 61-94.

—— 1940c "Freud and Cultural Anthropology," *The Psychoanalytic Quarterly*, 9:246-55.

Róheim. Géza. 1940d "Society and the Individual," *Psychoanalytic Quarterly*, 9:526-45.

—— 1941 "Method in Social Anthropology and Psycho-Analysis," *Man*, 41:109-13.

—— 1946 "Charon and the Obolos," *Psychiatric Quarterly Supplement*, 20:160-96.

—— 1950a *Psychoanalysis and Anthropology*, New York: International Universities Press.

—— 1950b "The Psychology of Patriotism," *American Imago*, 7:3-19.

—— 1953 *The Gates of the Dream*, New York: International Universities Press.

—— 1954 *Hungarian and Vogul Mythology*, Monographs of the American Ethnological Society XXIII, Locust Valley, New York: J. J. Augustin Publisher.

—— 1954b "Wedding Ceremonies in European Folklore," *Samiksa*, 8:137-73.

Spiro, Melford E. 1982 *Oedipus in the Trobriands*, Chicago: University of Chicago Press.

Valabrega, J. P. 1957 "L'Anthropologie psychoanalytique," *La Psychanalyse*, 3:221-45.

Verebélyi, Kincsö 1977 "On the 85th Anniversary of Géza Róheim: The Hungarian Forerunner of Psychoanalytic Anthropology," *Acta Ethnographica*, 26:208-18.

—— 1978-1979 "Die Psychoanalytischen Mythentheorien von Géza Róheim," *Artes Populares*, 4-5:261-71.

Zinser, Hartmut 1977 *Mythos und Arbeit: Studien uber psychoanalytische Mytheninterpretation am Beispiel der Untersuchungen Géza*

Róheims, Wiesbaden: B. Heymann.

第１章　精神分析と民話

(1) F. C. Bartlett, "Psychology in relation to the popular story," *Folk-Lore*, 1920, pp.264-93.

(2) *Idem*, *l.c.*, p.265.

(3) *Idem*, *ibid.*, p.277.

(4) Freud, *Die Traumdeutung*, 1911, S.96, 97〔フロイト『夢判断』高橋義孝訳, 新潮文庫, 1969 年〕。

(5) Cp. T. Jacobs, *English Fairy Tales*, 1907, p.206, No.xxxix; Grimm, Kinder-und Hausmärchen, No.36. With the copious notes and references of Bolte-Polivka, Anmerkungen zu den Kinder-und Hausmärchen, 1913, p.346.

(6) Ernest Jones, "The Theory of symbolism," *Papers on Psycho-Analysis*, 1918 を参照。

(7) Bartlett, *l.c.*, p.279.

(8) バートレットは *idem, ibid.*, p.264 で, 夢の生活に関するフロイトの研究に言及している。

(9) F. M. Luzel, Contes Populaires de la Basse-Bretagne, 1887, t.I, p.135.

(10) Idem, *ibid.*, t.I, p.124.

(11) Rona Sklarck, *Ungarische Volksmärchen*, 1901, Vol.I, p.33.

(12) この物語の類話と文学的歴史については, アールネのすぐれた研究論文と, ボルテとポリーフカの註釈を参照されたい。A. Aarne, "Der reiche Mann und sein Schwiegersohn," *F. F. Communications*, No.23,1916, pp.143, 145; the notes of Bolte-Polivka, *l.c.*, Vol.I, p.276.

(13) 次を参照せよ。Róheim, Adalékok a magyar néphithez（Contributions to Hungarian Folklore）, 1920, p.219; R. Andree, *Votive und Weihegaben*, 1914, p.129.

(14) Rona Sklarck, *l.c.*, p.33.

(15) とくに Freud, Aus der Geschichte einer infantilen Neurose（Schriften zur Neurosenlehre, IV.）, 1918; および Róheim, "Die Urszenc im Traume," *Internationale Zeitschrift für Psychoanalyse*, Bd. VI., S.337 を参照せよ。

(16) "Psychoanalysis és ethnologia," *Ethnographia*, 1918 を参照。

⒄ L. Levy, "Sexualsymbolik in der Simsonsage," *Zeitschrift für Sexualwissenschaft*, 1916, Ht.617 を参照。

⒅ このことを論証したものとしては次を参照されたい。Ernest Jones, *Der Alptraum in seiner Beziehung zu gewissen Formen des mittelalterlichen Aberglaubens*, 1912, S.88 et seq.

⒆ F. von der Leyen, *Das Märchen*, 1911, S.49.

⒇ このように，私たちはバートレット氏の批判をある程度まで正当なものとして認めてきたが，彼の間違いも指摘しなければならない。批判の三点目（p.281）で，彼は象徴的な「モチーフ」を用いるものに対して個別の分析を要求しているが，これは明らかに精神分析的な前提に立ったものだ。ただし，周知のように実際にはほとんど実行不可能である。

第2章　またぐことの意味

(1) K. Bartsch, Sagen, *Märchen und Gebräuche aus Mechlenburg*, 1880, Bd.II, S.51.

(2) Wuttke, *Der deutsche Volksaberglaube*, 1990, S.391.

(3) その例としては，Róheim, "Psycho-Analysis és Ethnologia," *Ethnographia*, 1918, p.64, 213; および J. G. Frazer, 'Not to step over persons and things,' in "Taboo and the Perils of the Soul," *Golden Bough*, 3rd Edition, 1911, p.422〔J. フレーザー『金枝篇』永橋卓介訳，岩波文庫，1966年〕を参照のこと。

(4) Fr. Schönwerth, *Aus der Oberpfalz, Sitten und Sagen*, 1857, Bd.I, S.181.

(5) P. Dreschler, *Sitten, Bräuche und Volksglaube in Schlesien*, 1903, Bd.I, S.212.

(6) E. S. Hartland, *The Legend of Perseus*, 1894, Vol.I, p.165. 引用は O. Cockayne, *Leechdoms, Wortcunning and Starcraft of Early England*, 1866, Vol.III, p.66 より。

(7) J. Macdonald, "Manners, Customs, Superstitions and Religions of South African Tribes," *Journal of the Anthropological Institute*, Vol.XX, pp.119, 130, 140. またぐことは女性との接触ないしは性交に等しい。去勢不安はその結果として起こる。

(8) Temesvary, *Volksgebräuche und Aberglaube in der Geburtshilfe und*

der Pflege der Neugeborenen in Ungarn, 1900, S.50, 54. 口から飲むことは下半身からの射精の置き換えを表わしている。

(9) J. Roscoe, *The Baganda*, 1911, pp.357, 395。また以下の頁も参照のこと, pp.17, 53, 55, 57, 63, 144, 206, 363, 378, 428, 459。

(10) J. H. Weeks, *Among the Primitive Bakongo*, 1914, p.273.

(11) J. G. Frazer, *Folk-Lore in the Old Testament*, 1919, Vol.II, p.263〔J. G. フレーザー『旧約聖書のフォークロア』江河徹ほか訳, 太陽選書, 1976年〕を参照。結婚の儀式の一部として飛び越えることについては, 次の項を見よ。

(12) Theodor Reik, "Die Türhüter," *Imago*, 1919, Bd.V とくに S.349, Anm.I を参照。

(13) F. Gönczi, *Göczej*, 1914, S.340. *Zu den Schwellenriten* および van Gennep, *Les Rites de Passage*, 1909 を参照のこと〔ファン・ヘネップ『通過儀礼』思索社〕。これらの儀式の機能的な意味については, すでにたびたび論じられてきているので, ここではこれ以上立ち入らないことにする（これに関しては, ハンガリー精神分析学会に提出された 'Janus' に関する Felszeghy の論文を参考にせよ）。

(14) J. G. Frazer, *Folk-Lore in the Old Testament*, 1919, Vol.III, pp.1-18〔『旧約聖書のフォークロア』〕。W. Crooke, "The Lifting of the Bride," *Folk-Lore*, 1902, Vol.XIII; Samter, *Geburt Hochzeit und Tod*, 1911, S.136-46 を参照。

(15) Róheim, *Spiegelzauber*, 1919, S.136, Anm.3 を参照。敷居を踏みつけることは家の主人に対する敵意を, 飛び越えることは性交を表わしていると考えられる。この二つを合わせたものは, 幼児期のエディプス・コンプレックスにおける攻撃的な面と性的な面の両方を示している。

(16) J. G. Frazer, *Folk-Lore in the Old Testament*, Anthropological Essays presented to E. B. Tylor, 1907, p.172. また, 後産, すなわち胎盤（子どもの分身）を, その家の子どもたちが立派に育つようにと敷居の下に埋める習慣にも注意。R. T. Kaindl, "Haus und Hof bei den Huzulen," Mitteilungen der Anthropologischen Gesellschaft in Wien, 1896, Bd.XXVI, S.182.

(17) W. Crooke, "The Lifting of the Bride," *Folk-Lore*, 1902, Vol.XIII, p.236; Dreschler, *Sitte, Brauch und Volksglauben in Schlesien*, 1903, Bd.I, S.264 を参照。

⒅ Crooke, *l.c.*, p.237.

⒆ この迷信には, 輪廻の原則はエディプスコンプレックス的な願望充足のかたちで現われている。私は近いうちにオーストラリアのトーテム主義に関する著書で, この考えを詳細に論ずるつもりである。

⒇ W. Crooke, *l.c.*, p.238; E. Westermarck, *Marriage Ceremonies in Morocco*, 1914, pp.293, 299; および Samter, *Geburt, Hochzeit und Tod*, 1911, S.136 を参照。

(21) S. O. Addy, *Household Tales with other Traditional Remains*, 1895, p.102. 新しい女中が家に入るときは, 通り道に箒を寝かせておく（p.13）。彼女が勤勉かどうかを占うためだが, もともとは彼女に箒をまたがせようとしたのだと思われる。

(22) W. R. S. Ralston, *The Songs of the Russian People*, 1872, p.412; G. F. Abbott, *Macedonian Folklore*, 1903, pp.219, 220; F. S. Krauss, *Slavische Volksforschungen*, 1908, S.125, 126.

(23) 次を参照： Liebrecht, *Zur Volkskunde*, 1879, S.379; Zachariae, "Scheingeburt," *Zeitschrift des Vereins für Volkskunde*, 1910, Bd.XX, S.153.

(24) K. Bartsch, *Sagen, Märchen und Gebräuche aus Mecklenburg*, 1879, Bd.I, S.418. 子どものことをヒキガエルと呼ぶことも同様に禁じられている（這ってくぐることの禁止も上記を参照のこと）。これはヒキガエルが子宮の象徴であることから生じたとも考えられる。R. Andree, *Votive und Weihegaben des katholischen Volks in Süddeutschland*, 1904, S.130 を参照。妊娠している女性が輪の中をくぐらされる（Ploss-Bartels, *Das Weib*, 1908, Bd.I, S.311）。女性が敷居の上を三度またがされる（Ploss-Bartels, *op. cit.*, S.310）。あるいは床の上に横たわった彼女の夫の足か, 'dislo'（「トロイカ」の真ん中の馬に付ける轅《ながえ》〔馬車などの前に長く突き出ている二本の棒〕を繋ぐ棒）をまたぐ。

(25) S. Freud, "Aus der Geschichte einer infantilen Neurose," *Sammlung kleiner Schriften*, Vierte Folge, 1918, S.625 を参照。

第 3 章　魔法と窃盗

(1) Kaindi, R. Fr., "Volksüberlieferungen der Pidhiercane," *Globus*, LXXIII (Offprint p.3).

(2) Kaindi, Fr. R., *Die Huzulen*, 1894, p.89.

(3) Kaindi, "Zauberglaube bei den Huzulen," *Globus*, LXXXVI, p.254.

(4) M. Toeppen, *Aberglauben aus Masuren*, 1867, p.92. 引用は Helwig, *Litographia Augerburgica*, 1717, p.30 より。

(5) P. シュミットによる口承伝達については, Róheim, *Adalékok a magyar néphithez*（Contributions to Hungarian Folk-Lore）を参照。

(6) Hansen, J. *Quellen und Untersuchungen zur Geschichte des Hexenwahns*, 1901, p.588.

(7) von Zingerle, I. *Sitten, Brauche und Meinungen des Tiroler Volkes*, 1857, p.33.

(8) Solden-Heppe, *Geschichte der Hexenprocesse*, 1911, II, p.371.

(9) MacLagan, R. C., *Evil Eye in the Western Highlands*, 1902, p.89.

(10) Schrijenen, Jos, *Nederlandsche Volkskunde*, 1916, I, p.78.

(11) Reiterer, K. *Hexen und Wildeverglauben in Steiermark*, Zeitschrift des Vereins für Volkskunde, 1895, p.408.

(12) Munkacsi, *Votjak Népköltészeti Hagyomanyok*, 1887, 25. 引用は Róheim, "A finnugorsag varazsere fogalmahoz"（The Mana Concept of the Finno Ougrians）, *Ethnographia*, 1915.

(13) Munkacsi, *Votjak Népköltészeti Hagyomanyok*, 1887, 25; Barna, *A votjak pogany vallarsrol*, 1885, p.6.

(14) Meszares, *A csuvas osvallas*, 1909, pp.65, 66.

(15) Boechler-Kreutzwald, *Der Ehsten abergläubische Gebräuche*, 1854, p.126.

(16) Sartori, P., "Diebstahl als Zauber," *Schweizerisches Archiv für Volkskunde*, 1916., XX. p.381.

(17) Kuhn, Ad., *Märkische Sagen und Märchen*, 1843, p.379.

(18) Sebillot, P., *Le Folk Lore de France*, 1906, III, p.241.

(19) Sebillot, *op. cit.*, III, p.487.

(20) Drechsler, P., *Sitte, Brauch und Volksglaube in Schlesien*, 1906, II. p.83.

(21) Bartsch, K., *Sagen Märchen und Gabrauche aus Meklenburg*, 1880, II, p.166.

(22) もし元日に明かりを家から持ち出すと, 家の中のバケツの水の中に泥炭が

投げ込まれる。幸運がもたらす物質は「体の中身」であるということで，「家族全員に尿がふりかけられる」。MacLeod Banks, *British Calendar Customs*, Scotland, Vol.II, 1939, p.93.

(23) Wuttke, A., *Der deutsche Volksaberglaube*, 1900, p.427.

(24) Sartori, P., “Diebstahl als Zauber,” *Schweizerisches Archiv für volkskunde*, XX, 1916, p.382.

(25) Komaromy, *Boszorkany-perek*, 1910, p.13.

(26) Gonczi, *Göcsej*, 1914, p.160.

(27) Bellosics, B., “Régi babonak” (Ancient superstitions), *Ethn*, 1900, pp.356, 357.

(28) Klein, M., *The Psycho-Analysis of Children*, 1932.

(29) v. Veckstedt, Edm, *Wendische Sagen, Märchen und abergläubische Gebräuche*, 1880, p.436.

(30) von Schulenburg, W., *Wendische Volkssagen und Gebräuche*, 1880, pp.159, 246.

(31) Leather, E. M., *The Folk-Lore of Herefordshire*, 1912, p.108; Gutch, *East Riding of Yorkshire*, County Folk-Lore VI, 1912.

(32) Róheim, *Adalékok a magyar nephithez* (Contributions to Hungarian Folk-lore), 1920, p.129.

(33) *Ethnographia*, 1927, XXXVIII, p.210.

(34) Moldovan, *A magyarorszagi romanok*, 1913, p.137.

(35) von Wlislocki, H., *Volksglaube und religiöner Brauch der Zigeuner*, 1891, p.76.

(36) とくに，ローランド（S. Lorand）が “Compulsive Stealing,” *Journal of Criminal Psychopathology*, 1940, I, p.249 で述べているケースを参照のこと。この症例では，患者の誕生とちょうど同じ頃に姉も出産し，姉は母親の代わりに時おり乳を与えていた。患者が離乳した頃，母親と姉はふたたび出産した。それでおのずと，母親や母親の代理とおぼしき人々から物を盗むようになったのである。

(37) Trevelyan, M., *Folk Lore and Folk Stories of Wales*, 1909, p.267.

(38) Gonczi, *Göcsej*, 1914, p.142.

(39) Haltrich, F., *Zur Volkskunde der Siebenbürger Sachsen*, 1885, p.313.

(40) Wuttke, A., *Der deutsche Volksaberglaube*, 1900, p.446. 魔女から物を盗むことで, 魔女の力は失われる。

(41) Kohler, A. E., *Volksbrauch, Aberglauben etc. in Voightlande*, 1867, p.424.

(42) Krauss, F. S., *Volksglaube und religiöser Brauch der Südslaven*, 1890, pp.144-46.

(43) Strackerjan, L., *Aberglaube und Sagen aus dem Herzogtum Oldenburg*, I, 1909, pp.118, 119.

(44) Wuttke, A., *Der deutsche Volksaberglaube*, 1900, p.134.

(45) Strackerjan, *Aberglaube und Sagen aus dem Herzogtum Oldenburg*, 1909, I, p.118. 詳しくは次の刊行物のなかの Hellwig の論文を参照。*Monatschrift für Kriminalanthropologie und Strafrechtsreform*, I, II; *Archiv für Kriminalanthropologie und Strafrechtsreform*, I, II; *Archiv für Kriminalanthropologie*, XIX, XXIII, XXV, XXVIII. 指はペニスを表わしているとも考えられる。C. Seyfarth, *Aberglaube und Zauberei in der Volksmedizin Sachsen*, 1913, p.288.

(46) John, A., Sitte, *Brauch und Volksglaube im deutschen Westböhmen*, 1905, pp.205, 206.

(47) Vernaleken, Th., *Mythen und Brauche des Volks in Oesterreich*, 1859, pp.260, 261; Dr. Wuttke, A., *Der deutsche Volksaberglaube*, 1900, p.45.

(48) Róheim, *Magyar Néphit es Népszokasok* (Hungarian folk belief and customs), 1925, p.97.

(49) Auning. R., *Ueber den lettischen Drachen-Mythus* (Puhkis), 1892, p.12.

(50) Auning, R., *ibid.*, pp.52, 68, 123.

(51) Veckenstedt, Edm, *Wendische Sagen Märchen und abergläubische Gebräuche*, 1880, pp.389-91.

第4章　神話と民話

(1) W. Wundt, *Volkerpsychologie*, III; *Die Kunst*, 1908, p.369; F. von Der Leyen, *Das Märchen*, 1911, p.81〔F. ライエン『昔話とメルヘン』山室静訳, 岩崎美術社, 1971 年〕。

(2) C. Strehlow, *Die Aranda and Loritjastamme*, I, 1908, p.101; II, p.49 を参

照。(ストレーロウはアランダ語族の「メルヒェン」を4話,ロリチャ語族の「メルヒェン」を2話それぞれ収録している。だが,アランダの2話とロリチャの2話は,メルヒェンとは呼べないもので,イニシエーションを受けていないものに語られたイニシエーションの記録にすぎない。アランダの2話のみが純粋のアルチラである)。

(3) W. Ramsay Smith, *Myths and Legends of the Austrarian Aboriginals*; N. D. Robertson, W., *Coo-Ee Talks*, Sydney, 1928; W. E. Roth, *Superstition Magic and Medicine North Queensland*, Ethnography Bulletin, No.5, 1903; K. L. Parker, *Austrarian Legendary Tales*, 1897; *Idem*, *More Australian Legendary Tales*, 1898.

(4) 私が収集したデータに類したことを,カペルも Capell, "Mythology in Northern Kimberley," *Oceania*, IX, p.487 のなかで挙げている。

(5) Frazer, *Totemism and Exogamy*, I, 1910, p.161.

(6) "Narkapala" で,「闘う準備をして」の意。

(7) 強姦婚。Róheim, "Psycho Analysis of Primitive Cultural Types," "Sexual Life," *International Journal of Psycho-Analysis*, XIII を参照。

(8) ベーツ博士が記録のなかで挙げた先住民の居住区は,私の知っている先住民の居住区の南部および西部にあたる。

(9) D. Bates, *The Passing of the Aborigines*, 1939, p.122.

(10) Bates, *op. cit.*, p.147.

(11) S. Solymossy, "A matriarchatus nyomai a folk-lore ban" (Survivals of Matriarchy in Folk-lore), *Tarsadalomtudomany*, I, pp.136-146; B. Munkacsi, "Szerencsed hogy anyadnak szolitottal" ("Lucky you called me mother"), *Ethnographia*, 1931, p.86.

(12) Róheim, *Riddle of the Sphinx*, p.34.

(13) 中央オーストラリアの子どもたちに関する著者自身の記録も参照のこと: Róheim, "Children of the Desert," *Int. Journal. of Psa*, XIII, p.28.

(14) A. Balint, "Die mexikanische Krieghieroglyphe atl-tlach-nolli," *Imago*, IX; Flousnoy, "Dreams of the Symbolism of Water and Fire," *Int. Journ*, 192, I, p.245 を参照。

(15) この結論の強固な裏付けとなっているのが,小さな棒とユーカリの葉を使った遊びである。Róheim, "Psycho-Analysis of Primitive Cultural

Types," *Int. Journal of Psa*, XIII, p.33 を参照。というのも, この大人になる遊びは白昼夢のかたちをとっており, 民話と同じようにアルチラと呼ばれているからだ。

(16) G. W. Dasent, *Popular Tales from the Norse*, 1903, pp.155-71.

(17) Cf. Róheim, "Psycho-Analysis and the Folk-tale," *Int. Journal. of Psa*, III, pp.18-186.

(18) Bolte and Polivka, *Anmerkungen zu den Kinder und Hausmärchen*, 1913, I, p.280（一般に井戸や木に害をもたらす原因となるヒキガエルは, ここでは王女のベッドの下にいて彼女の病気の原因となっている）。

(19) J. Jacobs, *English Fairy Tales*, 1907, p.67.

(20) R. H. Busk, *The Folk-Lore of Rome*, 1874, p.146. ハッピーエンドについては, Lowis of Menar, *Der Held im deutschen und russischen Volksmärchen*, 1912, pp.36, 96 を参照。

(21) この仮説は, 私が民話や神話の核心であるとみなしてきたものを対象としており, われわれの定義では, すべての物語にあてはまるわけではない。トール〔北欧神話の雷や雨, 農業の神〕やインドラ〔ヒンドゥー教の代表的な神で雨と雷の神〕のような神々は, 神格化されたメルヒェンのヒーローであると考えられるが, ランクはもっぱらこのタイプの神話に関心を寄せている。Cf. O. Rank, *Psychoanalytische Beiträge zur Mythenforschung*, 1919, p.381, Mythus and Märchen; Sachs and Rank, "The Siginificance of Psycho-Analysis for the Mental Sciences," *Psychoanalytic review*, II.

(22) T. G. H. Strehlow, "Ankotarinja, an Aranda myth," *Oceania*, VI, p.193（ストレーロウは, これも原始的ホルドの神話と解釈している）。

(23) P. Wirz, *Die Marindanim von Hollandisch sud Neu Guinea*, II, 1925, p.201.

(24) これらの神話に関しては, Róheim, "The Garden of Eden," *Psychoanalytic Review*, Vol.27, 1940, p.15 を参照。

(25) Wirz, *l.c.*, I, 1922, II, p.70.

(26) G. Landtman, "The Folk Tales of the Kiwai Papuans," *Acta Soc. Sciemtiarum Fennnicae*, Tom. XLVII, 1917, p.343（この論文で私が主張している理論に基づけば, この物語は典型的な神話であり, 民話《メルヒェン》ではない）。

(27) Cf. Róheim, "The Garden of Eden," *The Psychoanalytic Review*, 240,

p.23.

(28) Landtman, *op. cit.*, 344.

(29) Cf. Róheim, "Primitive High Gods," *Psychoanalytic Quarterly*, Vol.III, 116; Ridgeway, *The Origin of Tragedy*, 1910; *Idem*, *Dramas and Dramatic Dances of Non-European Races*, 1915.

(30) 私は,「受け継がれてきた無意識」の前提を必要としない説明を心がけているが,あらためてそのことを強調しておきたい。

第5章　聖アガタと火曜日の女

(1) ちなみに,イポイ自身も神父だった。

(2) マケドニアでは,水曜日と金曜日には衣服を洗濯しない。産褥期の女性は,金曜日には沐浴をしないようにとくに厳しく言われている。Abbott, 190を参照。また,洗濯が尿意と,子どもを流してしまう流れを象徴しているとも考えられる。以下の目覚めの夢を参照のこと。

(3) カトリックの教義では,土曜日は聖母マリアの日であり,日曜日は三位一体の神の日である（L. Katona, *loc.cit.*)。

(4) ハンガリー人は,金曜日に洗濯したシャツは着ない。「美女（悪魔)」に口をねじまげられてしまうからだ（Benkö)。ナジサロンタでは,タブーの日は火曜日と金曜日で,魔女に罰を与えられる(G. Róheim, 1920)(詳しくは*ibid.*を見よ)。Zs, "Szendrey Nagyszalotai népies hiedelmek és babonák," *A. Nagyszalontai u. Kir. Állami Fögimnázium Értesitóje*, Szalonta, 1913, p.21.

引用文献

Abbott, G. F. 1903　*Macedonian Folklore*, Cambridge University Press.

Abeghian, M. 1899　*Der Armeinische Volksglaube*, Leipzig, Drugulin.

Alexander, F. 1927　(Trans. 1930) *Psycho-Analysis of the Total Personality*, New York, Nervous and Mental Disease Monographs.

Alford, V. 1941　"The Cat Saint," *Foklore*, 52, 161.

Bartsch, K. 1879　*Sagen, Märchen und Gebrauche aus Mecklenburg*, Vienna, Braumüller.

Benkö, A. "Haromszéki babonák" ("Superstition in Háromszek"), *Ethno-*

graphia, 2, 360.

Bergler, E., and Róheim, G. 1946 "The Psychology of Time Perception," *Psychoanal. Quart.*, 15, 190.

Borbély, K. (a pseudonym for L. Kálmáni), 1912 "Nagyboldogassony ünneper" ("The Festival Days of the Nagyboldogassony"), *Ethnographia*, 23, 290.

Canaan, T. 1914 "Aberglaube und Volksmedizin im Lande der Bibel," *Abhandlungen des Hamburgischen Colonialinstituts*, 30.

Graba, G. 1914 *Sagen aus Karnten*, Leipzig, Dieterich.

Grimm, J. *Deutsch Mythologie*.

Hauffen, N. 1893 *Der deutsche sprachinsel Gottschee*.

Ipolyi, A. 1854 *Magyar Mythologia*, Pest.

Ivanov 1897 *Ethnograficeskoji Obozrjenie*, 1, 40.

Jekels, L., and Bergler, E. 1930 "Instinct Dualisms in Dreams," *Psychoanal. Quart.*, 9, 394.

John, A. 1905 *Sitte, Brauch und Volksglaube im Deutschen Westböhmen*.

Juga, V. *A magyar szent korona országaiban élo Szerbek* ("Serbians in the Land of the Holy Hungarian Crown") .

Kaindl, R., Fr. 1894 *Die Huzulen*, Vienna, Holdor.

Kálmáni, L. 1885 *Boldogasszony ösvallásunk istenasszonya*, ("Boldogasszony, a goddess of our heathen religion"), 1, 97, Budapest, Magyar Tudományos Akadémia.

Kaluzniacki 1899 "Zur älteren Paraskeva-literatur der Griechen, Slaven und Rumänen," *Sitzungsberichte der Kais, Ak. d. Wiss. Phil, Hist.*, Kl.141.

Katona, L. 1905 "Kedd asszonya" ("Tuesday Woman"), *Ethnographia*, 16.

Kuhn, A. 1843 *Markischen Sagen und Märchen*, Berlin, Reimer.

Laistner 1889 *Das Räthsel der Sphinx*, 1.

Liebrecht, F. 1879 *Zur Volkskunde*.

Mansikka, V. I. 1909 *Uber russiche Zauberformeln*, Suomalaisen Tiedeakatemian Kustantama.

Matuska "Román babonak" ("Roumanian Superstitions"), *Ethnographia*, 10, 298.

Mészáros, Gy 1906 "Az oszman török nép babonái" ("Turkish Superstitions"),

Ethnographia, 17, 29.

Moldován, G. 1899 *Alsófehér vármegye román népe.*

Moldován, G. 1913 *A magyarországi románok*（"Roumanians in Hungary"）.

Meier 1852 *Deutsche Sagen, Sitten und Gebräuche aus Schwaben*, l, 20. Stuttgart.

Nagyszalontai, A. 1913.

Onisčuk, A. 1912 "Narodniz kalendar u Zelenui"（"Huzuls in Galicia"）, *Materiali do Ukrainskoji Ethnologiji*, 15, 11, 12.

Perles, I. 1893 *Judisch-Byzantinisch Beziehungen Byzantinische Zeitschrift*, 2, 574.

Polites, N. Q. 1904 *Meletai peri tou biou kai tés glossés tou hellenikou laou*, 1, 507.

Ralston, W. R. S. 1873 *Russian Folk Tales*, London, Smith, Elder.

Rank, O. 1912 "Die Symbolschichtung im Wecktraum," *Jahrbuch für Psycho Anal.*, Forsch, 4, 51.

—— 1919 *Psycho-Analytische Beiträge zur Mythenforschung Internat. Biblioth.*, 4.

Róheim, G. 1913 *Adalékok a magyar nephiter*, 35.

—— 1920 ——, 179.

Roska, M. 1912 "Keddi boszorkány"（"Tuesday Witch"）, *Ethnographia*, 25, 19.

Szabó, I. 1910 "Az clahok kidd asszonya"（"The Tuesday Woman of the Rumanians"）, *Ethnographia*, 25, 179.

Sainénu, L. 1895 *Basmele Romaine*, 987.

Schmeller, 1877 *Bayerisches Wörterbuch*, 2, 3.

Schleicher, A. 1857 "Litauische Märchen, Sprichwörte, Rästel und Lieder". 引用は L. Laistner, *op. cit.*, 2, 315 より。

Schönwerth, Fr. 1857 *Aus der Oberpfalz*, 1, 4, 8.

Thaler, I. 1853 "Können auch in Tyrol Spuren vom Germanischen Heidenthum Vorkommen?" *Zeitschrift für deutsche Mythologie und Seelenkunde*, l, 293.

Theophylactus 1688 *Glossarium ad Scriptores Mediae et Infimae Graecitatis*, l, 114.
Toepper, M. 1867 *Aberglauden aus Masuren*, 102.
Vasiljev 1890 "Antropomorficeskija Predstavlenije v. Verovanijach Ukrainskavo Naroda," *Ethnograficeskoje Obozrjenie*.
—— 1891 "Antropomorficeskija Predstavlenije v. Verovanijach Ukrainskavo Naroda," *Ethnograficeskoje Obozrjenie*.
—— 1892 "Antropomorficeskija Predstavlenije v. Verovanijach Ukrainskavo Naroda," *Ethnograficeskoje Obozrjenie*.
Vernaleken, Th. 1859 *Mythen und Bräuche des Volkes in Oesterreich*, 293, Vienna, Braumüller.
Vezian（引用は V. Alford, *loc. cit.* より）。*Revue de Folklore Française*, 1937。
Waschnitius, V. 1913 "Perelet, Holda und Verwandte Gestalten," *Sitzungsberichte der Kais. Akad. d. Wiss. Phil. Inst.*, Kl., 2, 172, Vienna, Holder.
Wentz, F. Y. E. 1911 *The Fairy Faith in Celtic Countries*, 110, Oxford University Press.
Wlislocki, H. von 1893 *Volksglaube und religioser Brauch der Magyarn*, 166.
Wolf, I. *Beiträge zur deutschen Mythologie*, 69.
Wuttke, A. 1900 *Der deutsche Volksaberglaube*, 60.
Zingerle, I. V. "Aberglaube und Gebräuche aus Tirol," *Zeitschrift für deutsche Mythologie und Sittenkunde*, 4, 422.
Zovko, I. 1893 *Ursprungs geschichten und audere Volksmeinungen Wissenschaftliche Mitteilungen aus Bosnien und der Hercegowina*, l, 442.

第6章　消えた光の話

(1) G. Roheim, "The Dragon and the Hero," *The Ameriacn Imago*, I, 1940, No.2, pp.40-69, & No.3, pp.61-94 を参照。

(2) Lowis of Menar, *Russiche Volksmärchen.*, 1914, No.22. 翻訳は *Afanassjev*, No.76, Orenburg より。The head of the grandfather from the sea Afanassjev-Meyer を参照。

(3) A. Horger, *Hetfalusi csango mesek* (Csango Folktales of Hetfalu). Magyar

Nepko Itesi Gyujtememy, X (1908), pp.407-16. ルーマニア版では，ヒーローの名前は海草を指していると思われる。L. Sainenu, *Basmele Romane* (Roumanian Folktales), Bukarest (1895), pp.540-56 を参照。

(4) Panzer, *Studien zur germanischen Sagengeschichte*, 1910; Solymossy, "A sarkanycsalad (The Drogan Fmaily)," *Ethnorgraphia*, 1928 を参照。

(5) Meszaros, *Csuvas nepkoltesi gyujtememy* (Collection of J. Huvash Folklore), 1912, pp.11, 340.

(6) Solymossy, "Magyar osvallasi elemek nepmeseinkben" (Hungarian Pagan Elements in our Folktales), *Ethnographia*, 1929, p.133.

(7) John Rhys, *Studies in the Arthurian Legend*, 1911, pp.302, 303. また Mac. Culloch, *The Religion of the Ancient Celts*, 1911, p.368, および Arthur C. L. Brown, *The Origin of the Grail Legend, Cambridge*, 1943, pp.16, 98, 273, 356, 358, 432 も参照。

(8) Affanaajew Meyer, *Russische Volkamärchen*, 1906, pp.67, 68.

(9) W. R. S. Ralston, *Russian Folk-tales*, 1873, p.138.

(10) M. Federowski, *Luh bialoruskij na Rusi Litewskiej*, 1897, I. p.80.

(11) Ralston, *l.c.*, p.147.

(12) Ralston, *The Songs of the Russian People*, 1872, p.161.

(13) Ralston, *Songs*, pp.163, 164.

(14) Moldovan, *A magyaroszagi romanok* (Roumanians in Hungary), 1913, pp.324, 325; Sainenu, *Basmele Romane*, 1895, p.994 and index.

(15) Solymossy, "Magyar osvallasi elemek nepmeseinhben," *Ethnographia*, 1929, p.134 を参照せよ。

(16) S. Solymossy, *op, cit.*, p.137.

(17) Bolte-Plivka, *Anmerkungen zu den Kinder-und Husmärchen der Bruder Grimm*, II, 1915, pp.285-316; F. Panzer, *Untersuchungen zur deutschen Heldensage*, 1910; L. Katona, "Nagyar Nepmese Typusok (Typology of Hungarian Folk Tales)," *Ethnographia*, 190, 126; S. Solymossy, *Ethnographia*, 1931, p.124 を参照。

(18) フェレンツィは私と神話について議論していたとき，ギリシア神話の英雄ヘラクレスのことに言及して，あの大きな棍棒は性的不能のケースを象徴しているように思える，と語ったことがある。

(19) ロシア版ではババ・ヤガーの回る小屋となり，彼女自身も長いあごひげの小人の役で登場する。

(20) U. Jahn, *Volksmärchen aus Pommern und Rugen*, 1891, p.115.

(21) L. Laistner, *Das Ratsel der Sphinx*, 1899, II, p.1-34. Zwerg（ドイツ語で小人）= zwergen, to press.

(22) G. Róheim.

(23) G. Róheim, "Zur Deutung der Zwergsagen", *Internationale Zeitschrift für Psychoanalyse*, XVI, 1930.

(24) E. Jones, *On the Nightmare*, 1931, p.97.

(25) Gy. Ortutay, *Nyiri es retkozi paraszt mesek*（Peasant Tales of Nyir and Retkoz), N. D., p.61.

(26) Arany Laszlo, *Magyar Nepmese Gyujtemeny*, 1911, p.133.

(27) Bolte-Polivka, *loc. cit.*, II, pp.311, 317. エストニアの叙事詩 Kalevipoeg も，熊の息子の物語がプロットとなっていると思われる。この話では，主人公は母親をフィンランドの魔法使いの手から救うために旅立ち，その旅の途中で妹と近親相姦を犯す。彼はジーグフリードないしは怪力ジョンのタイプのヒーローや「龍の家族」物語のヒーローのように鍛冶屋の弟子でもある。どうやら，熊の息子物語の中心的な要素は，「角のあるもの」（悪魔）の住処への主人公の下降と，3 人の乙女の救出のようだ。また，彼は黄泉の国の門で，悪魔が逃げ出さないよう見張りをしていると見なされているので，ある意味では，彼自身が「角のあるもの」と同一人物であると考えられる。W. F. Kirby, *The Hero of Esthonia*, 1895, Vol.1; および Lowe, *Kalewipoeg*, 1900 を参照。

(28) 巨大な鳥は母親の象徴でもある。主人公は，雛鳥たちをヘビから救ってやることでその鳥との友情を獲得するからだ。

(29) Y. F. Campbell, *Popular Tales of the West Highlands*, 1892, I, p.14.

(30)「兄弟たちは眠っていた」――すなわち，主人公はこれらの出来事が起きたときには眠っていたのである。

(31) 龍の家族のハンガリー版でさらに類似性の強いものは，Y. Curtin, *Myths and Folk-Tales of the Russians, Western Slavs and Magyars*, 1890, p.43, Gov. Saratoff に引用されている。ポメラニアン版（Jahn の出版による）と同じく，〔小人の〕あごひげを結んでしまう箇所までである。L. Kalmany,

Hagyomanyok, 11. 7 を参照。

(32) Campbell, *Popular Tales of the West Highlands*, 1892, I, p.16.

(33) Kalmany, *Hagyomanyok* (Traditions), II, p.7 を参照。

(34) Apanassyew Meyer, *Russische Volksmärchen*, 1906, I, p.143.

(35) Lowis of Menar, *Russische Volksmärchen*, 1914, p.113; L. Merenyl, *Sajo-volgyi eredeti nepmesek* (Folktales of the Sajo Valley), 1862, pp.7, 16; Campbell, *loc. cit.*, I, p.12.

(36) 著者がメスザロスで収集した類話を参照のこと: *Csuvas nepkol tisi gyuijtemeny* 1912, II, p.521; および Solymossy, "A 'vasorru baba' es mitikus robonai" (The Iron Nosed Witch and her Mythical Relatives), *Ethnographia*, 1927, p.223.

(37) ロシア民話のなかには Tshuvash やヴォグル語の名前のヒーローやヒロインは登場しないが, その逆はけっこう多い。Meszaros, *op. cit.*, pp.520, 521; Munkacsi, *Vogul Nepkoltesi Gyujtemeny* (Collection of Vogul Folk Lore), 1896, IV, pp.344-350 を参照。

(38) A. Leskien und K. Brugman, *Litauische Volkslieder und Märchen*, 1882, p.557.

(39) W. R. S. Ralston, *The Songs of the Russian People*, 1872, p.383.

(40) Horger, "Hetfalusi Csango nepmesek," *Nagyar Nepkoltesi Gyujt-enemy*, X, 1908, p.393; Erdelyi Janos, *Nepdalok es mondak* (Folk-Songs and Tales), 1848, pp.111, 225.

(41) "Lowis of Menar," *Russische Volksmärchen*, 1914, 121; "Apanassjew-Meyer," *Russische Volksmärchen*, 1906, p.158; Meszaros, *loc. cit.*, p.349; Fr. Panzer, *Siegfried*, 1912, pp.150, 161 を参照。

(42) 彼女が祖父のもとへ飛んでいくことは, 彼女がなぜブリュンヒルデの役を担っているのか, すなわち, なぜ夫との性交を拒むのか, を表わしている。それは彼女が祖父のもとに「逃避する」, つまり, 彼女のエディプス的固着によるのである。

(43) この物語も内なる魂のモチーフを含んでおり, とくに「鉄の鼻をもつ女」とその夫に結びついている。H. von Wlislocki, *Volksdichtungen der siebenburgischen und sudungarischen Zigeuner*, 1890, p.307.

(44) Afansajew-Meyer, *loc. cit.*, pp.1, 59.

(45)「時」と「母親」に関しては，次を参照せよ：E. Bergler and G. Róheim, "Psychology of Time perception," *The Psychoanalytic Quarterly*, Vol.XV, pp.190-206; H. Zimmer, "Some Aspects of Time in Indian Art," *Journ. Indian Society of Oriental Art*, I ,1933, p.48; H. Simmer, *Myths and Symbols in Indian Art and Civilization*, Bollingen Series, VI, 1945, p.137.

(46) Waschnitius, "Percht, Holda und verwandte Gestalten," *Sitzungsberichtteder Kais, Ak. d. Wiss. in Wien*, Bd. 174, p.2, Abh, 1913, pp.150, 151; Ralston, *Russian Folktales*, 1873, p.138 と前述部分を参照。ソイモッシュは，ハンガリーのヴァソッルババと龍の家族メルヒェンはウラル・アルタイに源泉があると主張しているが，この理論の根拠の一つとして，ババ・ヤガーの様相には「鉄の鼻」が欠けていることをあげている。

(47) G. Róheim, *Adalékok a magyarnephithez*（Contributions to Hungarian Folk-Beliefs）, 1920.

(48) G. Róheim, "Aphrodite or the Woman with the Penis," *The Psychoanalytic Quarterly*, XIV, pp.350-90 を参照。

(49) M. Klein, "The Pshycho-Analysis of Children," *International Psycho-Analytical Library*, XXII, 1937, p.49.

(50) ロシア民話における鉄の鼻の小鳥に関しては，Leskien Brugman, *Litauische Volkslieder und Märchen*, 1882, p.566 を参照。

(51) St. Zichy, *A magyarsag ostortenete es muveltsege*,（Ancient History and Civilization of the Hungarians）, 1923, p.19.

(52) W. Radloff, *Proben der Volksliteratur der turkischen Stamme Sud-Sibiriens*, 1,（1866）, 1. p.45; Solymossy, *loc. cit.*, p.225.

(53) I. Castagne, "Demonologie des Kazak Kirghisis," *L'Ethnographis*, 1930, p.19.

(54) Soldan Heppe, *Geschichte der hexenprozesse*, 1911, pp.1, 53, 276.

(55) ロシアやその他のスラヴ源泉については，Róheim, *Adalékok a magyar nephithez*, 1913, A halalmedar（The Bird of Death）, p.13 を参照。

(56) Solymossy, "Magyar osvallasi elemk nepmeseinkben," *Ethnographia*, 1929, p.151. これは著者が到達した結論ではない。

(57) L. Bernath, "Magyar Nepmesek a XVIII, Szazadbol"（Hungarian Folktales of the 18th Century）, *Ethnographia*, XIII, p.297.

(58) Sing はフィートやヤードに類した測量単位。「7フィートの小人」を参照。
(59) Solymossy, "A vasorru baba es mitikus rokonai," *Ethnographia*, 1927, p.228.
(60) L. Kalmany, *Hagyomanyok*, N. D. I, p.9, II, p.2.
(61) L. Merenyi, *Sajovolgyi eredeti nepmesek*, L (1862), pp.3-62.
(62) A Ipolyi, *Mesegyujtemenye* (Collected Folk Tales), M. Nepk XIII, p.142.
(63) Frdelyi, *Nepdalok es mondak*, III (1848), p.234.
(64) *Nepelet*/III, 1925, p.67.
(65) K. Torok, *Csongrad megyei gyujtes* (Collection in the County of Csongrad), Magyar Nepkoltesi Gyujtemeny 11, (1872), p.375.
(66) Ipolyi, *Magyar Nepk. Gy.*, XIII, p.163.
(67) O. Mailand, *Szekelyfoldi Gyujtes* (Collection of Szekelys), M. Nepk. Gy., VII, p.534.
(68) Berze Nagy, *Nepmesek, Magyar Nepk. Gy.*, IX, p.121; R. Nisbet Bain, *Cossack Fariy Tales and Folk Tales*, 1894, p.153.
(69) Berze Nagy, *op. cit.*, p.297.
(70) L. Kalamny, *Hogyomanyok*, II, p.48 を参照。 民話では, 子どもは水の精に渡される約束になっている。
(71) Leskien and Brugman, *Litauische Volkslider und Märchen*, 1882, p.427.
(72) Solymossy, *l.c.*, *Ethnographia*, 1927, p.229; Leskien-Brugman, *Litauische Volkslieder*, 1882, p.568; Curtin, *op. cit.*, pp.109, 164; Lowis of Menar, *Russische Volksmärchen*, 1914, p.160; Afanassjew-Meyer, *Russische Volksmärchen*, 1906, I, p.209; W. R. S. Ralston, *Russian Folk Tales*, 1873, pp.83-104.
(73) ソイモッシも同じ結論に達しているが, 彼はこれらの「謎の存在」についてはウラル・アルタイック起源を主張している。
(74) Kriza Vadrozsak ("Wild Roses"), *Magyar Nepkoltsi Gyujtemeny*, XII, 1911, p.207; *Nepelet*, III, p.67.
(75) Berze-Nagy, *op cit.*, p.67.
(76) Solymossy, "Taltosprbaj," *Ethnographia*, 1929, pp.32-38.
(77) L. Kalamny, *Hagyomanyok*, II, p.55.
(78) Merenyi, *Sajovolgyi eredeti nepmesek*, 1862, I, p20.

(79) これらの物語に関しては, S. Solymossy, “Taltosparbaj” (Fight of Magic Horses), *Ethnographia*, 1922, p.32 を参照。文字による記録が残存している最古のハンガリー民話は, このグループに属していると見られている。O. Beke, “Egy regi nepmese nyomai” (Traces of an old Folk-Tale), *Ethnographia*, 1933, p.160.

(80) Kalamny, *Hogyomanyok*, II, pp.55-67.

(81) 目覚めの夢と神話については次を参照: O. Rank, *Psychoanalytische Beiträge zur Mythenforschung*, Int. Ps. Bibi, Nr., 4, (1919), pp.126-56; Idem, *Die Symbolschichtung im Wecktraum Jahrbuch für Psychoanalyse*, IV, (1912), pp.51-115.

第7章　命の糸

(1) 著者の初期における精神分析研究の改訂拡張版。最初はハンガリー語で出版された。“Az élet fonala” (The Thread of Life), *Ethnographia*, 1916.

(2) Erman, A., *Die ägyptishe Religion*, Berlin: G. Reimer, 1909, pp.95-96.

(3) Maspero, G., *Les contes populaires de l'Égypte ancienne*, Third Edition, Paris: Guilmoto, pp.LI-LII.

(4) *Ibid.*, pp.36-39. p.12 と p.169 も見よ。

(5) Erman, A., *op. cit.*, p.15.

(6) *Ibid.*, p.252.

(7) Budge, E. A. Wallis, *The Gods of the Egyptians*, London: Methuen & Co., 1904, I, p.428.

(8) *Ibid.*, II, p.431.

(9) *Ibid.*, I, p.437.

(10) *Ibid.*, I, p.435.

(11) Langdon, S., *The Semitic Goddess of Fate*, J. Royal Asiatic Society, 1929-1930, p.28. この考えのヘブライ文化への名残については, 次を参照: Scheftelowitz, J., *Das Schlingen und Netzmotiv im Glauben und Brauch der Völker*, Religionsgeschichtliche Versuche und Vorarbeiten, XII, 1912, pp.57-58.

(12) *Odyssey*, VII, pp.196-198.〔『オデュッセイア』〕

(13) *Iliad*, XX, pp.127-128; XXXV, pp.209-210.〔『イリアス』〕

(14) Peter, R., *Moiren. Roscher's Lexikon*, II, pp.3084-3105.

(15) Greene, W. Charles, *Moira*, Cambridge: Harvard University Press, 1944, p.315 fn.

(16) Abbott, G. F., *Macedonian Folklore*, Cambridge: Harvard University Press, 1903, p.126.

(17) Schmidt, B., *Das Volksleben der Neugriechen*, Lepzig: B. G. Teubner, 1871, pp.216-18.

(18) *Ibid.*, p.220.

(19) *Ibid.*, p.212.

(20) *Ibid.*, p.313.

(21) Schmidt, B., *Griechische Märchen, Sagen und Volkslieder*, Leipzig: B. G. Teubner, 1877, p.69.

(22) von Hahn, J. G., *Griechische und albanesische Märchen*, Leipzig: Englemann, 1864, II, pp.134-37; Săinénu, L., *Basmele Române* (Roumanian Folk Tales), Bucharest: Gobl, 1895, pp.144, 783 も参照せよ。

(23) Lübeck, K. L., *Die Krankheitsdämonen der Balkanvölker*, Ztschr, des Vereins für Volkskunde, VIII, 1898, pp.243-44.

(24) Thumb, R., *Zur neugriechischen Volkskunde*, Ztschr, des Vereins für Volkskunde, II, 1892, pp.123-34.

(25) Grimm, J., *Deutsche Mythologie*, Gutersloh: Verlag von C. Bertelsmann, 1875, I, p.338 and III, p.118 fn.

(26) Karjalainen, F., *Iugrilaisen ustonko* (Beliefs of the Ugrians), Suomen Suvun Uskonnot, 1918, III, pp.38, 249; 引用は Holmberg, U. in *Finno Ugric Mythlogy*, The Mythology of All Races, Boston: Marshall Jones Company, 1927, p.260 より。

(27) Jochelson, W., *The Koryak*, Jesup North Pacific Expedition, 1905, VI, p.26.

(28) Juynboll, *Indonesien*, Arch. für Religionswissenschaft, 1904, VII, p.509. 引用は A. C. Kruyt, *Het Wezen van het Heidendom te Posso* (The Essence of Posso Paganism), Medizinische Nederlander Zend. Gen., 1903, XLVIII, pp.21-35 より。

(29) Warneck, John., *Die Religion der Batak.*, Leipzig: Dieterichs, 1909, pp.49-50.

(30) de Groot, J. J. M., *Les Fêtes-annuellement celébrées à Emoui*, Annales du Musée Guimet, 1886, II, p.476.
(31) Grube. W., *Religion und Kultus der Chinesen*, Leipzig: Verlag von Rudolf Haupt, 1910, p.168.
(32) Jette, J., "On the Superstitions of the Tena Indians," *Anthropos*, VI, 1911, p.257.
(33) Opler, M. E., *Childhood and Youth in Jicarilla Apache Society*, Los Angeles: Publications of the Frederick Webb Hodge Anniversary Publication Fund, 1945, p.5.
(34) Janko, J., *Torda, Aranyosszék Toroczkó magyar népe* (Hungarians of Torda Aranyosszék Toroczkó), Budapest, 1893, p.249.
(35) Hovorka, O., and Kronfeld, A., *Vergleichende Volksmedizin*, Stuttgart: Strecher & Schroeder, 1909, II, p.635. 引用は, G. Lammert, *Volksmedizin und medizinischer Aberglaube in Bayern*, Wurtsberg: F. R. Julien, 1869 より。
(36) Newman, "Some Birth Customs in East Anglia," *Folklore*, L., 1939, p.185.
(37) Ploss, H and Bartels, M., *Das Weib in der Natur und Völkerkunde*, Leipzig: Th. Grieben, 1908, II, p.265.
(38) Wlislocki, F. Doerfler, "A gyermek a magyar nephitben" (The Child in Hungarian Folk Beliefs), *Ethnographia*, IV, 1893, p.112.
(39) Spencer, B. and Gillen, F. T., *The Arunta*, London: Macmillan Co., 1927, II, pp.487-88.
(40) Bates, Daisy, *The Passing of the Aborigines*, London: John Murray, 1939, p.235.
(41) Roth, W. E., *Postures and Abnormalities*, North Queensland Ethnography Bulletin, XIV, p.76.
(42) Frazer, J. G., *The Magic Art and the Evolution of Kings*, London: Macmillan Co., 1911, I, pp.182-203; Ploss, H. and Renz, B., *Das Kind, in Brauch und sitte der Völker*, Leipzig: Th. Grieben, 1911, pp.56-61; Ploss, H. and Bartels, M., *op. cit.*, pp.253-78 を参照。
(43) 拙書『魔法の心理学』で詳しく論じている。
(44) Georgi, J. G., *Beschreibung aller Nationen der russischen Reiches*, 1776,

p.79.

(45) Pallas, P. S., *Reise durch verschiedene Provinzen des russischen Reiches*, 1776, III, pp.53-54.

(46) Karjalainen, K. F., *Die Religion der Iugra-Völker*, Helsinki: F. F. Communications, No.41, 1921, pp.58-60.

(47) Munkácsi, B., in the volumes of the Thesaurus of Vogul Folk Lore（Hungarian Academy of Sciences）を参照。

(48) John, A., *Sitte, Brauch und Volksglaube im deutschen Westböhmen*, 1905, p.104.

(49) Sajaktzis, G., *Gräco-walachische Sitten und Gebrauche*, Ztschr, des Vereins für Volkskunde, 1894, p.135.

(50) Róheim, Géza, *Az élet fonala*（The Thread of Life）, in *Adalékok a magyar nephithez*,（Contributions to Hungarian Folkbelief）, Budapest: Hornyánsky, 1920, p.287.

(51) Temesváry, R., *Volksbrauche und Aberglauben bei der Geburtshilfe und Pflege der Neugeborenen in Ungarn*, Leipzig: 1900, p.127.

(52) Luby, M., "Treatment of Hungarian Peasant Children," *Folk Lore*, LII, 1941, p.105.

(53) Wuttke, A., *Der deutsche Volksaberglaube*, Berlin: Wiegandt und Grieben, 1900, p.380.

(54) Sajaktzis, G., *op. cit.*, p.135.

(55) Toeppen, M., *Aberglauben aus Masuren*, Danzig: Verlag von Th. Berling, 1867, p.80.

(56) Gusinde, M., *Die feurland Indianer*, Mödling bei Wien: Anthropos Verlag, 1931, pp.377-78.

(57) von Wlislocki, H., *Volksglaube und religiöser Brauch der Magyaren*, Münster bei Wien: Aschendorff, 1893, pp.155-56.

(58) *Ibid.*, pp.68-69.

(59) Heim, R., "Incantamenta magica Graeca Latina," *Jahrbücher für klassische Philologie*, Suppl., XIX, 1892, p.497.

(60) Mansikka, V. J., *Über russische Zauberformeln*, Helsinki: Suomalais Tiedeakatemian Kustantama（Publications of the Finnish Scientific Acade-

my), 1909, p.195.

(61) von Wlislocki, H., *Volksglaube und Volksbrauch der siebenbürger Sachsen*, Münster bei Wien: Aschendorff, 1893, p.140.

(62) Schulenburg, W., *Wendisches Volkstum*, Berlin: Stricker, 1882, p.108.

(63) Trevelyan, M., *Folk-Lore and Folk Stories of Wales*, London: Elliot Stock, 1909, p.266.

(64) von Wlislocki, H., *Volksglaube und religiöser Brauch der Zigeuner*, Münster bei Wien: Aschendorff, 1891, p.72.

(65) *Ibid.*, p.135.

(66) Rochholtz, E. L., *Alemannisches Kinderlied und Kinderspiel aus der Schweiz*, 1857, pp.139-49; および Mansikka, V. J., *op, cit.*, pp.193-202 を参照。

(67) von Wlislocki, H., *op, cit.* (footnote 61), pp.132-33.

(68) ルーマニアの童謡の 30 という数は, 1 ヵ月の 30 日を表わしているとも考えられる。

(69) Bergler, Edmund and Róheim, Géza, "Psychology of Time Perception," *Psychoanalytic Quarterly*, XV, 1946, pp.190-206 を参照。

(70) Freud, "Das Motiv der Kätchenwahl" in *Ges. Schr.*, X, p.243 (*Imago*, II, 1913) を参照。

(71) Trócsányi, Z, "Sziberia szamojédjei koezoett" (Among the Samoyeds of Siberia), *Ethnographia*, 1916, p.71.

(72) von Wlislocki, H., *op, cit.* (footnote 64), p.133.

(73) Róheim, Géza, "National Character of the Somali," *Int. J. of Psa.*, XIII, 1932, p.219.

(74) van Gennep, Arnold, *Manuel de folklore français contemporain*, Paris: A. Picard, 1943, I, p.143.

(75) Goethe, *Faust*, Trans. by B. Taylor, Boston: Houghton Mifflin Co., 1912, Part II, p.76 〔ゲーテ『ファウスト』〕。

(76) Mannhardt, W., *Die Korndämonen*, Berlin: Dummler, 1868, p.28: 引用は Frazer, J. G., *Spirits of the Corn and the Wild*, London: Macmillan & Co., 1912, I. p.150 より。

第8章　呪われた水車小屋の熊

(1) 物語の一部を省略。

(2) Grimm, *Kinder-und Hausmaerchen...*, No.114.

(3) Stith Thompson, *The Folktale*, Dryden Press, N. Y., 1946, pp.8, 9〔S.トンプソン『民間説話――理論と展開』荒木博之・石原綏代訳, 社会思想社, 1777年〕を参照。

(4) Fr. Schoenwerth, *Aus der Oberpfalz*, Augsburg, 1869, III, pp.83, 18.

(5) L. Strackerjan, *Aberglaube und Sagen aus dem Herzogtem Oldenburg*, I, Oldenburg, 1909, pp.349, 350.

(6) F. Cosquin, *Contes Populaires de Lorraine*, I, 1886, pp.28-31.

(7) V. Waschnitius, *Percht, Holda und Verwandte Gestalten*（Sitzungsberichte der Kaiserlichen Akademie der Wissenschaften in Wien, Phil. Hist. Klasse, Vol.174）, 1913, pp.32, 79, 98, 101, 154, 174; H. Plischke, *Die Sage vom wilden Heere im deutschen Volke*, 1914, p.70.

(8) Waschnitius, *l.c.*, pp.98, 154 "Nothnagel," I. Berze Nagy, Baranyai Magyar Nephagyomanyok（Hungarian Folk Lore from Baranya）Pecs II, 1940, p.579.

(9) Meier, *Schwaebische Mäerchen*, 210, No.59; L. Laistner, *Das Raethsel der Sphinx*, 1889, II, p.11.

(10) Waschnitius, *l.c.*, p.151. 引用は A. Peter, *Volkstuemliches aus Oesterreichisch-Schlesien...*, Troppau, 1856, II, p.59 より。Waschnitius, *l.c.*, pp.19, 30, 35, 40, 41, 45, 56, 104, 150 も参照。

(11) Waschnitius, *l.c.*, pp.126, 132, 180.

(12) Plischke, *l.c.*, p.71.

(13) L. Laistner, *Das Raethsel der Sphinx*, 1889, I, II.

(14) レストナーは, 熊の名前を "er ist kein andrer als der die Frauen druekende 'berend' Alp"と説明している。L. Laistner, *Das Raethsel der Sphinx*, 1889, II, pp.21, 22. ロシアの熊の話にはどうやら悪夢の背景があるようだ――老人が熊の片足を切り取る（去勢）。老人がその足を料理し始める（人食いのモチーフ）。熊は自分で木の義足をつくり,「水は眠ってるかい？　大地は眠り, 町の人々も眠ってる。起きているのは女が一人だけ」などと歌いながら〔家の中に〕入ってくる。そして老人と老女を食べる。

N. Guterman, *Russian Fairy Tales*, N. Y. Pantheon, 1945, pp.74, 75. 老女の悪夢では老人が熊の役を担っている。

(15) R. Loewe, "Weiteres ueber Ruebezahl im heutigen Volksglauben," *Zeitschrift des Vereins fuer Volkskunde*..., 1911, XXI, p.150.

(16) R. Loewe, *l.c.,* p.145.

(17) Idem, *l.c.*, p.138.

(18) R. Loewe, *l.c.*, pp.126, 127.

(19) R. Loewe, *l.c.*, pp.38, 39.

(20) J. Berze Nagy, *Barangai Magyar Nephagyomanyok* (Hungarian Folklore from Baranya), Pees, 1940, II, pp.49-51. 同じ話が, 熊の代わりに狼で繰り返されている)。

(21) Stith Thompson, *The Folktale*..., Dryden Press, 1946, N. Y., p.105.

(22) G. Róheim, *A felsz keresoe kiralyfi* (The Prince in Search of Fear), Pesti Naplo, 1921 を参照。

(23) R. Kuehnau, *Schlesische Sagen*, II, 1911, Leipzig: Teuber, pp.345, 346; L. Laistner, *op, cit.*, II, p.15.

(24) F. Panzer, *Studien zur germanischen Segengeschichte*..., I. Beowulf, 1010, 66. 95. The Hungarian versions: L. Arany, *Magyar Nepmese Gyujtemeny* (Collection of Hungarian Folk tales), 1911, p.133 (Name: "Mother castrated testicles. Seven Fathom Beard), Gy. Ortutay, *Nyiri es retkozi Parasztmesek* (Pesant's tales of Nyir and Retkoz), Gyoma, 1935, p.61 (Name, Seven fathom beard Shovel Handle Penis) .

(25) L. Laistner, *Das Raethsel der Sphinx*, II, p.22.

(26) Rhys Carpenter, *Folk Tale, Ficition and Saga in the Homeric Epics*, Univ. Cal. Press, 1946.

(27) ポリュペーモスの物語に関しては, 次を参照: Hackmann, *Das Polyphemmarchen in der Volksuberlieferung*, Akademische Adhandlung Helsingfors, 1904; F.Settegast, *Das Polyphememaerchen in altfranzoesischen Gedichten*, Leipzig, 1917.

(28) 語源的意味（Etymology）は Preller, *Griechische Mythologie*, p.489 によって与えられた。レストナーは, この名前を「よくしゃべる男」だと説明しており, この人物を「試験」タイプの悪夢と結びつけている: L. Laist-

ner, *Das Raethsel der Sphinx*, 1889, II, p.39. グルッペは, Euphemos とポリュペーモスが類似していると述べている: O. Gruppe, *Griechisch Mythologie und Religionsgeschichte*, 1906, II, p.953. カーペンターは, ポリュペーモスの洞窟におけるエピソードを熊の息子物語の初期のモチーフと同一視している: Rhys Carpenter, *Folk Tale, Fiction and Saga in the Homeric Epics*, 1946, p.141.

(29) *Odyssey,* IX.〔『オデュッセイア』〕

(30) L. Frobenius, *Atlantis. Volksmaerchen der Kabylen*, II, 1922, Diederichs, Jena, pp.26, 27.

(31) A. Horger, *Hetfalusi csango nepmesek*, Budapest: Atheneum, 1908, pp.179-82（No.26）. Bolte-Polivka, *Anmerkungen zu den Kinder und Hausmärchen*, III, 1918, pp.375-78 を参照。

(32) Plischke, *l.c.*, p.70; Waschnitius, *l.c.*, pp.18, 20, 30, 99, 101, 153.

(33) G. Gruber, *Sagen aus Kaernten*, Leipzig: Diederichs, 1914, pp.31, 32.

(34) Ignaz v. Zingerle, *Sagen aus Tirol*, Innsbruck, 1891, p.134.

(35) Prym und Socin, *Der neu armaeische Dialekt des tur Abdin*, Goettingen, 1881, II, p.115.

(36) ハンガリーのことわざ,「父親に子どものつくり方を教えようとするな」。

(37) 川の名前。

(38) John Kriza, *Vedrozsak*（Wild Roses）, Magyar Nepkoeltesi Gyuejtemeny XI, Atheneum, Budapest, 1911, I, pp.95, 96.

(39) Kriza, Orban etc., *Szekely-foeldi Gyuejtes*（Magyar Nepk. Gy., III, 1882, pp.63-67）（Contributions from the Szekelyfold）.

(40) 塩に関しては, Ernest Jones, *Essays in Applied Psychoanalysis*, 1923, Chapter IV を参照。

(41) J. Bolte und G. Plivka, *Anmerkungen zu den Kinder- und Hausmarchen*, II, 1915, No.103, pp.438-40.

(42) R. Kupehnau, *Schlesische Sagen*, I, 1910, Leipzig:Teubner, p.131; K. Bartsch, *Sagen, Maerchen und Gebraeuche aus Mecklenburg*, 1879, I, pp.212-17 を参照。

(43) A. Vajkai, “Az orodongos molnar legeny”（The Devilish Miller’s Lad）, *Ethnographia*, 1947, LVIII, pp.55-69.

(44) W. Hertz, *Der Werwolf*, 1862, p.71 fn 4.

第9章　北米神話における文化英雄とトリックスター

(1) たとえば, Cushing 1890; Boas 1916, p.90 を参照。

(2) 幼児的なものと男根的なものの融合はラーディンが認めている: P. Radin 1948. Róheim 1948 も見よ。

引用文献

Boas, Franz 1895　*Indianische Sagen von der nord-pachifischen Kueste Amerikas*, Berlin: A. Asher & Co.

—— 1916　*Tsimishian Mythology. Annual Report of the United States Bureau of American Ethnology*, pp.29-1037, Washington, D. C.: Government Printing Office No.31.

Cushing, Frank H. 1890　"Preliminary Notes on the Origin, Working Hypothesis, and Primary Researches of the Hemenway Southwestern Archaeological Expedition," *Congrès International des Américanistes*, pp.151-94, Berlin.

Freud, Sigmund 1922　*Totem und Tabu*, Leipzig: Internationaler psychoanalytischer Verlag〔フロイト『トーテムとタブー』〕。

Hallowell, I. J. 1946 "Some Psychological characteristics of the Northeastern Indians," in F. Johnson, ed., *Man in Northeastern America*, pp.217-23, Andover, Mass.: Phillips Academy, The Foundation.

Jacobs, Melville. n.d. Culture Element Distributions: Kalapuya. Unpublished ms.

Jones, W. 1917-1919　*Ojibwa Texts. Publications of the American Ethnological Society*, 7, Leiden.

Krause, A. 1885　*Die Tlinkit Indianer*, Jena: H. Costenoble.

Kroeber, A. L. 1939　"Cultural and Natural Areas of Native North America," *University of California Publications in American Archaeolgy and Ethnology*, 38, Berkeley.

Leighton, D., and C. Kluckhohn 1947　*Children of the People*, Cambridge: Harvard University Press.

Opler, M. E. 1942 "Myths and Legends of the Chiricahua Apache," *Memoirs of the American Folklore Society*, 37, Boston.
Pettit, G. A. 1946 *Primitive Education in North America*, Berkeley: University of California Press.
Radin, Paul 1948 *Winnebago Hero Cycles*, Baltimore: Waverly Press.
Reichard, Gladys A. 1947 "An Analysis of Coeur d'Alene Myths," *Memoirs of the American Folklore Society*, 41, Boston.
Róheim, Géza 1948 "The Divine Child," *Journal of Clinical Psychopathology*, 9:309-23.
Schollcraft, Henry R. 1839 *Algic Researches*, New York: Harper & Bros.
—— 1856 *The Myth of Hiawatha and Other Oral Legends, Mythologic and Allegoric, of the North American Indians*, Philadelphia: J. B. Lippincott & Co.
Stern, Bernhard J. 1934 *The Lummi Indians of Northwestern Washington*, New York: Columbia University Press.

第10章　トム・ティット・トット

(1) E. Clodd, *Tom, Tit, Tot*, London: Duckworth, 1898, pp.8-16.
(2) Grimm, *Kinder und Hausmärchen*, No.55.
(3) I. Kriza, *Vadrónzsak, Magyar Népkoltési Gyüjtemény*, Hangarian Folklore Monographs 12, 1911, pp.102-06.
(4) U. Jahn, *Volksmärchen aus Pommern und Ruegen*, 1891, vol.1, p.227.
(5) B Schmidt, *Griechische Märchen, Sagen und Volkslieder*, Leipzig, 1877, pp.65, 66.
(6) A. Rittershaus, *Neuislaendische Volksmärchen*, 1902.
(7) Bolte and Polivka, *Anmerkungen zu den Kinder-und Hausmärchen der Brüder Grimm*, Leipzig, 1913, nos.14, 55.
(8) G. Róheim, "Saint Agatha and the Tuesday Woman," *Int. Journal of Psycho-Analysis*, 27, p.121.
(9) Ignaz V. Zingerle, *Sagen aus Tirol*, Innsbruck, 1891, pp.56-58.
(10) L. Laistner, *Das Raethsel der Sphinx*, 1889, vol.2, pp.71, 316.
(11) L. Jekels and E. Bergler, "Instinct Dualism in Dreams," *Psychoanalytic*

Quarterly, 9, p.394.

(12) E. Cosquin, *Contes populaires de Lorraine*, Paris: Vieweg, 1887, vol.1, p.271.

(13) Bolte and Polivka, *Anmerkungen*, vol.1, p.494.

(14) Laistner, *Das Raethsel der Sphinx*, vol.2, pp.71, 316.

(15) G. Polivka, "Tom, Tit, Tot," *Zeitschrift des Vereins für Volkskunde*, 10, p. 383.

(16) *Ibid.*, 387.

(17) Bolte and Polivka, *Anmerkungen*, vol.1, p.491.

(18) L. Gonzenbach, *Sicilianische Märchen*, 1870, vol.2, p.158.

(19) L. Arnay, *Magyar Népmese Gyüejtemény*, Budapest: Franklin, 1911, pp.33, 34.

(20) 次の夢を参考にせよ：「舞台の上では小さな黒い男が元気よく踊っていた。舞台の端まで乗り出して踊っているので，私は，落ちはしないかとずっとはらはらして見ていた。それから私は自分に言い聞かせた——高いところがもう怖くなくなった，と」（Charles Berg, *Deep Analysis*, Norton: 1947, p.128）。

(21) Polivka, "Tom, Tit, Tot," pp.268, 269.

(22) *Ibid.*, pp.255, 256.

第11章　龍の中の燃える火

(1) G. Róheim, "The Doragon and the Hero," *American Imago*, I, p.52. J. Schnier, "Dragon Lady," *American Imago*, IV, No.3 も参照せよ。

(2) P. Radin, *Winnebago Hero Cycles, Indiana University Publication in Anthropology and Linguistics*, Memoir I, 1948, p.103.

(3) Field notes.

(4) L. Frobenius, *Zeitalter des Sonnengottes...*, Berlin: Reimer, 1904, p.57, Der Sonnengott im Fischbauch.

(5) F. Boás, Tsimishian Mythology, Bureau of American Ethnology, XXXI, Report, 1916, p.611.

(6) *Idem*, *ibid.*, p.659.

(7) F. Boas, *loc. cit.*, p.687.

(8) Boas, *op. cit.*, p.688.

(9) H. Rink, *Tales and Traditions of the Eskimo*, 1875, L. Blackwood and Sons, p.439.

(10) James Mooney, *Myths of the Cherokee*, Bureau Am. Ethn. XIX, 1900, pp.328, 329.

(11) H. R. Voth, *Traditions of the Hopi*, Field Columbian Museum Publ., 96, Vol.VIII, 1905, p.83.

(12) W. Jockelson, *The Koryak. Jesup North Pacific Expedition*, Vol.VI, Part I, 1905, pp.168, 169.

(13) R. H. Codrington, *The Melanesians*, 1891, p.365.

(14) E. Sapir, Takelma Texts, Anthr. Publ. Univ. of Pa. Museum, Vol.II, 1909, p.81.

(15) たとえば, S. A. Barrett, *Pomo Myths, Bulletin of the Public Museum of the City of Milwaukee*, XV, 1933, pp.109, 137 を参照。

(16) L. Frobenius, *Zeitalter des Sonnengottes*, 1904, H. Schmidt, Jona, Goettingen, 1907 を参照。

(17) Schmidt, *op. cit.*, p.178. Footnote 1.

(18) E. Stucken, *Astralmythen*, Leipzig: E. Pfeiffer, 1907, p.232 を参照。

(19) S. Ferenczi, *Versuch einer Genital theorie*, Wien: Internationaler Psychoanalytischer Verlag, 1919.

(20) L. Farrand, *Traditions of the Chilcotin Indians*, Jesup North Pacific Expedition, II, p.7.

(21) W. Simpson, *The Jonah Legend*..., L. Grant Reichards, 1899, p.125, 引用は Muir, Sanscrit Texts, V, pp.357, 405 より。

(22) W. D. Westervelt, *Legends of Ma-ui*, Honolulu, 1910, pp.69, 70.

(23) Idem, *op. cit.*, p.73.

(24) ポリネシア語の名前は省き, 英語名だけを挙げた。

(25) J. F. Stimson, *The Legends of Maui and Tahaki*, Bernice P. Bishop Museum Bull., 127, 1934, p.91.

(26) J. F. Stimson, *op. cit.*, pp.5, 6.

(27) Stimson, *loc. cit.*, p.8.

(28) Stimson, *loc. cit.*, p.9.

(29) G. Grey, *Polynesian Mythology*, 1855, p.22.

(30) Stimson, *loc. cit.*, p.10.

(31) E. Shortland, *Traditions and Superstitions of the New Zealanders*, 1854, pp.45, 46. 彼が水の中に沈んだとき，太陽は初めて没し，暗闇が大地を覆った。J. White, *Ancient History for the Maori*, II, pp.76, 115.

(32) *Journal of the Polynesian Society*, VIII, History and Traditions of Rarotonga, p.69.

(33) Takaani Tarakawa, "The Coming of the Arawa and Tainui Canoes," *Journal of the Polynesian Society*, II, p.252.

(34) Stimson, *op. cit.*, p.30.

(35) Stimson, *op. cit.*, pp.47-49.

(36) M. Klein, *The Psycho-Analysis of Children*, 1937, p.184.

(37) M. Klein, *op. cit.*, p.199.

第12章　アーネムランドの神話

(1) *Art in Arnhem Land*, Chicago: University of Chicago Press, 1950.

(2) 大トカゲ。

(3) Elkin, "Berndt and Berndt," *op. cit.*, p.31.

(4) *Ibid.*, pp.28-33.

(5) *Ibid.*, pp.34, 35.

(6) *Ibid.*, p.94.

(7) Róheim, *The Eternal Ones of the Dream*, New York: International Universities Press, 1945, pp.206, 262; R. and C. Berndt, "A Preliminary Report of Field Work in the Ooldea Region," *Oceania*, XIII (1943), p.259; XIV, p.140.

(8) For previous references, cf. Róheim, *The Riddle of the Sphinx*, London, 1934; *The Eternal Ones of the Dream, Psychoanalysis and Anthropology*, New York, 1950, indices.

(9) E. Bergler and L. Eidelberg, "Der Mamma Complex des Mannes," *International Zeitschrift für Psychoanalyse*, XIX, 1933.

(10) W. Lloyd Warner, *A Black Civilization*, New York: Harper and Bros, 1937, pp.254-57.

(11) *Ibid.*, pp.21, 22. 著者の要約による。

(12) *Ibid.*, p.281.

(13) O. Rank, *Psychoanalytische Beiträge zur Mythenforschung*, Vienna: Internationale Psychoanalytische Bibliothek, 1919, Chapter VII; また, *Jahrbuch für Psychoanalytische und Psychopathologische Forschungen*, IV (1912) の論文 (p.51) も参考になる。この見解を立証するさらに詳しいデータについては, 近刊予定の拙書を参照のこと: G. Róheim, *The Gates of the Dream*, New York: International Universities Press, 1953.

第13章　おとぎ話と夢

(1) *Archiv für Geschichte und Altertumskunde von Oberfranken*, XXII, pp.229-32 も参照のこと。

(2) Grimm's notes to the story, 引用は *Folkvisor*, III, pp.68-69 より。

(3) 強調は引用者。

引用文献

Bechstein, L. n.d.　*Märchenbuch*, Leipzig: Hess und Becker Verlag.

Bergler, E. 1949　*The Basic Neurosis*, New York: Grune & Stratton.

Bolte, J. and Polivka, G. 1913　*Anmerkungen zu den Kinder-und Hausmärchen*, Leipzig: Reklam.

Brown, A. C. L. n.d.　*The Origin of the Grail Legend*, Cambridge, Mass.: Harvard University Press.

Burne, C. S. 1914　*The Handbook of Folklore*, London: Folklore Society〔バーン編著『民俗学概論　英国民俗学協会公刊』岡正雄訳, 岡書院〕。

Cosquin, E. 1887　*Contes populaires de Lorraine*, Paris: Vieweg.

Feldman, S. S. 1951　"Anxiety and Orgasm," *Psa. Quart.*, XX; また *The Yearbook of Psychoanalysis*, VIII, New York: International Universities Press, 1952 にも。

Ferenczi, S. 1924　*Thalassa: A Theory of Genitality*, New York: The Psychoanalytic Quarterly, Inc., 1938.

Freud, S. 1926　*The Problem of Anxiety*, New York: W. W. Norton, 1936〔「不安の問題」フロイド選集第10巻, 井村恒郎・加藤正明訳, 日本教文社, 1955年〕。

Frobenius, L. 1904　*Zeitalter des Sonnengottes*, Berlin: Reimer.
Hertz, W. 1914　*Parzival*, Stuttgart: J. G. Cotta.
Katona, L. 1904　*Magyar Népmese Typusok*, Ethnographia, XV.
Laistner, L. 1889　*Das Räthsel der Sphinx*.
Lang, A. 1888　*Perrault's Popular Tales*, Oxford.
Lewin, B. D. 1950　*The Psychoanalysis of Elation*, New York: W. W. Norton.
―― 1952　"Phobic Symptoms and Dream Interpretation," *Psa Quart.*, XXI.
Nagy, J. B. 1940　*Baranyai Magyar Nephagyomémyok*, II, Budapest.
Róheim, G. 1948　"The Story of the Light that Disappeared," *Samiksa*, I.
―― 1948a　"The Bear in the Haunted Mill," *Am Imago*, V.
―― 1952　"The Panic of the Gods," *Psa Quart.*, XXI.
―― 1952a　"The Evil Eye," *Am Imago*, IX; また *The Yearbook of Psychoanalysis*, IX. New York: International Universities Press, 1953 にも。
―― 1952b　The Wolf and the Seven Kids, In press.
―― 1952c　Dame Holle or Dream and Folk Tale, In press.
―― 1952d　The Language of Birds, In press.
―― 1952e　Hungarian and Vogul Methology, In press.
―― 1953　*Gates of the Dream*, New York: International Universities Press.
―― 1953a　"Hansel and Gretel," *Bull. Menninger Clin.*, XVII.
Schulenberg, W. 1882　*Wendisches Volksthum*, Berlin: Nicolai.
Thompson, S. 1946　*The Folktale*, New York: Dryden Press.
Weston, J. L. 1897　*The Legend of Sir Gawain*.
Wlislocki, H. 1886　*Märchen und Sagen Transsilvanischer Zigeuner*, Berlin: Nicolai.

第14章　狼と七匹の子やぎ

(1) この物語は，ヤーコプ・ルートヴィヒ・カール・グリムとヴィルヘルム・カール・グリムが編纂した『子どもと家庭の童話』(*Kinder-und Hausmärchen*, 1812-1815) に収録されたものの一つである。この童話集のおかげで，グリム兄弟の名前は文明国のどの家庭でも知られるようになり，民俗学の基礎を築いた。(編者)

(2) Staufe, L. A., *Romanische Märchen aus der Bukowina*, Ztschr, f. deutsche

Mythologie und Sittenkunde, I, 1853, p.469.

(3) Cosquin, E., *Contes populaires de Lorraine*, Paris: Vieweg, 1887, II, p.248.

(4) *Ibid.*, II, p.250.

(5) von Hahn, I. G., *Griechische und albanesische Märchen*, Leipzig: Engelmann, 1864, II, p.92.

(6) サガとメルヒェンの区別については, von Sydow, C. W., *Selected Papers on Folklore*, Copenhagen: Rosenkilde and Bagger, 1948, p.60 を参照せよ。

(7) Bolte, J. and Polivka, G., *Anmerkungen zu den Kinder-und Hausmärchen der Brüder Grimm*, Leipzig: Th. Weicher, 1913, I, p.37.

(8) Horace, *De arte poetica*, 338-340.

(9) Laistner, L., *Das Rätsel der Sphinx*, Berlin: W. Hertz, 1889, I and II; および Roscher, W. H. R., *Ephialtes*, XX Abhandlung der phil. hist. u. der Königlich Sächsischen Ges. d. Wiss., II, 1900 を参照。

(10) Schmidt, B., *Das Volksleben der Neugriechen*, Leipzig: B. G. Teubner, 1871, p.132.

(11) Abbott, G. F., *Macedonian Folklore*, London: Cambridge University Press, 1903, p.266.

(12) Lewin, Bertram D., "Phobic Symptoms and Dream Interpretaiton," *Psychoanalytic Quarterly*, XXI, 1952, p.308.

(13) Török, Kàroly, *Csongràdmegyei gyüjtès*（Collectanea from County Csongràd）, Magyar Nèpköltesi Gyüjtemeny（Hungarian Folklore Publications）, II, 1872, Budapest Antheneum, pp.438-40.

(14) von Hahn, I. G., *op. cit.*, II, pp.85-89.

第15章　ヘンゼルとグレーテル

(1) ここにあげた概要は, グリム童話の第 15 話「ヘンゼルとグレーテル」をもとにした。

(2) von Schulenburg, W., *Wendisches Volksthum*, Berlin, 1882, p.16.

(3) Buch, M., *Die Wotjäken, Helsingfors*, 1882, pp.116, 117.

(4) Radloff, W., *Proben der Volksliteratur der türkischen Stämme Süd-Sibiriens*, St. Petersburg, 1866, v.I, pp.306-11.

(5) Bolte, J. and Polivka, G., *Anmerkungen zu den Kinder und Hausmärchen*, v.I, 1913, p.124.
(6) Ralston, W. R. S., *Russian Folk Tales*, London, 1873, p.168.

第16章　鳥のことば

(1) János Berze Nagy, *Baranyal magyar néphagyonányok* (Hungarian Folk Lore in Baranya) II, Pecs 1940. p.267-70.
(2) Georgeakis, G. et Pineau, *Le Folklore de Lesbos*, Paris, 1894, (Les Litteratures Populaires XXXI), pp.46-49.
(3) Wratislaw. A. H., *Sixty Folk-Tales from exclusively Slavonic Sources*, London. 1889, pp.201-03.
(4) Junod. H., *Les Chantes et les Contes des Ba-Ronga*, Lausanne, N. D. pp.314-16.
(5) Aarne A., "Der tiersprachenkundige Mann," *Folklore Fellows Communications*, No.15, 1914.
(6) Róheim, G., *Magyar Néphit és Népszokások* (Hungarian Folk Belief and Customs). 1925, pp.279, 280 (with references) .
(7) Rosen, G., *Tuti Nameh, Das Papageienbuch*, Leipzig, 1858, II, pp.236-41.
(8) Aarne, *op. cit.*, p.55.
(9) Aarne, *op. cit.*, p.64（この論文について私が知っているのは, アールネが抜粋した範囲だけである）。
(10) *Roschers Lexikon*, Melampus を参考にせよ。
(11) Róheim, G., "Teiresias and other seers," *Psychoanalytic Review,* XXXIII, 1946, p.315; *Roschers Lexikon*, Teiresias.
(12) テイレシアスに関する Buslep の論文, *Roschers Lexikon der girechischen und römischen Mythologie*, V, p.182（ウィルバー博士は ヘシオドスのなかで私が見落としていた箇所に注意を促してくださった。また, ブスレプはほかの神話編纂者のことも引用している）。
(13) Hesiod, *The Melampodia*, 3, Hugh G. Evelyn White, Cambridge, Mass. —— 1943, p.269.
(14) Róheim, "The Evil Eye," *American Imago*, IX, 351 を参照。
(15) *Roschers Lexikon*, Teiresias.

(16) Róheim, op. cit., *Psychoanalytic Review*, XXXIII, 1946, p.316.

(17) *Roschers Lexikon*, Jamos.

(18) Küster, E., *Die Schlange in der griechischen Kunst und Religion*, Giessen 1913, (p.127 bird); Marx, A., *Griechische Märchen von dankbaren Tieren*, Stuttgart, 1889.

(19) R. M. Dawkins, *The Meaning of Folktales Folk-Lore*, Vol.XII, 1951, p.425.

(20) Trevelyan, M., *Folk-Lore and Folk-Stories of Wales*, 1909, p.327.

(21) Sebillot, P., *Traditions et Superstitions de la Haute Bretagne*, 1882, II, pp.135, 136.

(22) Schönwerth, F., *Aus der Oberpfalz*, 1857, I, pp.345, 346.

(23) Henderson, W., *Notes on the Folklore of the Northern Counties*, 1879, p.43; L. Hopf, *Thierorakel und Orakelthiere*, 1888, pp.164, 165.

(24) *Memoirs of the American Folk-Lore Society*, IV, p.138; cf. an Arab Proverb. Gubernatis, A. de, *Die Tiere in der indogermanischen Mythologie*, 1874, p.556.

(25) Addy, S. O., *Household Tales with other Traditional Remains*, London, 1895, p.27.

(26) Aarne, *op. cit.*, pp.4-19.

(27) Freud, S., "Märchenstoffe in Träumen," *Gesammelte Schriften*, 1924, III, p.260; *Internationale Zeitschrift für Psychoanalyse*, 1913, I, Collected papers, Vol.IV〔フロイト「夢の素材としての童話」フロイト著作集 10, 人文書院, 1983〕; Lorand, S., "Fairy Tales and Neurosis," *Psychoanalytic Quarterly*, IV. 1935.

(28) Bolte-Polivka, *Anmerkungen zu den Kinder-und Hausmarchen*, I, 1913, pp.131-33 を参照。

(29) Köhler, R., *Kleinere Schriften zur Märchenforschung*, 1898, pp.145-48.

(30) この二つは魂の典型的な入れ物でもあるが, これについては Wundt, W., *Völkerpsychologie*, Vol.II, Part II, 1906, pp.60, 71 を参照。

(31) Harrison, J. E., *Themis*, Cambridge, 1927, pp.180, 181.

(32) Munkácsi, B., *Vogul Népköltési Gyüjtemeny* (Thesaurus of Vogul Folklore), Budapest, 1896, IV, p.295.

(33) Hopf, L., *Thierorakel und Orakelthiere*, Stuttgart, 1888, p.11.

(34) Hose, C. and McDougall, W., *The Pagan Tribes of Borneo*, London, 1912, II, pp.51-58.

(35) Ling Roth, H., *The Natives of Sarawak and British North Borneo*, London, 1896, I, p.224.

第17章　ホレおばさん――夢と民話

(1) Bolte, J. and Polivka, G., *Anmerkungen zu den Kinder und Hausmärchen der Brueder Grimm*, Leipzig: Dieterich, 1913, Vol.I, pp.207-11.

(2) Schambach, G., and Müller, W., *Niedersächsische Sagen und Märchen*, Göttingen: Vandenhoeck and Ruprecht, 1855, pp.276-78.

(3) Sebillot, P., *Traditions et Superstitions de la Haute Bretagne*, Paris: Maisonneuve, 1882, Vol.I, p.108.

(4) Róheim, G., "The Story of the Light That Disappeared," *Samiksa*, Vol.1, No.1, "On the Baba Yaga"; および前述のハンガリーの類話を参照のこと。

(5) Nagy, J. B., *Baranyai Magyar Néphagyományok* (Hungarian Traditions of Baranya), Pécs, Kultura, 1940, Vol.II, pp.198-201.

(6) Staufe, L. A., "Romanische Märchen aus der Bukowina," *Zeitschrift für deutsche Mythologie und Sittenkunde*, I, 1853, pp.42-48.

(7) Bolte and Polivka, *loc. cit.*, p.218.

(8) *Ibid.*, p.22. および Cosquin, E., *Contes Populaires de Lorraine*, Paris, 1887, II, p.121.

(9) Rittershaus, A., *Neuislaendische Volksmaerchen*, 1902, pp.261-65.

(10) Cosquin, E., *op. cit.*, Vol.II, p.118.

(11) Sutermeister, O., *Kinder-und Hausmärchen aus der Schweiz*, Aarau, N. D., No.2.

(12) Bolte and Polivka, *loc. cit.*, p.212.

(13) Wenzig, J., *Westslavischer Märchenschatz*, Leipzig: Lorch, 1857, p.107.

(14) Jacobs, J., *English Fairy Tales*, London: Nutt, 1907, p.223.

(15) Bolte and Polivka, *loc. cit.*, p.222.

(16) Laistner, L., *Das Räthsel der Sphinx*, 1889, Vol.I, Chapter 3 を参照。

(17) M'Kenzie, D., "Children and Wells," *Folk-Lore*, 1917, Vol.61, p.268.

(18) Bertsch, H., *Weltanschauung Volkssage und Volksbrauch*, Dortmund,

1910, p.383.

(19) Grimm, J., *Deutsche Mythologie*, 1878, Vol.III, p.88.

(20) Lynker, K., *Deutsche Sagen und Sitten in hessischen Gauen*, 1860, p.17.

(21) Wolff, J. W., *Hessische Sagen*, 1853, p.14。クラウス（F. S. Krauss）が正確な解釈を加えている: *Urquell*, IV, p.225.

(22) Dieterich, A., *Mutter Erde*, Leipzig: Teubner, 1913, 1901, p.19; および Wuttke, *Der deutsche Volksaberglaube*, 1900, p.26.

(23) Kühnau, R., *Schelesische Sagen*, 1913, Vol.III, p.53.

(24) Schell, O., *Woher kommen die Kinder*, Urquell, Vol.IV, p.225.

(25) Von Zingerle, J., *Sitten, etc., des Tiroler Volkes*, 1857.

(26) Wuttke, *op. cit.*, p.28.

(27) Waschnitius, J., Percht, Holda und verwandte Gestalten, *Sitzungsberichte des kaiserlichen Akademie der Wissenschaften in Wien*, Phil.-hist., Klasse 174, 1913; Plischke, H., *Die Sage vom wilden Jäger im deutschen Volke*, 1914; Ljungman, W., Ttraditionswanderungen Euphrat-Rhein, F. F. *Communications*, No.119, Helsinki, 1938, Vol.II, p.656（など）を参照。

(28) Waschnitius and Ljungman, *op. cit* を参照。

(29) Róheim, G., "Saint Agatha and the Tuesday Woman," *Int. J. Psycho-Anal.*, Vol.27, 1946, p.119.

(30) Von Zingerle, *Sagen aus Tirol*, Innsbruch, 1891, p.16.

(31) Reichhardt, A., *Die deutschen Feste in Sitte und Brauch*, 1911, p.39.

(32) Waschnitius, *loc. cit.*, pp.21, 28, 51, 62; Heyl, J. A., *Volkssagen Bräuche und Meinungen aus Tirol*, 1897, p.571.

(33) Schröer, I., "Nachtrag zum Wörterbuch der deutschen Mundart des ungarischen Berglandes," *Sitzungsberichte der kaiserlichen Akademie der Wissenschaften in Wien. Phil.-hist*, Klasse 31, 1859, p.275.

(34) Von Wlislocki, H., *Volksglaube und religioser Brauch der Magyaren*, 1893, p.84.

(35) Róheim, G., *Adalékok, a magyar néphithez* (Contributions to Hungarian Folk Beliefs), 1920, p.191.

(36) Washnitius, *loc. cit.*, pp.169, 170.

(37) Hansen, J., *Quellen und Untersuchungen zur Geschichte des Hexen-*

wahns und der Hexenverfolgung, 1901 (According to the index).

(38) Sommer, E., *Sagen, Märchen und Gebräuche aus Sachsen und Thüringen*, Halle, 1846, p.9.

(39) Schoppner, *Sagenbuch der bayrischen Lande*, 1852, Vol.I, p.153; Vol.II, p.727; Fries, A., "Sagen aus Unterfranken," *Zeitschrift für deutsche Mythologie und Sittenkunde*, Vol.I, pp.23, 28.

(40) Róheim, G., *Adalékok*, pp.196, 197.

(41) Wlislocki, *Volksglaube und religiöser Brauch der Zigeuner*, 1891, p.41.

(42) Sebillot, P., *Le Folklore de France*, 1906, Vol.IV, p.199.

(43) Weinhold, K., *Weihnachtsspiele und Lieder aus Süddeutschland und Schlesien*, 1875, p.11.

(44) Graber, G., *Sagen aus Kärnten*, Leipzig, pp.191, 491.

(45) John, A., *Sitte, Brauch und Volksglaube im deutschen Westböhmen*, 1905, p.17.

(46) Machal, *Nákres skovenskeho bájeslovi*, 1891, p.190.

(47) Pfeifer, E., "Aberglaube aus dem altenburgischen," *Zeitschrift für Volkskunde*, Vol.II, p.440.

(48) Krainz, "Sitten, Meinungen und Bräuche des deutschen Volks in Steiermark," *Zeitschrift für österreichische Volkskunde*, Vol.II, 1896, p.303; Cf. Börler, *Volkssagen aus dem Orlagau*, 1838, p.152; Köhler, J. E., *Volksbrauch, Aberglauben. Sagen, etc. im Vogtlande*, 1867, p.476; Feifalik, J., "Perchta bei den Slawen," *Zeitschrift für deutsche Mythologie und Sittenkunde*, Vol.IV, 1859, pp.388, 389.

(49) Grimm, J., *Deutsche Mythologie*, Vol.II, p.904.

(50) Wuttke, *op. cit.*, pp.25, 28.

(51) Sebillot, P., *Folklore de France*, I, 1904, p.86. 引用は Deulin, *Contes du Roi Gambrinus*, p.292 より。

(52) Woeste, F., "Spuren weiblicher Gottheiten," *Zeitschrift für deutsche Mythologie*, 1853, Vol.I, p.388.

(53) Grimm, J., *Deutsche Mythologie*, 1875, Vol.I, p.222.

(54) Strackerjan, L., *Aberglaube und Sagen aus dem Herzogtum Oldenburg*, 1909, Vol.II, p.110.

⑸ Grimm, *op. cit.*, Vol.III, pp.87, 88.

⑸ Hartland. E. S., *The Science of Fairy Tales*, London: Scott, 1891, Chapter III.

⑸ Drechsler, P., *Sitte, Brauch und Volksglauben in Schlesien*, Leipzig: Teubner, Vol.I, 1903, p.93.

⑸ Solymossy, S., "Mesehösnö aki gyöngyöt sie ès rózsát nevet"（「泣くと真珠がこぼれ落ち，笑うとバラの花の咲くヒロイン」），*Ethnographia*, Vol.28.

⑸ Freuds, S., "Märchenstoffe im Traumen," *Gesammelte Schriften*, 1924, Vol.III, p.259; および Int. Z. Psychoanal., Vol.I, 1913; Lorand, S., "Fairy Tales, Liliputian Dreams and Neurosis," *J. of Orthopsychiat.*, Vol.7, 1937, pp.456-64 を参照。

⑹ Steel, F. A., and Temple, R. C., *Wide-Awake Stories*, Bombay: Trübner, 1884, pp.178-83.

⑹ Bolte and Polivka, *op. cit.*, p.225, 引用は Mason, *Journal of the Asiatic Society of Bengal*, Vol.34, No.2, p.28 より。

⑹ Bolte and Polivka, *op. cit.*,Vol.I, p.226, 引用は Desparmet, Vol.I, p.127 より。

⑹ Róheim, G., *The Gates of the Dream*, The Basic Dream, 1953.

⑹ Winterstein, A., "Die Pubertätstriten der Mädchen und ihre Spuren im Märchen," *Imago*, Vol.14, 1928, pp.199-274.

⑹ Róheim, G., "Kiszakadt a menyasszony dunnája"（「花嫁の枕が引き裂かれた」），*Ethnographia*, 1913, Vol.24, p.223.

著者紹介
ゲザ・ローハイム（Géza Róheim）
ダンデスの「はじめに」を参照。

編者紹介
アラン・ダンデス（Alan Dundes）
「訳者あとがき」を参照。

訳者紹介
鈴木　晶（すずき　しょう）
1952年，東京都生まれ。東京大学文学部露文学科卒業，同大学院人文科学研究科博士課程満期退学。現在，法政大学国際文化学部教授。
著書：『グリム童話――メルヘンの深層』（講談社現代新書），『フロイト以後』（同），『フロイトからユングへ』（ＮＨＫ出版），『「精神分析」を読む』（同），『ニジンスキー　神の道化』（新書館）ほか多数。
訳書：ゲイ『フロイト』（みすず書房），フロム『愛するということ』（紀伊國屋書店），キューブラー・ロス『死ぬ瞬間』（中公文庫），タタール『グリム童話――その隠されたメッセージ』（共訳，新曜社），ジジェク『イデオロギーの崇高な対象』（河出書房新社）ほか多数。

佐藤知津子（さとう　ちづこ）
1950年，東京都生まれ。青山学院文学部英米文学科卒業。翻訳家。
訳書：マグラザリー『愛と性のメルヒェン』（新曜社，共訳），シュックマン『ボリビア・アンデスの旅』（心交社），トリリン『あのチキンはどこへ行ったの？』（東京書籍），パーカー『動物の体内をさぐる』（東京書籍）ほか。

新曜社

龍の中の燃える火
フォークロア・メルヒェン・精神分析

初版第1刷発行　2005年2月22日©

著　者　ゲザ・ローハイム
編　者　アラン・ダンデス
訳　者　鈴木　晶・佐藤知津子
発行者　堀江　洪
発行所　株式会社 新曜社
〒101-0051　東京都千代田区神田神保町2-10
電話 03-3264-4973㈹・Fax 03-3239-2958
URL　http://www.shin-yo-sha.co.jp/

印刷　銀　河　Printed in Japan
製本　イマキ製本

ISBN4-7885-0935-0　C1038

メルヒェン叢書

マリア・タタール 著／鈴木晶ほか 訳
グリム童話 その隠されたメッセージ
グリム童話の成立過程をつぶさに検証し、グリム兄弟が意識的無意識的に隠蔽しようとした民話の強靱な生命力を復元する、メルヒェン研究の古典的名著。
四六判402頁
本体2800円

ジョン・エリス 著／池田香代子・薩摩竜郎 訳
一つよけいなおとぎ話 グリム神話の解体
グリム童話にまつわるもう一つのおとぎ話とは？ グリム童話成立に関する通説を根底から破壊し、メルヒェン研究に今日の隆盛をもたらした問題作。
四六判280頁
（品切れ）

ベッツィ・ハーン 著／田中京子 訳
美女と野獣 テクストとイメージの変遷
世界中の人々を魅了してやまない「美女と野獣」の物語はどのようにして生まれたのか。多くの異本と魅力的な図版でその不思議な魅力を説き明かす。
四六判456頁
本体3800円

ジェイムズ・マグラザリー 著／鈴木晶・佐藤知津子 訳
愛と性のメルヒェン グリム・バジーレ・ペローの物語集にみる
兄と妹、父と娘、母と息子などの、おとぎ話における禁じられた愛のかたちをたどりつつ、子どものためのお話に隠された性的欲望のメカニズムをさぐる。
四六判348頁
本体2900円

ジャック・ザイプス 著／鈴木晶・木村慧子 訳
おとぎ話の社会史 文明化の芸術から転覆の芸術へ
礼儀作法を教えるペローやグリムのおとぎ話から、転覆・解放の芸術としての現代のおとぎ話まで、その社会的意味を鮮やかに分析する衝撃の書。
四六判376頁
本体3200円

（表示価格に税は含みません）

新曜社